Machado de Assis

Memórias póstumas de Brás Cubas

LEITURA LITERÁRIA VOL.4 | ROMANCE

autêntica

Machado de Assis

Memórias póstumas de Brás Cubas

Estabelecimento do texto, vocabulário, notas, estudos e comentários por

LETÍCIA MALARD

2ª edição revista

CAPA
Diogo Droschi

EDITORAÇÃO ELETRÔNICA
Conrado Esteves

REVISÃO
Clarice Maia Scotti
Rosa Maria Drumond Costa
Rosemara Dias dos Santos

EDITORA RESPONSÁVEL
Rejane Dias dos Santos

Revisado conforme o Novo Acordo Ortográfico.

AUTÊNTICA EDITORA LTDA.

Belo Horizonte
Rua Aimorés, 981, 8° andar . Funcionários
30140-071 . Belo Horizonte . MG
Tel: (55 31) 3222 6819

São Paulo
Av. Paulista, 2073, Conjunto Nacional,
Horsa I, 11° andar, Conj. 1101
Cerqueira César . São Paulo . SP . 01311-940
Tel.: (55 11) 3034 4468

Televendas: 0800 283 1322
www.autenticaeditora.com.br

Dados Internacionais de Catalogação na Publicação (CIP)
(Câmara Brasileira do Livro, SP, Brasil)

Assis, Machado de, 1839-1908.
Memórias póstumas de Brás Cubas / Machado de Assis ; estabelecimento do texto, vocabulário, notas, estudos e comentários de Letícia Malard. – 2. ed. – Belo Horizonte : Autêntica Editora, 2012. – (Coleção Leitura Literária ; v. 4)

Bibliografia.
ISBN 978-85-8658-342-1

1. Romance brasileiro I. Malard, Letícia. II. Título. III. Série.

11-04068 CDD-869.93

Índices para catálogo sistemático:
1. Romances : Literatura brasileira 869.93

Sumário

Prefácio à edição de 1999

Analisamos duas edições paradidáticas de *Memórias póstumas de Brás Cubas*. Uma (FTD, 1991), dividida em dois livros: o do estudante e o do professor. Este último contém: introdução — de Marisa Lajolo — identificação dos nomes próprios e episódios, tradução de palavras e expressões em outras línguas, biografia do autor em datas, e roteiro de leitura sob a forma de perguntas e respostas — de Ilka Brunhilde Laurito. A outra (Ateliê, 1998) tem apresentação e notas de Antônio Medina Rodrigues, ilustrações de Dirceu Marins e orelhas de Ivan Teixeira.

Com certeza existiram ou existem no mercado outras edições de caráter semelhante, pois *Memórias póstumas de Brás Cubas* é um dos mais famosos romances da literatura brasileira.

Esta edição da Autêntica guarda uma diferença significativa, quando comparada às mencionadas. Se não, vejamos:

1. O texto machadiano aqui utilizado é o estabelecido pelos seguintes membros da Comissão Machado de Assis — criada pelo governo federal e formada por dezenove especialistas — e aprovado por toda a Comissão: Antônio Houaiss, Antônio José Chediak, Celso Ferreira da Cunha e J. Galante de Sousa. Esses filólogos cotejaram sete edições da obra, e sua edição crítica foi publicada pelo Instituto Nacional do Livro, Rio de Janeiro, 1960.
   Para esta edição da Autêntica, foram feitas as necessárias atualizações ortográficas. De princípio, relutou-se em fazê-las naquilo que extrapolasse o acento diferencial, então vigente, pretendendo-se manter, em todos os casos, as formas que Machado conscientemente preferia. Entretanto, considerando o fato de que um dos objetivos da edição é

atender a estudantes, decidiu-se ampliar as atualizações, visando a evitar que alguns deles, influenciados pelo escritor, incorram em erros de ortografia e similares, os quais, quando cometidos, via de regra costumam ser penalizados. A Edição FTD utilizou somente o texto da quarta edição (1899). A Edição Ateliê não informa sobre o(s) texto(s) utilizado(s).

2. Identificamos, após consulta a obras especializadas, quase todos os nomes próprios e referências a episódios que aparecem no romance. No entanto, a identificação foi feita de forma no geral mais sucinta do que nas duas edições e, sempre que possível, limitando-nos ao contexto em que surgem. As fontes recorridas encontram-se arroladas no final do volume. Como não utilizamos as edições FTD e Ateliê, as quais não informam suas fontes, certamente existirão várias divergências nessa área. Quando terminamos o trabalho, verificamos que, dos poucos nomes e episódios que não conseguimos identificar, alguns figuram nessas edições. Por uma questão de respeito à propriedade do trabalho alheio, houvemos por bem não nos apropriarmos da identificação.

3. Traduzimos as palavras e expressões estrangeiras, as quais também foram traduzidas em ambas as edições.

4. Elaboramos um vasto vocabulário do romance, ou seja: registramos significado(s) para todos os vocábulos, expressões, etc. que presumimos ser desconhecidos pela ampla maioria dos possíveis leitores, pensando inclusive nos estrangeiros que, mesmo dominando o português avançado, não dominam a língua arcaizante do escritor. Com isso pretendemos esclarecer, na medida do possível, o sentido literal do texto machadiano, a fim de possibilitar e mesmo facilitar suas leituras, análises e interpretações, enfim, o desvelamento de tudo aquilo que pode subjazer a seu sentido primeiro. Quando um vocábulo aparece mais de uma vez com sentido semelhante e sem ambiguidade, só registramos a primeira aparição.
   Acredito que essa parte do trabalho possa ser útil também a professores e especialistas: quantas vezes nós mesmos

nos demos conta de não saber com segurança a acepção dicionarizada de determinada palavra em determinado contexto machadiano, sem uma pesquisa acurada, que agora cremos ter feito para este romance? E mais: mito ou realidade, Machado passou por ser assíduo leitor de dicionários... A Edição FTD não trabalhou o vocabulário, e a Edição Ateliê trabalhou um número razoável de vocábulos e expressões, deixando de fora os de muitos capítulos.

5. Para não prejudicar a fluência da leitura, tanto as identificações e traduções quanto os vocábulos, expressões etc. estão posicionados no rodapé, em ordem alfabética, não numerados, e sua entrada está escrita na forma em que aparecem na respectiva página. A fim de evitar excesso de informações, limitamo-nos quase sempre a registrar o sinônimo ou o sentido que nos parece mais adequado ao contexto literário, bem como ao de época. Isso não quer dizer — é claro — que nossas escolhas tenham sido sempre as mais acertadas. Explicações relativas ao título do capítulo vêm precedidas da palavra "título".
   A Edição FTD usa rodapé numerado para as identificações e traduções.
   A Edição Ateliê coloca as notas por capítulo e em numeração única no fim do volume.

6. No final de cada capítulo fazemos um minicomentário sobre o respectivo capítulo, antecedido da letra "**C**" (Comentário). Às vezes se limita a reproduzir-lhe a ideia central. O objetivo é não somente orientar a leitura ou destacar ideias, mas também abrir perspectivas de análise, interpretação, comparações e reflexões do leitor.
   A Edição FTD trabalha com perguntas e suas respostas como roteiro de leitura, no fim do volume.
   A Edição Ateliê opta por comentários não sistematizados, de vários capítulos, apostos no fim do livro. Estes comentários são mais detalhados e crítico-analíticos, tendo, portanto, objetivos mais específicos do que os nossos.

7. Nossos textos introdutórios — com exceção do ensaio sobre a abjeção, aqui republicado — são dirigidos especialmente

a estudantes de 2º grau e candidatos a exames vestibulares, para quem *Memórias póstumas de Brás Cubas* foi indicado como tarefa escolar e/ou leitura-objeto de provas. O caráter de coloquialidade desses textos, aliás marcante nas outras obras desta Coleção, objetiva facilitar os estudos sem cair nos despropósitos do simplismo nem do simplório.

As introduções e/ou apêndices de outras edições dirigem-se sobretudo a leitores menos pragmáticos, digamos assim, e por isso são ensaios mais eruditos, reflexivos e crítico-analíticos. Os que conheço são de ótima qualidade.

8. Os exercícios — questões de múltipla escolha e questões abertas — seguem o padrão da maioria das questões dos vestibulares.
   Não há exercícios nas outras edições, apesar de o Roteiro de Leitura da Edição FTD poder ser usado também para a finalidade.

9. Esta edição traz bibliografia consultada, ausente nas outras edições.

10. Pelo exposto, esperamos estar contribuindo com a compreensão e a fruição de um importante romance daquele que é, em minha opinião, o maior escritor do Brasil.

Letícia Malard

Nota à presente edição

Esta segunda edição do nosso *Memórias póstumas de Brás Cubas*, de Machado de Assis, comemorativa dos 130 anos da primeira publicação do romance, na *Revista Brasileira*, é revista, corrigida, ampliada e com a ortografia atualizada. Esta é decorrente do Acordo Ortográfico da Língua Portuguesa, assinado em Lisboa, em 16 de dezembro de 1990, e decretado pelo presidente da república do Brasil para produzir efeitos no País a partir de 1º de janeiro de 2009, devendo coexistir ambas as ortografias até 31 de dezembro de 2012.

Para esta nova edição cotejamos mais edições da obra, inclusive a primeira em volume, de 1881.

Se comparada à edição anterior, na presente edição foram feitas alterações, propostas por leitores e professores de língua portuguesa e literatura brasileira — do Brasil e do exterior.

Assim, as notas de rodapé, que vinham em ordem alfabética, agora seguem a ordem dos vocábulos conforme aparecem na respectiva página.

Ampliou-se o número de notas de rodapé, especialmente no que se refere ao registro de sinônimos de outros vocábulos do texto.

Aprimorou-se a redação de algumas notas.

Corrigiram-se os erros de digitação.

Recuperou-se a grafia de palavras preferida por Machado de Assis, grafia essa que não era permitida pela legislação ortográfica vigente em 1999. A nova ortografia sanciona opções de escrita que permitem reproduzir vocábulos tais como foram grafados por Machado. Vejamos alguns exemplos:

1. o acento agudo na primeira pessoa do plural do pretérito perfeito dos verbos da primeira conjugação (achámos, falámos),

para marcar o timbre oral da vogal, que seguramente era pronunciada dessa forma por Machado e contemporâneos. Distinguia-se, assim, das formas similares do presente do indicativo (achamos, falamos), com timbre nasal.

2. Foi conservada a grafia de Machado nos nomes próprios.
3. Foram mantidas as consoantes b e c em vocábulos como subtil e tecto.

Da mesma forma que na edição anterior, foi rigorosamente respeitada a pontuação do texto, mesmo quando esta entra em conflito com a doutrina da gramática normativa atual.

Letícia Malard

Machado de Assis

Joaquim Maria Machado de Assis nasceu no Morro do Livramento — Rio de Janeiro, em 1839, de pai negro e mãe portuguesa. Pouco se conhece de sua infância e adolescência pobres, quando teria vendido na rua doces feitos pela mãe, a fim de ajudar no sustento da casa. Pobreza, negritude, gagueira e epilepsia faziam de Machado uma vítima de discriminações e piadas, numa época em que a sociedade brasileira era escravocrata, e a ciência não oferecia tratamento para as patologias mencionadas.

Menos ainda se sabe sobre o tipo de escolaridade que teve. Talvez nem tenha cursado o equivalente ao Fundamental completo. Acredita-se que tenha exercido o ofício de sacristão na Igreja da Lampadosa, fato que pode explicar seus conhecimentos bíblicos demonstrados nas obras, pois, em adulto, declarava não ter religião alguma, ainda que leitor da bíblia. O primeiro texto publicado foi em jornal: um poema, aos quinze anos de idade, quando começou a escrever na imprensa, atividade a que se dedicou até o fim da vida.

Seu primeiro emprego, aos dezesseis anos, foi na Tipografia Nacional, como aprendiz de tipógrafo, onde gastava boa parte do tempo em leituras. Saiu de lá cerca de dois anos depois, para outros empregos, todos eles relacionados a publicações: revisor tipográfico, balconista de livraria e bibliotecário. Leitor obsessivo, proprietário de grande e variada biblioteca, Machado se tornou não somente o maior escritor do Brasil, como também um dos homens mais eruditos de seu tempo.

Casou com a portuguesa Carolina Augusta Xavier de Novais, aos trinta anos, mulher culta e interessada pela literatura do marido. Segundo familiares, ela chegou a interferir em textos seus, até mesmo escrevendo pedaços, mas disso não há qualquer comprovação. Até os trinta e cinco anos, quando obteve um emprego definitivo,

Machado viveu modestamente, escrevendo literatura e fazendo traduções de livros de escritores estrangeiros. Esse emprego foi o de primeiro oficial do Ministério da Agricultura, Viação e Obras Públicas, instituição onde alcançou o posto de Diretor-Geral da Viação.

De março a dezembro de 1880 publicou, em capítulos, seu quinto romance: *Memórias póstumas de Brás Cubas,* na *Revista Brasileira*, do Rio de Janeiro. No ano seguinte, a obra saiu em livro.

Em 1897 fundou a Academia Brasileira de Letras, da qual foi o primeiro presidente. Aí se encontra uma exposição permanente de seus escritos, móveis e objetos pessoais. Em 1904 a esposa faleceu, deixando-o muito abalado e solitário, pois não tiveram filhos. Quatro anos depois, foi a vez do escritor: morreu de arteriosclerose, segundo o atestado de óbito; de câncer na língua, segundo pessoas próximas a ele.

O homem Machado de Assis é o orgulho de nossa gente. Ao escritor está reservado o lugar de destaque em nossa cultura e nossa literatura.

O autor de muitíssimas obras[1]

Romances, contos, poemas, peças de teatro, crônicas, crítica literária e teatral, prefácios, discursos, cartas, conferências, textos oficiais, traduções de diversos gêneros — um mundo de textos. Depois de sua morte, pesquisadores fuçaram jornais, revistas, arquivos, etc. e publicaram em novos livros o material disperso que foi encontrado. Houve pesquisador que até redistribuiu, por outros livros, textos do autor publicados em vida! Um dos pesquisadores sérios foi R. Magalhães Júnior, que recolheu os contos dos periódicos e os reuniu em volumes, na década de 1950. Convém ressaltar que Machado também usou muitos pseudônimos — fato que dificultou o achado de textos seus. Hoje, pode-se dizer que a quase totalidade do que ele escreveu já foi encontrada e publicada. Um problema importante ainda persiste: manuscritos de algumas obras famosas estão desaparecidos. Existem vários na Academia Brasileira de Letras.

De seus romances, todos publicados em vida, já foram feitas inúmeras edições e reimpressões, por inúmeras editoras. Entretanto, os textos utilizados por elas nem sempre são dignos de confiança, tal o número de erros que apresentam, no confronto com a edição principal, chamada *princeps*.

A seguir, mencionamos as publicações de suas obras **em volume**, por gênero ou espécie literária e cronologicamente, **com a data da primeira edição**, deixando de fora traduções, bem como antologias — dado seu incontrolável número.

---

[1] Texto transcrito do volume ASSIS, Machado de. *Esaú e Jacó*, por Letícia Malard, desta Coleção.

Obras publicadas em vida

TEATRO: *Desencantos* (1861); *Teatro*: comédias "O Protocolo" e "O Caminho da Porta" (1863); *Os Deuses de Casaca* (1866); *Tu, só, tu, Puro Amor* (1881).

POESIA: *Crisálidas* (1864); *Falenas* (1870); *Americanas* (1875); *Poesias Completas* – incluindo os anteriores com algumas supressões – e o novo conjunto, "Ocidentais" (1901).

ROMANCE: *Ressurreição* (1872); *A Mão e a Luva* (1874); *Helena* (1876); *Iaiá Garcia* (1878); *Memórias Póstumas de Brás Cubas* (1881); *Quincas Borba* (1891); *Dom Casmurro* (1899); *Esaú e Jacó* (1904); *Memorial de Aires* (1908).

CONTO: *Contos Fluminenses,* primeiro volume (1870); *Histórias da Meia-Noite* (1873); *Papéis Avulsos* (1882); *Histórias sem Data* (1884); *Várias Histórias* (1896); *Páginas Recolhidas* (1899).

MISCELÂNEA: *Relíquias de Casa Velha,* primeiro volume (1906).

Obras póstumas

CRÍTICA: *Crítica* (1910); *Crítica Literária* (1937); *Crítica Teatral* (1937).

MISCELÂNEA: *Outras Relíquias* (1910); *Novas Relíquias* (1932); *Contos e Crônicas* (1958).

CONTO: *Histórias Românticas* (1937); *Relíquias de Casa Velha,* segundo volume (1937); *Contos Fluminenses,* segundo volume (1937); *Páginas Esquecidas* (1939); *Contos Avulsos,* (1956); *Contos sem Data* (1956); *Contos Esparsos* (1956); *Contos Esquecidos* (1956); *Contos Recolhidos* (1956); *Terpsícore* (1991).

TEATRO: *Teatro* (1910).

CRÔNICA: *A Semana* (1914); *A Semana.* 3 volumes. (1937); *Crônicas.* 4 volumes. (1937); *Diálogos e Reflexões de um Relojoeiro* (1956); *Crônicas de Lélio* (1958).

CORRESPONDÊNCIA: *Correspondência* (1932).

NOVELA: *Casa Velha* (1944).

Machado de Assis

MEMÓRIAS PÓSTUMAS
DE
BRÁS CUBAS

AO VERME

QUE

PRIMEIRO ROEU AS FRIAS CARNES

DO MEU CADÁVER

DEDICO

COMO SAUDOSA LEMBRANÇA

ESTAS

MEMÓRIAS PÓSTUMAS

Prólogo da quarta edição

A primeira edição destas *Memórias póstumas de Brás Cubas* foi feita aos pedaços na *Revista Brasileira*, pelos anos de 1880. Postas mais tarde em livro, corrigi o texto em vários lugares. Agora que tive de o rever para a terceira edição, emendei ainda alguma cousa e suprimi duas ou três dúzias de linhas. Assim composta, sai novamente à luz esta obra que alguma benevolência parece ter encontrado no público.

Capistrano de Abreu, noticiando a publicação do livro, perguntava: "As *Memórias póstumas de Brás Cubas* são um romance?" Macedo Soares, em carta que me escreveu por esse tempo, recordava amigamente *as Viagens na minha terra*. Ao primeiro respondia já o defunto Brás Cubas (como o leitor viu e verá no prólogo dele que vai adiante) que sim e que não, que era romance para uns e não o era para outros. Quanto ao segundo, assim se explicou o finado: "Trata-se de uma obra difusa, na qual eu, Brás Cubas, se adoptei a forma livre de um Sterne ou de

---

Prólogo – Introdução.

terceira edição – essa edição saiu sem o Prólogo, não se sabe porquê. Ele foi aproveitado para a quarta edição, última em vida do autor.

cousa – variante de "coisa". A variação dos ditongos "ou"/"oi" é comum em Machado, em vários vocábulos: dous / dois, doudo / doido etc.

Capistrano de Abreu – (1853-1927), historiador e ensaísta brasileiro.

Macedo Soares – Antônio Joaquim de Macedo Soares (1838-1905), brasileiro, magistrado e deputado por São Paulo.

Viagens na minha terra – é uma obra de ficção (1843-1845) de Almeida Garrett (1799-1854), escritor português.

Sterne – (1713-1768), escritor irlandês. Nos romances *A vida e as opiniões de Tristam Shandy*, em nove volumes, e *Viagem sentimental através da França e da Itália*, criou um estilo mais flexível do que o de qualquer outro autor antes dele.

um Xavier de Maistre, não sei se lhe meti algumas rabugens de pessimismo." Toda essa gente viajou: Xavier de Maistre à roda do quarto, Garrett na terra dele, Sterne na terra dos outros. De Brás Cubas se pode talvez dizer que viajou à roda da vida.

O que faz do meu Brás Cubas um autor particular é o que ele chama "rabugens de pessimismo". Há na alma deste livro, por mais risonho que pareça, um sentimento amargo e áspero, que está longe de vir dos seus modelos. É taça que pode ter lavores de igual escola, mas leva outro vinho. Não digo mais para não entrar na crítica de um defunto, que se pintou a si e a outros, conforme lhe pareceu melhor e mais certo.

Machado de Assis

Xavier de Maistre – (1763-1852), escritor francês. Autor de *Viagem à roda do meu quarto* e *Expedição noturna à roda do meu quarto*, que se caracterizam pelas qualidades estilísticas.

rabugens – reclamações contra tudo, mau humor.

lavores – trabalhos artesanais em relevo.

de igual escola – do mesmo tipo das obras mencionadas.

Ao leitor

Que Stendhal confessasse haver escrito um de seus livros para cem leitores, cousa é que admira e consterna. O que não admira, nem provavelmente consternará é se este outro livro não tiver os cem leitores de Stendhal, nem cinquenta, nem vinte, e quando muito, dez. Dez? Talvez cinco. Trata-se, na verdade, de uma obra difusa, na qual eu, Brás Cubas, se adoptei a forma livre de um Sterne, ou de um Xavier de Maistre, não sei se lhe meti algumas rabugens de pessimismo. Pode ser. Obra de finado. Escrevi-a com a pena da galhofa e a tinta da melancolia, e não é difícil antever o que poderá sair desse conúbio. Acresce que a gente grave achará no livro umas aparências de puro romance, ao passo que a gente frívola não achará nele o seu romance usual; ei-lo aí fica privado da estima dos graves e do amor dos frívolos, que são as duas colunas máximas da opinião.

Mas eu ainda espero angariar as simpatias da opinião, e o primeiro remédio é fugir a um prólogo explícito e longo. O melhor prólogo é o que contém menos cousas, ou o que as diz de um jeito obscuro e truncado. Conseguintemente, evito contar o processo extraordinário que empreguei na composição destas *Memórias*, trabalhadas cá no outro mundo. Seria curioso, mas nimiamente

---

Stendhal – (1783-1842), escritor francês. Disse que escreveu *Do amor* para agradar a cem leitores, dos quais conhecia apenas um ou dois.

consterna – aflige profundamente, espanta.

pena da galhofa – caneta da zombaria, da risada.

conúbio – união, ligação, aliança.

grave – séria.

frívola – fútil.

Conseguintemente – Consequentemente.

nimiamente – excessivamente.

extenso, e aliás desnecessário ao entendimento da obra. A obra em si mesma é tudo: se te agradar, fino leitor, pago-me da tarefa; se te não agradar, pago-te com um piparote, e adeus.

Brás Cubas.

---

se te não agradar – se não te agradar. Colocação erudita do pronome. Aparece com frequência em Machado.

piparote – pancada que se dá com a cabeça do dedo médio ou do índice apoiada sobre o polegar e soltando-se com força.

Comentário (C) ao leitor: O romance começa em clima irônico na metalinguagem: o narrador, ao comentar sua elaboração, por um lado evoca escritores e livros de viagens, bem como antevê opiniões de leitores. Por outro lado, recusa contar como foi possível escrever no mundo dos mortos – para aonde viajou sem volta.

Capítulo primeiro

Óbito do autor

Algum tempo hesitei se devia abrir estas memórias pelo princípio ou pelo fim, isto é, se poria em primeiro lugar o meu nascimento ou a minha morte. Suposto o uso vulgar seja começar pelo nascimento, duas considerações me levaram a adoptar diferente método: a primeira é que eu não sou propriamente um autor defunto, mas um defunto autor, para quem a campa foi outro berço; a segunda é que o escrito ficaria assim mais galante e mais novo. Moisés, que também contou a sua morte, não a pôs no introito, mas no cabo: diferença radical entre este livro e o *Pentateuco*.

Dito isto, expirei às duas horas da tarde de uma sexta-feira do mês de agosto de 1869, na minha bela chácara de Catumbi. Tinha uns sessenta e quatro anos, rijos e prósperos, era solteiro, possuía cerca de trezentos contos e fui acompanhado ao cemitério por

---

vulgar – comum.

campa – sepultura.

galante – divertido.

Moisés – a maior figura do Antigo Testamento, foi guerreiro e legislador dos judeus. Teria sido o autor dos cinco primeiros livros da bíblia, denominados *Pentateuco*. O primeiro é o *Gênesis* e o último é o *Deuteronômio*.

introito – início.

Catumbi – bairro do Rio de Janeiro. Nesta e em outras obras, Machado realiza verdadeiras viagens por essa cidade, mencionando muitos de seus logradouros. Não vamos localizá-los dentro dela. Entretanto, quando mudaram de nome, vamos registrar a atual denominação.

trezentos contos – Machado menciona valores em diversos momentos do romance. Assim, façamos um resumo da história das moedas no Brasil até sua época,

onze amigos. Onze amigos! Verdade é que não houve cartas nem anúncios. Acresce que chovia — peneirava — uma chuvinha miúda, triste e constante, tão constante e tão triste, que levou um daqueles fiéis da última hora a intercalar esta engenhosa ideia no discurso que proferiu à beira de minha cova: — "Vós, que o conhecestes, meus senhores, vós podeis dizer comigo que a natureza parece estar chorando a perda irreparável de um dos mais belos caracteres que tem honrado a humanidade. Este ar sombrio, estas gotas do céu, aquelas nuvens escuras que cobrem o azul como um crepe funéreo, tudo isso é a dor crua e má que lhe rói à natureza as mais íntimas entranhas; tudo isso é um sublime louvor ao nosso ilustre finado."

Bom e fiel amigo! Não, não me arrependo das vinte apólices que lhe deixei. E foi assim que cheguei à cláusula dos meus dias; foi assim que me encaminhei para o *undiscovered country* de Hamlet, sem as ânsias nem as dúvidas do moço príncipe, mas pausado e trôpego, como quem se retira tarde do espetáculo. Tarde e aborrecido. Viram-me ir umas nove ou dez pessoas, entre elas três senhoras, minha irmã Sabina, casada com o Cotrim, — a filha, um lírio do vale, — e ... Tenham paciência! daqui a pouco lhes direi quem era

---

para entender as menções. Do período colonial a outubro de 1833, a moeda era o Real (R), quando foi substituída pelo Mil Réis (Rs), vigorando esta até 1942. O Real voltou em 1994 e vigora até à presente data (2011). Em 1889, na década da publicação do romance, 1 conto de réis valia cerca de 540,00 US$ (quinhentos e quarenta dólares norte-americanos). Como Machado provavelmente não tinha acesso à conversão de moedas para o tempo em que se passa a narrativa, pode-se supor que o escritor tenha trabalhado com os valores de sua própria época. Assim, 300 contos equivaleria a cerca de 162.000 dólares norte-americanos. (Fonte: Banco Central do Brasil).

engenhosa - talentosa.

crepe - véu.

apólices - documentos que comprovam posse de investimentos financeiros e similares.

cláusula - fechamento.

undiscovered country de Hamlet, sem as ânsias nem as dúvidas do moço príncipe - "*undiscovered country*": "país desconhecido" - expressão metafórica de "morte", na peça *Hamlet*, do teatrólogo inglês Shakespeare (1564-1616). Nesse trecho, em que Hamlet, príncipe da Dinamarca, declama o famoso *To be or not to be* (*Ser ou não ser*), ele refere-se à morte como um "país desconhecido", de onde nenhum viajante jamais regressou.

trôpego - cambaleante.

a terceira senhora. Contentem-se de saber que essa anônima, ainda que não parenta, padeceu mais do que as parentas. É verdade, padeceu mais. Não digo que se carpisse, não digo que se deixasse rolar pelo chão, convulsa. Nem o meu óbito era cousa altamente dramática... Um solteirão que expira aos sessenta e quatro anos, não parece que reúna em si todos os elementos de uma tragédia. E dado que sim, o que menos convinha a essa anônima era aparentá-lo. De pé, à cabeceira da cama, com os olhos estúpidos, a boca entreaberta, a triste senhora mal podia crer na minha extinção.

— Morto! morto! dizia consigo.

E a imaginação dela, como as cegonhas que um ilustre viajante viu desferirem o voo desde o Ilisso às ribas africanas, sem embargo das ruínas e dos tempos, — a imaginação dessa senhora também voou por sobre os destroços presentes até às ribas de uma África juvenil... Deixá-la ir; lá iremos mais tarde; lá iremos quando eu me restituir aos primeiros anos. Agora, quero morrer tranquilamente, metodicamente, ouvindo os soluços das damas, as falas baixas dos homens, a chuva que tamborila nas folhas de tinhorão da chácara, e o som estrídulo de uma navalha que um amolador está afiando lá fora, à porta de um correeiro. Juro-lhes que essa orquestra da morte foi muito menos triste do que podia parecer. De certo ponto em diante chegou a ser deliciosa. A vida estrebuchava-me no peito, com uns ímpetos de vaga marinha, esvaía-se-me a consciência, eu descia à imobilidade física e moral, e o corpo fazia-se-me planta, e pedra, e lodo, e cousa nenhuma.

Morri de uma pneumonia; mas se lhe disser que foi menos a pneumonia, do que uma ideia grandiosa e útil, a causa da minha

---

padeceu - sofreu.

se carpisse - chorasse desesperadamente.

Ilisso - rio da Grécia Antiga, hoje canalizado.

ribas - margens altas do rio, ribanceiras.

estrídulo - estridente.

correeiro - fabricante ou vendedor de correias e/ou de outras peças de couro.

e o corpo fazia-se-me planta, e pedra, e lodo, e cousa nenhuma. Apropriação de um verso barroco, que, por sua vez, foi apropriado por vários poetas e de todos os tempos. Significa a gradação do desaparecimento do homem com a morte. Observe a repetição compulsiva do "e".

morte, é possível que o leitor me não creia, e todavia é verdade. Vou expor-lhe sumariamente o caso. Julgue-o por si mesmo.

Capítulo II
O emplasto

Com efeito, um dia de manhã, estando a passear na chácara, pendurou-se-me uma ideia no trapézio que eu tinha no cérebro. Uma vez pendurada, entrou a bracejar, a pernear, a fazer as mais arrojadas cabriolas de volantim, que é possível crer. Eu deixei-me estar a contemplá-la. Súbito, deu um grande salto, estendeu os braços e as pernas, até tomar a forma de um X: decifra-me ou devoro-te.

Essa ideia era nada menos que a invenção de um medicamento sublime, um emplasto anti-hipocondríaco, destinado a aliviar a nossa melancólica humanidade. Na petição de privilégio que então redigi, chamei a atenção do governo para esse resultado, verdadeiramente cristão. Todavia, não neguei aos amigos as vantagens pecuniárias que deviam resultar da distribuição de um produto de tamanhos e tão profundos efeitos. Agora, porém, que estou cá do outro lado da vida, posso confessar tudo: o que me influiu principalmente foi o gosto de ver impressas nos jornais, mostradores, folhetos, esquinas, e enfim nas caixinhas do remédio,

---

C (I): Ao narrar sua morte e seu enterro, Cubas deixa-se tomar pela zombaria e pelo pessimismo irônico: diz-se não ser um autor defunto, mas um defunto autor, ou seja, um autor que escreveu depois de morto, não um autor que primeiro escreveu e depois morreu. Esse fato estranho vai explicar, galhofeiramente, a visão da vida a partir do lado da morte, que perpassa o romance. Os elementos tragicômicos e sonoros se presentificam no discurso de despedida, sob a chuva e para onze pessoas, nas exclamações da anônima e em tudo aquilo que o narrador chama de "deliciosa orquestra da morte".

entrou a bracejar – começou a agitar os braços. Machado usa muito o verbo "entrar" no sentido de "começar".

cabriolas de volantim – cambalhotas de equilibrista que volteia na corda ou no arame.

decifra-me ou devoro-te – frase dita pela Esfinge a todas as pessoas que passavam por ela, segundo a mitologia. Ela ficava na entrada da cidade egípcia de Tebas.

anti-hipocondríaco – contra a melancolia, a tristeza.

petição de privilégio – solicitação para se obter o privilégio da comercialização do invento.

mostradores – vitrinas.

estas três palavras: *Emplasto Brás Cubas*. Para que negá-lo? Eu tinha a paixão do arruído, do cartaz, do foguete de lágrimas. Talvez os modestos me arguam esse defeito; fio, porém, que esse talento me hão de reconhecer os hábeis. Assim, a minha ideia trazia duas faces, como as medalhas, uma virada para o público, outra para mim. De um lado, filantropia e lucro; de outro lado, sede de nomeada. Digamos: — amor da glória.

Um tio meu, cônego de prebenda inteira, costumava dizer que o amor da glória temporal era a perdição das almas, que só devem cobiçar a glória eterna. Ao que retorquia outro tio, oficial de um dos antigos terços de infantaria, que o amor da glória era a cousa mais verdadeiramente humana que há no homem, e, conseguintemente, a sua mais genuína feição.

Decida o leitor entre o militar e o cônego; eu volto ao emplasto.

Capítulo III
Genealogia

Mas, já que falei nos meus dous tios, deixem-me fazer aqui um curto esboço genealógico.

O fundador de minha família foi um certo Damião Cubas, que floresceu na primeira metade do século XVIII. Era tanoeiro de ofício, natural do Rio de Janeiro, onde teria morrido na penúria e na obscuridade, se somente exercesse a tanoaria. Mas não; fez-se lavrador, plantou, colheu, permutou o seu produto por boas e

---

fio - acredito.

cônego - padre não pertencente a uma ordem religiosa e que tem atribuições específicas numa jurisdição onde existe catedral.

de prebenda inteira - que tem direito de receber o rendimento financeiro completo, ao contrário daqueles que o recebem pela metade ou em parte.

temporal - mundana.

retorquia - contrapunha, replicava.

terços - regimentos.

genuína feição - autêntico modo (de ser).

C (II): Machado ironiza a precariedade da Ciência de sua época. Qualquer pessoa poderia ser autorizada a inventar um medicamento e, no caso, um remédio para cura espiritual (a melancolia), apenas por dinheiro e vaidade.

tanoeiro - quem faz ou conserta barris, tinas, tonéis e similares.

honradas patacas, até que morreu, deixando grosso cabedal a um filho, o licenciado Luís Cubas. Neste rapaz é que verdadeiramente começa a série de meus avós — dos avós que a minha família sempre confessou —, porque o Damião Cubas era afinal de contas um tanoeiro, e talvez mau tanoeiro, ao passo que o Luís Cubas estudou em Coimbra, primou no Estado, e foi um dos amigos particulares do vice-rei conde da Cunha.

Como este apelido de Cubas lhe cheirasse excessivamente a tanoaria, alegava meu pai, bisneto do Damião, que o dito apelido fora dado a um cavaleiro, herói nas jornadas da África, em prêmio da façanha que praticou, arrebatando trezentas cubas aos mouros. Meu pai era homem de imaginação; escapou à tanoaria nas asas de um *calembour*. Era um bom caráter, meu pai, varão digno e leal como poucos. Tinha, é verdade, uns fumos de pacholice; mas quem não é um pouco pachola nesse mundo? Releva notar que ele não recorreu à inventiva senão depois de experimentar a falsificação; primeiramente, entroncou-se na família daquele meu famoso homônimo, o capitão-mor, Brás Cubas, que fundou a vila de São Vicente,

---

boas e honradas patacas – "pataca" é uma antiga moeda de prata. A frase significa "boa quantidade de dinheiro ganho de maneira honesta."

grosso cabedal – grande riqueza.

licenciado – vocábulo que pode ter sentidos opostos: pessoa que tem autorização para exercer profissão liberal, embora sem ter curso superior, ou pessoa graduada em curso superior. Luís estudou em Coimbra. Tanto pode ter obtido o diploma, como ter abandonado o curso antes de concluí-lo.

primou no Estado – destacou-se como funcionário público.

vice-rei – título dado aos governadores-gerais do Brasil-Colônia.

conde da Cunha – Antônio Álvares da Cunha (1700-1791), primeiro conde da Cunha, foi vice-rei do Brasil de 1763 a 1767. Em seu governo foi proibida a fabricação de joias para evitar o contrabando de ouro.

jornadas – ações ou expedições militares.

cubas – tonéis grandes em que se guarda vinho nas adegas.

calembour – vocábulo francês: trocadilho.

varão – homem; no caso, termo usado com conotação respeitosa.

fumos de pacholice – ares de vaidade, de orgulho, de malandragem.

nesse mundo – nem sempre Machado faz distinção entre a primeira e a segunda pessoa no uso dos demonstrativos: emprega "esse", "essa", "isso", no lugar de "este", "esta", "isto" e vice-versa. No caso, "esse mundo" é referência ao mundo dos vivos, em oposição ao dos mortos, onde Brás escreve.

vila de São Vicente – atual cidade de Santos, em São Paulo.

onde morreu em 1592, e por esse motivo é que me deu o nome de Brás. Opôs-se-lhe, porém, a família do capitão-mor, e foi então que ele imaginou as trezentas cubas mouriscas.

Vivem ainda alguns membros de minha família, minha sobrinha Venância, por exemplo, o lírio do vale, que é a flor das damas do seu tempo; vive o pai, o Cotrim, um sujeito que... Mas não antecipemos os sucessos; acabemos de uma vez com o nosso emplasto.

Capítulo IV
A ideia fixa

A minha ideia, depois de tantas cabriolas, constituíra-se ideia fixa. Deus te livre, leitor, de uma ideia fixa; antes um argueiro, antes uma trave no olho. Vê o Cavour; foi a ideia fixa da unidade italiana que o matou. Verdade é que Bismarck não morreu; mas cumpre advertir que a natureza é uma grande caprichosa e a história uma eterna loureira. Por exemplo, Suetônio deu-nos um Cláudio, que era um simplório, — ou "uma abóbora" como lhe chamou Sêneca, e um Tito, que mereceu ser as delícias de Roma. Veio modernamente um professor e achou meio de demonstrar que dos dous césares, o

---

sucessos – acontecimentos. O vocábulo aparece no romance outras vezes, com o mesmo significado.

C (III): A mentira das genealogias é usada para melhorar a imagem familiar. Veja a transformação de "tanoeiro" em "herói de guerra" e a tentativa frustrada de apropriação de um sobrenome famoso.

argueiro – cisco.

trave – obstáculo.

Cavour – (1810-1861) foi ministro do rei da Itália Emanuel II e muito trabalhou pela unificação do país.

Bismarck – (1815-1898), ministro do rei da Prússia Guilherme I e um dos fundadores da unificação alemã.

loureira – sedutora, que gosta de agradar a todos.

Suetônio – (75?-160?), historiador latino e autor de *Biografia dos doze césares*, imperadores de Roma.

Cláudio – Cláudio I (10 a.C.-54 d.C.) foi o 5º César, cuja terceira esposa, Messalina, (15-48), ficou famosa pela vida devassa e por dominar o imperador.

Sêneca – (2? a.C.- 65? d.C.), filósofo e professor de Nero, o 6º César.

Tito – (41-81), o 11º César, considerado como as delícias de Roma devido a sua generosidade e cultura.

delicioso, o verdadeiro delicioso, foi o "abóbora" de Sêneca. E tu, madama Lucrécia, flor dos Bórgias, se um poeta te pintou como a Messalina católica, apareceu um Gregorovius incrédulo que te apagou muito essa qualidade, e, se não vieste a lírio, também não ficaste pântano. Eu deixo-me estar entre o poeta e o sábio.

Viva pois a história, a volúvel história que dá para tudo; e, tornando à ideia fixa, direi que é ela a que faz os varões fortes e os doudos; a ideia móbil, vaga ou furta-cor é a que faz os Cláudios, — formula Suetônio.

Era fixa a minha ideia, fixa como... Não me ocorre nada que seja assaz fixo nesse mundo: talvez a lua, talvez as pirâmides do Egito, talvez a finada dieta germânica. Veja o leitor a comparação que melhor lhe quadrar, veja-a e não esteja daí a torcer-me o nariz, só porque ainda não chegámos à parte narrativa destas memórias. Lá iremos. Creio que prefere a anedota à reflexão, como os outros leitores, seus confrades,e acho que faz muito bem. Pois lá iremos. Todavia, importa dizer que este livro é escrito com pachorra, com a pachorra de um homem já desafrontado da brevidade do século, obra supinamente filosófica, de uma filosofia desigual, agora austera, logo brincalhona, cousa que não edifica nem destrói, não inflama nem regela, e é todavia mais do que passatempo e menos do que apostolado.

Vamos lá; retifique o seu nariz, e tornemos ao emplasto. Deixemos a história com os seus caprichos de dama elegante. Nenhum de

---

Lucrécia, flor dos Bórgias - Lucrécia Bórgia (1480-1519) era filha do papa Alexandre VI (Rodrigo Bórgia) e teria praticado muitos crimes.

um poeta - referência ao francês Victor Hugo (1802-1885), autor da peça teatral *Lucrécia Bórgia* (1833).

Gregorovius - (1821-1891), escritor alemão, autor de uma biografia de Lucrécia Bórgia.

móbil - volúvel.

furta-cor - que apresenta cor diversa, conforme a luz projetada.

assaz - bastante.

dieta - assembleia política.

anedota - fato engraçado ou curioso. Machado emprega o vocábulo em ambos os sentidos, nem sempre distinguíveis.

confrades - companheiros.

pachorra - paciência, lentidão.

supinamente - excessivamente.

regela - congela.

nós pelejou a batalha de Salamina; nenhum escreveu a confissão de Augsburgo; pela minha parte, se alguma vez me lembro de Cromwell, é só pela ideia de que Sua Alteza, com a mesma mão que trancara o parlamento, teria imposto aos ingleses o emplasto Brás Cubas. Não se riam dessa vitória comum da farmácia e do puritanismo. Quem não sabe que ao pé de cada bandeira grande, pública, ostensiva, há muitas vezes várias outras bandeiras modestamente particulares, que se hasteiam e flutuam à sombra daquela, e não poucas vezes lhe sobrevivem? Mal comparando, é como a arraia-miúda, que se acolhia à sombra do castelo feudal; caiu este e a arraia ficou. Verdade é que se fez graúda e castelã... Não, a comparação não presta.

Capítulo V

Em que aparece a orelha de uma senhora

Senão quando, estando eu ocupado em preparar e apurar a minha invenção, recebi em cheio um golpe de ar; adoeci logo, e não me tratei. Tinha o emplasto no cérebro; trazia comigo a ideia fixa dos doudos e dos fortes. Via-me, ao longe, ascender do chão das turbas, e remontar ao céu, como uma águia imortal, e não é diante de tão excelso espetáculo que um homem pode sentir a dor que o punge. No outro dia estava pior; tratei-me enfim, mas incompletamente, sem método, nem cuidado, nem persistência; tal foi a origem do mal

---

batalha de Salamina – foi travada nessa ilha da Grécia, em 480 a.C., quando Temístocles venceu o persa Xerxes.

confissão de Augsburgo – foi uma decisão da dieta de 1530, nessa cidade alemã, que estabeleceu o Protestantismo.

Cromwell – (1599-1658), deputado inglês ligado ao Puritanismo – seita presbiteriana rigorosa, que pretendia interpretar melhor do que ninguém o sentido literal da Bíblia. Tomando o poder, o deputado condenou o rei Carlos I à morte, dissolveu o Parlamento em 1653 e instalou a ditadura, chamando-se *lord-protector* da Inglaterra.

arraia-miúda – as baixas camadas populares.

castelã – proprietária de castelo.

C (IV): Para falar ironicamente sobre os diferentes ângulos interpretativos da história, o narrador demonstra grande erudição, citando autores e personalidades históricas – uma das marcas do romance. No trabalho da metalinguagem, avalia, do ponto de vista filosófico, a obra que escreve.

turbas – multidões.

excelso – elevado, sublime.

que me trouxe à eternidade. Sabem já que morri numa sexta-feira, dia aziago, e creio haver provado que foi a minha invenção que me matou. Há demonstrações menos lúcidas e não menos triunfantes.

Não era impossível, entretanto, que eu chegasse a galgar o cimo de um século, e a figurar nas folhas públicas, entre macróbios. Tinha saúde e robustez. Suponha-se que, em vez de estar lançando os alicerces de uma invenção farmacêutica, tratava de coligir os elementos de uma instituição política, ou de uma reforma religiosa. Vinha a corrente de ar, que vence em eficácia o cálculo humano, e lá se ia tudo. Assim corre a sorte dos homens.

Com esta reflexão me despedi eu da mulher, não direi mais discreta, mas com certeza mais formosa entre as contemporâneas suas, a anônima do primeiro capítulo, a tal, cuja imaginação à semelhança das cegonhas do Ilisso... Tinha então 54 anos, era uma ruína, uma imponente ruína. Imagine o leitor que nos amámos, ela e eu, muitos anos antes, e que um dia, já enfermo, vejo-a assomar à porta da alcova...

Capítulo VI
Chimène, qui l' eût dit? Rodrigue, qui l'eût cru?

Vejo-a assomar à porta da alcova, pálida, comovida, trajada de preto, e ali ficar durante um minuto, sem ânimo de entrar, ou detida pela presença de um homem que estava comigo. Da cama, onde jazia, contemplei-a durante esse tempo, esquecido de lhe dizer nada ou de fazer nenhum gesto. Havia já dous anos que nos

---

aziago – azarento.

galgar – subir.

folhas públicas – jornais.

macróbios – indivíduos muito velhos.

coligir – recolher.

assomar – aparecer.

C (V): Aqui se mostra a fragilidade do homem diante da morte. Esta é trazida por um acidente banal – simples golpe de ar – indiferente à importância da pessoa atingida e à grandeza das ações que ela planeja.

Chimène, qui l'eût dit? Rodrigue, qui l'eût cru? – Trad.: "Ximena, quem o diria? Rodrigo, quem o acreditaria?" Verso da tragédia *Le Cid* (1636), do teatrólogo francês Corneille (1606-1684).

não víamos, e eu via-a agora não qual era, mas qual fora, quais fôramos ambos, porque um Ezequias misterioso fizera recuar o sol até os dias juvenis. Recuou o sol, sacudi todas as misérias, e este punhado de pó, que a morte ia espalhar na eternidade do nada, pôde mais do que o tempo, que é o ministro da morte. Nenhuma água de Juventa igualaria ali a simples saudade.

Creiam-me, o menos mau é recordar; ninguém se fie da felicidade presente; há nela uma gota da baba de Caim. Corrido o tempo e cessado o espasmo, então sim, então talvez se pode gozar deveras, porque entre uma e outra dessas duas ilusões, melhor é a que se gosta sem doer.

Não durou muito a evocação; a realidade dominou logo; o presente expeliu o passado. Talvez eu exponha ao leitor, em algum canto deste livro, a minha teoria das edições humanas. O que por agora importa saber é que Virgília — chamava-se Virgília — entrou na alcova, firme, com a gravidade que lhe davam as roupas e os anos, e veio até o meu leito. O estranho levantou-se e saiu. Era um sujeito, que me visitava todos os dias para falar do câmbio, da colonização e da necessidade de desenvolver a viação férrea; nada mais interessante para um moribundo. Saiu; Virgília deixou-se estar de pé; durante algum tempo ficámos a olhar um para o outro, sem articular palavra. Quem diria? De dous grandes namorados, de duas paixões sem freio, nada mais havia ali, vinte anos depois; havia apenas dous corações murchos, devastados pela vida e saciados dela, não sei se em igual dose, mas enfim saciados. Virgília tinha agora a beleza da velhice, um ar austero e maternal; estava menos

---

um Ezequias misterioso fizera recuar o sol até os dias juvenis – Ezequias era rei da antiga Palestina. Aparece na bíblia (*Livro de Isaías,* 38) como rei protegido de Deus. Este o curou de grave doença, prometendo-lhe vitória sobre o inimigo, conduzi-lo ao Templo de Jeovah e dar-lhe mais quinze anos de vida. Ezequias pediu um sinal para ir ao Templo. O sinal seria fazer recuar o sol dez graus a mais do que ele tinha descido. Parece haver aqui um equívoco de Machado. Não foi o rei que fez o sol recuar, mas Deus. De qualquer forma, o parágrafo remete à reconstrução do passado através da lembrança, como se o tempo tivesse voltado atrás.

Juventa – deusa latina da Juventude. Quem bebesse de sua fonte, rejuvenesceria.

baba de Caim – metáfora de "grande dor". Segundo a bíblia, Caim, filho de Adão, matou o irmão Abel por inveja.

magra do que quando a vi, pela última vez, numa festa de São João, na Tijuca; e porque era das que resistem muito, só agora começavam os cabelos escuros a intercalar-se de alguns fios de prata.

— Anda visitando os defuntos? disse-lhe eu. — Ora, defuntos! respondeu Virgília com um muxoxo. E depois de me apertar as mãos: — Ando a ver se ponho os vadios para a rua.

Não tinha a carícia lacrimosa de outro tempo; mas a voz era amiga e doce. Sentou-se. Eu estava só, em casa, com um simples enfermeiro; podíamos falar um ao outro, sem perigo. Virgília deu-me longas notícias de fora, narrando-as com graça, com um certo travo de má língua, que era o sal da palestra; eu, prestes a deixar o mundo, sentia um prazer satânico em mofar dele, em persuadir-me que não deixava nada.

— Que ideias essas! interrompeu-me Virgília um tanto zangada. Olhe que eu não volto mais. Morrer! Todos nós havemos de morrer; basta estarmos vivos.

E vendo o relógio:

— Jesus! são três horas. Vou-me embora.

— Já?

— Já; virei amanhã ou depois.

— Não sei se faz bem, retorqui; o doente é um solteirão e a casa não tem senhoras...

— Sua mana?

— Há de vir cá passar uns dias, mas não pode ser antes de sábado.

Virgília refletiu um instante, levantou os ombros e disse com gravidade:

— Estou velha! Ninguém mais repara em mim. Mas, para cortar dúvidas, virei com o Nhonhô.

Nhonhô era um bacharel, único filho de seu casamento, que, na idade de cinco anos, fora cúmplice inconsciente de nossos amores. Vieram juntos, dous dias depois, e confesso que, ao vê-los

---

Tijuca – bairro da parte alta do Rio de Janeiro.

muxoxo – estalo com a língua e o céu da boca, por vezes acompanhado da interjeição ah, para indicar desprezo ou indiferença.

travo – amargor.

mofar – zombar.

Nhonhô – variante de "Ioiô – Sinhô. Tratamento que os escravos davam aos senhores e, por extensão, estes costumavam adotá-lo como apelido.

ali, na minha alcova, fui tomado de um acanhamento que nem me permitiu corresponder logo às palavras afáveis do rapaz. Virgília adivinhou-me e disse ao filho:

— Nhonhô, não repares nesse grande manhoso que aí está; não quer falar para fazer crer que está à morte.

Sorriu o filho, eu creio que também sorri, e tudo acabou em pura galhofa. Virgília estava serena e risonha, tinha o aspecto das vidas imaculadas. Nenhum olhar suspeito, nenhum gesto que pudesse denunciar nada; uma igualdade de palavra e de espírito, uma dominação sobre si mesma, que pareciam e talvez fossem raras. Como tocássemos, casualmente, nuns amores ilegítimos, meio secretos, meio divulgados, via-a falar com desdém e um pouco de indignação da mulher de que se tratava, aliás sua amiga. O filho sentia-se satisfeito, ouvindo aquela palavra digna e forte, e eu perguntava a mim mesmo o que diriam de nós os gaviões, se Buffon tivesse nascido gavião...

Era o meu delírio que começava.

Capítulo VII
O delírio

Que me conste, ainda ninguém relatou o seu próprio delírio; faço-o eu, e a ciência mo agradecerá. Se o leitor não é dado à contemplação destes fenômenos mentais, pode saltar o capítulo;

---

afáveis - gentis.

desdém - desprezo com orgulho.

palavra - manifestação verbal; o vocábulo vai aparecer outras vezes com esse sentido.

Buffon - (1707-1788), cientista francês e pesquisador da evolução das espécies.

C (VI): O título remete a comparações das personagens, entre o passado e o presente, este último desdizendo o outro. O autor põe em cena a passagem do tempo, as modificações tanto físicas quanto psicológicas que ela acarreta: de dois grandes amantes restam dois corações devastados, e saciados da vida. Observe a hipocrisia da velha Virgília, levando o filho para visitar homem solteiro, quando, no passado, o filho foi testemunha de seus amores proibidos com ele. Ou seria desculpa para encurtar a visita?

mo - combinação do pronome "me" com do pronome "o" = a mim, muito comum em Machado.

vá direito à narração. Mas, por menos curioso que seja, sempre lhe digo que é interessante saber o que se passou na minha cabeça durante uns vinte a trinta minutos.

Primeiramente, tomei a figura de um barbeiro chinês, bojudo, destro, escanhoando um mandarim, que me pagava o trabalho com beliscões e confeitos: caprichos de mandarim.

Logo depois, senti-me transformado na *Summa Theologica de S. Tomás*, impressa num volume, e encadernada em marroquim, com fechos de prata e estampas; ideia esta que me deu ao corpo a mais completa imobilidade; e ainda agora me lembra que, sendo as minhas mãos os fechos do livro, e cruzando-as eu sobre o ventre, alguém as descruzava (Virgília de certo), porque a atitude lhe dava a imagem de um defunto.

Ultimamente, restituído à forma humana, vi chegar um hipopótamo, que me arrebatou. Deixei-me ir, calado, não sei se por medo ou confiança; mas, dentro em pouco, a carreira de tal modo se tornou vertiginosa, que me atrevi a interrogá-lo, e com alguma arte lhe disse que a viagem me parecia sem destino.

— Engana-se, replicou o animal, nós vamos à origem dos séculos.

Insinuei que deveria ser muitíssimo longe; mas o hipopótamo não me entendeu ou não me ouviu, se é que não fingiu uma dessas cousas; e, perguntando-lhe, visto que ele falava, se era descendente do cavalo de Aquiles ou da asna de Balaão, retorquiu-me com um gesto peculiar a estes dous quadrúpedes: abanou as orelhas. Pela

---

direito – direto.

bojudo – em forma de bojo: baixo e gordo.

destro – habilidoso.

escanhoando – barbeando.

mandarim – alto funcionário público na antiga China.

confeitos – balas de açúcar.

Summa Theologica de S. Tomás – é a obra mais importante do teólogo Tomás de Aquino (1223-1274), que versa sobre os fundamentos da teologia adotada pelo catolicismo. S. Tomás: modernamente se usa "Santo", ao invés de "São" (abreviatura: "S.")

marroquim – pele de cabra ou de bode, tingida e preparada para a fabricação de artefatos.

cavalo de Aquiles – Aquiles é o herói da *Ilíada*, poema do grego Homero (IX século a.C.). Xanto, seu cavalo, predisse que o herói iria morrer em breve.

asna de Balaão – Balaão é profeta da bíblia, o qual, influenciado por sua burra, abençoa os israelitas ao invés de amaldiçoá-los, conforme tinha planejado.

minha parte fechei os olhos e deixei-me ir à ventura. Já agora não se me dá de confessar que sentia umas tais ou quais cócegas de curiosidade, por saber onde ficava a origem dos séculos, se era tão misteriosa como a origem do Nilo, e sobretudo se valia alguma cousa mais ou menos do que a consumação dos mesmos séculos: reflexões de cérebro enfermo. Como ia de olhos fechados, não via o caminho; lembra-me só que a sensação de frio aumentava com a jornada, e que chegou uma ocasião em que me pareceu entrar na região dos gelos eternos. Com efeito, abri os olhos e vi que o meu animal galopava numa planície branca de neve, com uma ou outra montanha de neve, vegetação de neve, e vários animais grandes e de neve. Tudo neve; chegava a gelar-nos um sol de neve. Tentei falar, mas apenas pude grunhir esta pergunta ansiosa:

— Onde estamos?

— Já passámos o Éden.

— Bem; paremos na tenda de Abraão.

— Mas se nós caminhamos para trás! redarguiu motejando a minha cavalgadura.

Fiquei vexado e aturdido. A jornada entrou a parecer-me enfadonha e extravagante, o frio incômodo, a condução violenta, e o resultado impalpável. E depois — cogitações de enfermo — dado que chegássemos ao fim indicado, não era impossível que os séculos, irritados com lhes devassarem a origem, me esmagassem entre as unhas, que deviam ser tão seculares como eles. Enquanto assim pensava, íamos devorando caminho, e a planície voava debaixo dos nossos pés, até que o animal estacou, e pude olhar mais tranquilamente

---

à ventura – à toa, ao acaso.

tão misteriosa como a origem do Nilo – somente no século XX teve-se a certeza de que o maior rio da África nasceu no Lago Vitória, ao passo que a origem de seu nome não foi desvendada.

Éden – lugar onde teria sido o paraíso terrestre.

tenda de Abraão – Abraão, figura bíblica muito amada por Deus, conduziu o seu povo, composto de árabes e judeus, para a Palestina, chamada de "Terra Prometida". Como eram nômades, abrigavam-se em tendas.

redarguiu motejando – retrucou zombando.

enfadonha – monótona, aborrecida, cansativa. O verbo correspondente é "enfadar".

extravagante – original.

em torno de mim. Olhar somente; nada vi, além da imensa brancura da neve, que desta vez invadira o próprio céu, até ali azul. Talvez, a espaços, me aparecia uma ou outra planta, enorme, brutesca, meneando ao vento as suas largas folhas. O silêncio daquela região era igual ao do sepulcro: dissera-se que a vida das cousas ficara estúpida diante do homem.

Caiu do ar? destacou-se da terra? não sei; sei que um vulto imenso, uma figura de mulher me apareceu então, fitando-me uns olhos rutilantes como o sol. Tudo nessa figura tinha a vastidão das formas selváticas, e tudo escapava à compreensão do olhar humano, porque os contornos perdiam-se no ambiente, e o que parecia espesso era muita vez diáfano. Estupefacto, não disse nada, não cheguei sequer a soltar um grito; mas, ao cabo de algum tempo, que foi breve, perguntei quem era e como se chamava: curiosidade de delírio.

— Chama-me Natureza ou Pandora; sou tua mãe e tua inimiga.

Ao ouvir esta última palavra, recuei um pouco, tomado de susto. A figura soltou uma gargalhada, que produziu em torno de nós o efeito de um tufão; as plantas torceram-se e um longo gemido quebrou a mudez das cousas externas.

— Não te assustes, disse ela, minha inimizade não mata; é sobretudo pela vida que se afirma. Vives: não quero outro flagelo.

— Vivo? perguntei eu, enterrando as unhas nas mãos, como para certificar-me da existência.

— Sim, verme, tu vives. Não receies perder esse andrajo que é teu orgulho; provarás ainda, por algumas horas, o pão da dor e o vinho da miséria. Vives: agora mesmo que ensandeceste, vives; e se a tua consciência reouver um instante de sagacidade, tu dirás que queres viver.

Dizendo isto, a visão estendeu o braço, segurou-me pelos cabelos e levantou-me ao ar, como se fora uma pluma. Só então

---

brutesca – selvagem.

diáfano – transparente, fino.

Estupefacto – Espantado.

Pandora – primeira humana da mitologia pagã, tão bela e perfeita quanto as deusas. Ela sempre levava uma caixa, estando proibida de abri-la. Acabou abrindo-a, e dela saíram todos os males para atormentar a humanidade, ficando presa somente a esperança, quando Pandora fechou de repente a caixa.

andrajo – trapo, farrapo.

ensandeceste – enlouqueceste.

sagacidade – esperteza.

pude ver-lhe de perto o rosto, que era enorme. Nada mais quieto; nenhuma contorção violenta, nenhuma expressão de ódio ou ferocidade; a feição única, geral, completa, era a da impassibilidade egoísta, a da eterna surdez, a da vontade imóvel. Raivas, se as tinha, ficavam encerradas no coração. Ao mesmo tempo, nesse rosto de expressão glacial, havia um ar de juventude, mescla de força e viço, diante do qual me sentia eu o mais débil e decrépito dos seres.

— Entendeste-me? disse ela, no fim de algum tempo de mútua contemplação.

— Não, respondi; nem quero entender-te; tu és absurda, tu és uma fábula. Estou sonhando, decerto, ou, se é verdade que enlouqueci, tu não passas de uma concepção de alienado, isto é, uma cousa vã, que a razão ausente não pode reger nem palpar. Natureza, tu? a Natureza que eu conheço é só mãe e não inimiga; não faz da vida um flagelo, nem, como tu, traz esse rosto indiferente, como o sepulcro. E porque Pandora?

— Porque levo na minha bolsa os bens e os males, e o maior de todos, a esperança, consolação dos homens. Tremes?

— Sim; o teu olhar fascina-me.

— Creio; eu não sou somente a vida; sou também a morte, e tu estás prestes a devolver-me o que te emprestei. Grande lascivo, espera-te a voluptuosidade do nada.

Quando esta palavra ecoou, como um trovão, naquele imenso vale, afigurou-se-me que era o último som que chegava a meus ouvidos; pareceu-me sentir a decomposição súbita de mim mesmo. Então, encarei-a com olhos súplices, e pedi mais alguns anos.

— Pobre minuto! exclamou. Para que queres tu mais alguns instantes de vida? Para devorar e seres devorado depois? Não estás farto do espetáculo e da luta? Conheces de sobejo tudo o que eu te deparei menos torpe ou menos aflitivo: o alvor do dia, a melancolia da tarde, a quietação da noite, os aspectos da terra, o sono, enfim, o maior benefício das minhas mãos. Que mais queres tu, sublime idiota?

---

viço - frescor.

lascivo - sensual.

súplices - suplicantes.

de sobejo - de sobra.

torpe - nojento, infame.

— Viver somente, não te peço mais nada. Quem me pôs no coração este amor da vida, se não tu? e, se eu amo a vida, porque te hás de golpear a ti mesma, matando-me?

— Porque já não preciso de ti. Não importa ao tempo o minuto que passa, mas o minuto que vem. O minuto que vem é forte, jocundo, supõe trazer em si a eternidade, e traz a morte, e perece como o outro, mas o tempo subsiste. Egoísmo, dizes tu? Sim, egoísmo, não tenho outra lei. Egoísmo, conservação. A onça mata o novilho porque o raciocínio da onça é que ela deve viver, e se o novilho é tenro tanto melhor: eis o estatuto universal. Sobe e olha.

Isto dizendo, arrebatou-me ao alto de uma montanha. Inclinei os olhos a uma das vertentes, e contemplei, durante um tempo largo, ao longe, através de um nevoeiro, uma cousa única. Imagina tu, leitor, uma redução dos séculos, e um desfilar de todos eles, as raças todas, todas as paixões, o tumulto dos impérios, a guerra dos apetites e dos ódios, a destruição recíproca dos seres e das cousas. Tal era o espetáculo, acerbo e curioso espetáculo. A história do homem e da terra tinha assim uma intensidade que lhe não podiam dar nem a imaginação nem a ciência, porque a ciência é mais lenta e a imaginação mais vaga, enquanto que o que eu ali via era a condensação viva de todos os tempos. Para descrevê-la seria preciso fixar o relâmpago. Os séculos desfilavam num turbilhão, e, não obstante, porque os olhos do delírio são outros, eu via tudo o que passava diante de mim, — flagelos e delícias, — desde essa cousa que se chama glória até essa outra que se chama miséria, e via o amor multiplicando a miséria, e via a miséria agravando a debilidade. Aí vinham a cobiça que devora, a cólera que inflama, a inveja que baba, e a enxada e a pena, úmidas de suor, e a ambição, a fome, a vaidade, a melancolia, a riqueza, o amor, e todos agitavam o homem, como um chocalho, até destruí-lo, como um farrapo. Eram as formas várias de um mal, que ora mordia a víscera, ora mordia o pensamento,

---

jocundo – variante de "jucundo": alegre, prazenteiro.

perece – morre.

acerbo – cruel, doloroso.

não obstante – apesar disso.

cobiça – ambição desmedida de riquezas.

pena – instrumento da escrita.

e passeava eternamente as suas vestes de arlequim, em derredor da espécie humana. A dor cedia alguma vez, mas cedia à indiferença, que era um sono sem sonhos, ou ao prazer, que era uma dor bastarda. Então o homem, flagelado e rebelde, corria diante da fatalidade das cousas, atrás de uma figura nebulosa e esquiva, feita de retalhos, um retalho de impalpável, outro de improvável, outro de invisível, cosidos todos a ponto precário, com a agulha da imaginação; e essa figura, — nada menos que a quimera da felicidade, — ou lhe fugia perpetuamente, ou deixava-se apanhar pela fralda, e o homem a cingia ao peito, e então ela ria, como um escárnio, e sumia-se, como uma ilusão.

Ao contemplar tanta calamidade, não pude reter um grito de angústia, que Natureza ou Pandora escutou sem protestar nem rir; e não sei por que lei de transtorno cerebral, fui eu que me pus a rir, — de um riso descompassado e idiota.

— Tens razão, disse eu, a cousa é divertida e vale a pena, — talvez monótona — mas vale a pena. Quando Job amaldiçoava o dia em que fora concebido, é porque lhe davam ganas de ver cá de cima o espetáculo. Vamos lá, Pandora, abre o ventre, e digere-me; a cousa é divertida, mas digere-me.

A resposta foi compelir-me fortemente a olhar para baixo, e a ver os séculos que continuavam a passar, velozes e turbulentos, as gerações que se superpunham às gerações, umas tristes, como os Hebreus do cativeiro, outras alegres, como os devassos de Cômodo, e todas elas pontuais na sepultura. Quis fugir, mas uma

---

arlequim – personagem da antiga comédia italiana, de roupas em losangos multicores, cuja função era divertir o público nos intervalos das peças. Depois passou a integrá-las como personagem.

quimera – ilusão.

fralda – parte inferior; no caso, o que se podia agarrar da figura em fuga.

escárnio – desprezo.

Job – figura que dá nome a um dos livros bíblicos. Deus, para comprovar seu amor, fez com que ele sofresse bastante. Job resistiu a tudo, mas, num momento de desespero, amaldiçoou o dia de seu nascimento.

Hebreus do cativeiro – referência bíblica. Os hebreus, nome antigo dos judeus, foram cativos por mais de meio século na Babilônia, cidade da Mesopotâmia, depois que Jerusalém foi invadida.

Cômodo – (161-191), imperador romano, caracterizado pela crueldade. Morreu envenenado e estrangulado.

força misteriosa me retinha os pés; então disse comigo: — "Bem, os séculos vão passando, chegará o meu, e passará também, até o último, que me dará a decifração da eternidade." E fixei os olhos, e continuei a ver as idades, que vinham chegando e passando, já então tranquilo e resoluto, não sei até se alegre. Talvez alegre. Cada século trazia a sua porção de sombra e de luz, de apatia e de combate, de verdade e de erro, e o seu cortejo de sistemas, de ideias novas, de novas ilusões; em cada um deles rebentavam as verduras de uma primavera, e amareleciam depois, para remoçar mais tarde. Ao passo que a vida tinha assim uma regularidade de calendário, fazia-se a história e a civilização, e o homem, nu e desarmado, armava-se e vestia-se, construía o tugúrio e o palácio, a rude aldeia e Tebas de cem portas, criava a ciência, que perscruta, e a arte que enleva, fazia-se orador, mecânico, filósofo, corria a face do globo, descia ao ventre da terra, subia à esfera das nuvens, colaborando assim na obra misteriosa, com que entretinha a necessidade da vida e a melancolia do desamparo. Meu olhar, enfarado e distraído, viu enfim chegar o século presente, e atrás dele os futuros. Aquele vinha ágil, destro, vibrante, cheio de si, um pouco difuso, audaz, sabedor, mas ao cabo tão miserável como os primeiros, e assim passou e assim passaram os outros, com a mesma rapidez e igual monotonia. Redobrei de atenção; fitei a vista; ia enfim ver o último, — o último!; mas então já a rapidez da marcha era tal, que escapava a toda a compreensão; ao pé dela o relâmpago seria um século. Talvez por isso entraram os objetos a trocarem-se; uns cresceram, outros minguaram, outros perderam-se no ambiente; um nevoeiro cobriu tudo, — menos o hipopótamo que ali me trouxera, e que aliás começou a diminuir, a diminuir, a diminuir, até ficar do tamanho de um gato. Era efetivamente um

---

resoluto – decidido.

rebentavam as verduras – desabrochavam as plantas.

tugúrio – casa muito pobre.

Tebas de cem portas – referência a uma passagem da *Ilíada*. A cidade egípcia de Tebas teria cem portas, por onde podia ser facilmente invadida pelos inimigos, e assim era chamada. Não confundi-la com a cidade grega Tebas, antiga capital da Beócia, citada no capítulo LXXXIV.

prescruta – pesquisa.

enfarado – cansado, enjoado.

gato. Encarei-o bem; era o meu gato *Sultão*, que brincava à porta da alcova, com uma bola de papel...

Capítulo VIII

Razão contra Sandice

Já o leitor compreendeu que era a Razão que voltava à casa, e convidava a Sandice a sair, clamando, e com melhor jus, as palavras de Tartufo:

La maison est à moi, c'est à vous d'en sortir.

Mas é sestro antigo da Sandice criar amor às casas alheias, de modo que, apenas senhora de uma, dificilmente lha farão despejar. É sestro; não se tira daí; há muito que lhe calejou a vergonha. Agora, se advertirmos no imenso número de casas que ocupa, umas de vez, outras durante as suas estações calmosas, concluiremos que esta amável peregrina é o terror dos proprietários. No nosso caso, houve quase um distúrbio à porta do meu cérebro, porque a adventícia não queria entregar a casa, e a dona não cedia da intenção de tomar o que era seu. Afinal, já a Sandice se contentava com um cantinho no sótão.

— Não, senhora, replicou a Razão, estou cansada de lhe ceder sótãos, cansada e experimentada, o que você quer é passar mansamente do sótão à sala de jantar, daí à de visitas e ao resto.

C (VII): Esse texto é dos mais famosos, originais e de mais difícil interpretação da literatura brasileira. O delírio que precede a morte do protagonista está recheado de símbolos: o gato / hipopótamo que o conduz à origem dos séculos – ao grau zero do tempo e do espaço; o encontro com a Natureza / Pandora – mãe-inimiga; o desfile dos séculos com os seus flagelos e suas delícias pode ser lido como o poder incontrolável do inconsciente, onde é possível a realização de todas as fantasias e a liberdade utópica.

Sandice – Loucura.

jus – direito.

Tartufo – personagem da peça do mesmo nome, do escritor francês Molière (1622-1673). "Tartufo" significa "hipócrita".

La maison est à moi, c'est à vous d'en sortir. – A casa é minha, cabe a vós sair dela.

despejar – desocupar, sair.

adventícia – intrusa, estranha.

— Está bem, deixe-me ficar algum tempo mais, estou na pista de um mistério...

— Que mistério?

— De dous, emendou a Sandice; o da vida e o da morte; peço-lhe só uns dez minutos.

A Razão pôs-se a rir.

— Hás de ser sempre a mesma cousa... sempre a mesma cousa... sempre a mesma cousa...

E, dizendo isto, travou-lhe dos pulsos e arrastou-a para fora; depois entrou e fechou-se. A Sandice ainda gemeu algumas súplicas, grunhiu algumas zangas; mas desenganou-se depressa, deitou a língua de fora, em ar de surriada, e foi andando...

Capítulo IX
Transição

E vejam agora com que destreza, com que arte faço eu a maior transição deste livro. Vejam: o meu delírio começou em presença de Virgília; Virgília foi o meu grão pecado da juventude; não há juventude sem meninice; meninice supõe nascimento; e eis aqui como chegamos nós, sem esforço, ao dia 20 de outubro de 1805, em que nasci. Viram? Nenhuma juntura aparente, nada que divirta a atenção pausada do leitor: nada. De modo que o livro fica assim com todas as vantagens do método, sem a rigidez do método. Na verdade, era tempo. Que isto de método, sendo, como é, uma cousa indispensável, todavia é melhor tê-lo sem gravata nem suspensórios, mas um pouco à fresca e à solta, como quem não se lhe dá da vizinha fronteira, nem do inspetor de quarteirão. É como a eloquência, que há uma genuína e vibrante, de uma

---

surriada - zombaria.

C (VIII): O narrador põe o delírio como mediador entre a razão e a loucura, não tratando esta última como impossível de ser vencida, porém como mais apta para desvendar o mistério da vida e da morte.

grão - forma arcaica de "grande", ainda encontrável, por exemplo, em "grão-duque".

à fresca - com roupas leves.

não se lhe dá da - não se importa com.

genuína - verdadeira.

arte natural e feiticeira, e outra tesa, engomada e chocha. Vamos ao dia 20 de Outubro.

Capítulo X
Naquele dia...

Naquele dia, a árvore dos Cubas brotou uma graciosa flor. Nasci; recebeu-me nos braços a Pascoela, insigne parteira minhota, que se gabava de ter aberto a porta do mundo a uma geração inteira de fidalgos. Não é impossível que meu pai lhe ouvisse tal declaração; creio, todavia, que o sentimento paterno é o que o induziu a gratificá-la com duas meias dobras. Lavado e enfaixado, fui desde logo o herói da nossa casa. Cada qual prognosticava a meu respeito o que mais lhe quadrava ao sabor. Meu tio João, o antigo oficial de infantaria, achava-me um certo olhar de Bonaparte, cousa que meu pai não pôde ouvir sem náuseas; meu tio Ildefonso, então simples padre, farejava-me cônego.

— Cônego é o que ele há de ser, e não digo mais por não parecer orgulho; mas não me admiraria nada se Deus o destinasse a um bispado... É verdade, um bispado; não é cousa impossível. Que diz você, mano Bento?

Meu pai respondia a todos que eu seria o que Deus quisesse; e alçava-me ao ar, como se intentasse mostrar-me à cidade e ao mundo; perguntava a todos se eu me parecia com ele, se era inteligente, bonito...

C (**IX**): Novo capítulo de trabalho metalinguístico, onde o autor insiste na frouxidão composicional.

insigne – importante, famosa.

minhota – do Minho, região de Portugal.

gabava – vangloriava.

dobras – antigas moedas portuguesas, de ouro e de prata, cujo valor variava nos diferentes reinados.

lhe quadrava ao sabor – era de sua preferência.

Bonaparte – Napoleão I (1769-1821), imperador da França e conquistador de boa parte do mundo. Machado o menciona muitas vezes, nesta e em outras obras. No romance *Quincas Borba*, a loucura do protagonista revela-se quando ele começa a imitar o imperador.

Digo essas cousas por alto, segundo as ouvi narrar anos depois; ignoro a mor parte dos pormenores daquele famoso dia. Sei que a vizinhança veio ou mandou cumprimentar o recém-nascido, e que durante as primeiras semanas muitas foram as visitas em nossa casa. Não houve cadeirinha que não trabalhasse; aventou-se muita casaca e muito calção. Se não conto os mimos, os beijos, as admirações, as bênçãos, é porque, se os contasse, não acabaria mais o capítulo, e é preciso acabá-lo.

Item, não posso dizer nada do meu batizado, porque nada me referiram a tal respeito, a não ser que foi uma das mais galhardas festas do ano seguinte, 1806; batizei-me na igreja de São Domingos, uma terça-feira de março, dia claro, luminoso e puro, sendo padrinhos o coronel Rodrigues de Matos e sua senhora. Um e outro descendiam de velhas famílias do Norte e honravam deveras o sangue que lhes corria nas veias, outrora derramado na guerra contra Holanda. Cuido que os nomes de ambos foram das primeiras cousas que aprendi; e certamente os dizia com muita graça, ou revelava algum talento precoce, porque não havia pessoa estranha diante de quem me não obrigassem a recitá-los.

— Nhonhô, diga a estes senhores como é que se chama seu padrinho.

— Meu padrinho? é o Excelentíssimo Senhor coronel Paulo Vaz Lobo César de Andrade e Sousa Rodrigues de Matos; minha madrinha é a Excelentíssima Senhora Dona Maria Luísa de Macedo Resende e Sousa Rodrigues de Matos.

— É muito esperto o seu menino, exclamavam os ouvintes.

---

mor – maior; a forma subsiste em vocábulos do tipo "capitão-mor".

cadeirinha – veículo antigo para uma pessoa, conduzido nos ombros, geralmente por escravos.

aventou-se – saiu de onde estava oculto; no caso, do guarda-roupa, tratando-se de trajes raramente usados.

Item – da mesma forma, também.

galhardas – elegantes.

igreja de São Domingos – construída em 1791, em local hoje inserido na Av. Presidente Vargas com Av. Passos, no centro do Rio de Janeiro. Foi demolida em 1942.

guerra contra Holanda – referência às Invasões Holandesas no Nordeste do Brasil, na primeira metade do século XVII.

— Muito esperto, concordava meu pai; e os olhos babavam-se-lhe de orgulho, e ele espalmava a mão sobre a minha cabeça, fitava-me longo tempo, namorado, cheio de si.

Item, comecei a andar, não sei bem quando, mas antes do tempo. Talvez por apressar a natureza, obrigavam-me cedo a agarrar às cadeiras, pegavam-me da fralda, davam-me carrinhos de pau. — Só só, nhonhô, só só, dizia-me a mucama. E eu, atraído pelo chocalho de lata, que minha mãe agitava diante de mim, lá ia para a frente, cai aqui, cai acolá; e andava, provavelmente mal, mas andava, e fiquei andando.

Capítulo XI

O menino é pai do homem

Cresci; e nisso é que a família não interveio; cresci naturalmente, como crescem as magnólias e os gatos. Talvez os gatos são menos matreiros, e, com certeza, as magnólias são menos inquietas do que eu era na minha infância. Um poeta dizia que o menino é pai do homem. Se isto é verdade, vejamos alguns lineamentos do menino.

Desde os cinco anos merecera eu a alcunha de "menino diabo"; e verdadeiramente não era outra cousa; fui dos mais malignos do meu tempo, arguto, indiscreto, traquinas e voluntarioso. Por exemplo, um dia quebrei a cabeça de uma escrava, porque me

---

namorado - encantado.

mucama - escrava que prestava serviços domésticos; ama-de-leite.

C (**X**): O nascimento e a infância de Brás são cercados de carinho e admiração. Observe a ausência da mãe nesse cenário. Ela só vai aparecer no capítulo seguinte, "temente às trovoadas e ao marido."

O menino é pai do homem - frase do poeta inglês W. Wordsworth (1770-1850), do livro *My heart leaps up* (Meu coração salta).

matreiros - espertos.

lineamentos - traços gerais, esboço (usado no plural, com este sentido).

alcunha - apelido.

arguto - esperto.

traquinas - travesso.

voluntarioso - teimoso.

negara uma colher do doce de coco que estava fazendo, e, não contente com o malefício, deitei um punhado de cinza ao tacho, e, não satisfeito da travessura, fui dizer à minha mãe que a escrava é que estragara o doce "por pirraça"; e eu tinha apenas seis anos. Prudêncio, um moleque de casa, era o meu cavalo de todos os dias; punha as mãos no chão, recebia um cordel nos queixos, à guisa de freio, eu trepava-lhe ao dorso, com uma varinha na mão, fustigava-o, dava mil voltas a um e outro lado, e ele obedecia, — algumas vezes gemendo, — mas obedecia sem dizer palavra, ou, quando muito, um — "ai, nhonhô!" — ao que eu retorquia: — "Cala a boca, besta!" — Esconder os chapéus das visitas, deitar rabos de papel a pessoas graves, puxar pelo rabicho das cabeleiras, dar beliscões nos braços das matronas, e outras muitas façanhas deste jaez, eram mostras de um gênio indócil, mas devo crer que eram também expressões de um espírito robusto, porque meu pai tinha-me em grande admiração; e se às vezes me repreendia, à vista de gente, fazia-o por simples formalidade: em particular dava-me beijos.

Não se conclua daqui que eu levasse todo o resto da minha vida a quebrar a cabeça dos outros nem a esconder-lhes os chapéus; mas opiniático, egoísta e algo contemptor dos homens, isso fui; se não passei o tempo a esconder-lhes os chapéus, alguma vez lhes puxei pelo rabicho das cabeleiras.

Outrossim, afeiçoei-me à contemplação da injustiça humana, inclinei-me a atenuá-la, a explicá-la, a classificá-la por partes, a entendê-la, não segundo um padrão rígido, mas ao sabor das circunstâncias e lugares. Minha mãe doutrinava-me a seu modo, fazia-me decorar alguns preceitos e orações; mas eu sentia que, mais do que as orações, me governavam os nervos e o sangue, e a boa regra perdia o espírito, que a faz viver, para se tornar uma vã

---

moleque – negrinho, no geral escravo prestador de serviços domésticos. Neste livro terá essa acepção.

à guisa de – à imitação de.

matronas – mulheres respeitáveis por idade, estado e procedimento.

jaez – categoria, tipo.

contemptor – desprezador; não confundir com "contentor" – que contém.

preceitos – regras de proceder.

fórmula. De manhã, antes do mingau, e de noite, antes da cama, pedia a Deus que me perdoasse, assim como eu perdoava aos meus devedores; mas entre a manhã e a noite fazia uma grande maldade, e meu pai, passado o alvoroço, dava-me pancadinhas na cara, e exclamava a rir: Ah! brejeiro! ah! brejeiro!

Sim, meu pai adorava-me. Minha mãe era uma senhora fraca, de pouco cérebro e muito coração, assaz crédula, sinceramente piedosa, — caseira, apesar de bonita, e modesta, apesar de abastada; temente às trovoadas e ao marido. O marido era na terra o seu deus. Da colaboração dessas duas criaturas nasceu a minha educação, que, se tinha alguma cousa boa, era no geral viciosa, incompleta, e, em partes, negativa. Meu tio cônego fazia às vezes alguns reparos ao irmão; dizia-lhe que ele me dava mais liberdade do que ensino, e mais afeição do que emenda; mas meu pai respondia que aplicava na minha educação um sistema inteiramente superior ao sistema usado; e por este modo, sem confundir o irmão, iludia-se a si próprio.

De envolta com a transmissão e a educação, houve ainda o exemplo estranho, o meio doméstico. Vimos os pais; vejamos os tios. Um deles, o João, era um homem de língua solta, vida galante, conversa picaresca. Desde os onze anos entrou a admitir-me às anedotas reais ou não, eivadas todas de obscenidade ou imundície. Não me respeitava a adolescência, como não respeitava a batina do irmão; com a diferença que este fugia logo que ele enveredava por assunto escabroso. Eu não; deixava-me estar, sem entender nada, a princípio, depois entendendo, e enfim achando-lhe graça. No fim de certo tempo, quem o procurava era eu; e ele gostava muito de mim, dava-me doces, levava-me a passeio. Em casa, quando lá ia passar alguns dias, não poucas vezes me aconteceu achá-lo, no fundo da chácara, no lavadouro, a palestrar com as escravas que batiam roupa; aí é que era um desfiar de anedotas, de ditos, de perguntas, e um estalar de risadas, que ninguém podia ouvir, porque

---

brejeiro – travesso, brincalhão, malicioso.

emenda – correção.

picaresca – engraçada.

eivadas – repletas.

o lavadouro ficava muito longe de casa. As pretas, com uma tanga no ventre, a arregaçar-lhes um palmo dos vestidos, umas dentro do tanque, outras fora, inclinadas sobre as peças de roupa, a batê-las, a ensaboá-las, a torcê-las, iam ouvindo e redarguindo às pilhérias do tio João, e a comentá-las de quando em quando com esta palavra:

— Cruz, diabo!... Este sinhô João é o diabo!

Bem diferente era o tio cônego. Esse tinha muita austeridade e pureza; tais dotes, contudo, não realçavam um espírito superior, apenas compensavam um espírito medíocre. Não era homem que visse a parte substancial da igreja; via o lado externo, a hierarquia, as preeminências, as sobrepelizes, as circunflexões. Vinha antes da sacristia que do altar. Uma lacuna no ritual excitava-o mais do que uma infracção dos mandamentos. Agora, a tantos anos de distância, não estou certo se ele poderia atinar facilmente com um trecho de Tertuliano, ou expor, sem titubear, a história do símbolo de Niceia; mas ninguém, nas festas cantadas, sabia melhor o número e caso das cortesias que se deviam ao oficiante. Cônego foi a única ambição de sua vida; e dizia de coração que era a maior dignidade a que podia aspirar. Piedoso, severo nos costumes, minucioso na observância das regras, frouxo, acanhado, subalterno, possuía algumas virtudes, em que era exemplar, mas carecia absolutamente da força de as incutir, de as impor aos outros.

Não digo nada de minha tia materna, Dona Emerenciana, e aliás era a pessoa que mais autoridade tinha sobre mim; essa diferençava-se grandemente dos outros; mas viveu pouco tempo em nossa companhia, uns dous anos. Outros parentes e alguns íntimos não merecem a pena de ser citados; não tivemos uma vida comum, mas intermitente, com grandes claros de separação. O que importa é a expressão geral do meio doméstico, e essa aí fica indicada,

---

redarguindo – retrucando.
pilhérias – anedotas, piadas.
preeminências – grandezas.
sobrepelizes – vestes brancas, usadas pelos sacerdotes católicos, sobre a batina.
circunflexões – atos de (a pessoa) dobrar-se em arco, como sinal de respeito.
Tertuliano – (155?- 220?), escritor latino e cristão.
símbolo de Niceia – é a oração católica *Credo*, definida num concílio de Niceia, cidade da Ásia Menor, realizado no século I da era cristã.

— vulgaridade de caracteres, amor das aparências rutilantes, do arruído, frouxidão da vontade, domínio do capricho, e o mais. Dessa terra e desse estrume é que nasceu esta flor.

Capítulo XII

Um episódio de 1814

Mas eu não quero passar adiante, sem contar sumariamente um galante episódio de 1814; tinha nove anos.

Napoleão, quando eu nasci, estava já em todo o esplendor da glória e do poder; era imperador e granjeara inteiramente a admiração dos homens. Meu pai, que à força de persuadir os outros da nossa nobreza, acabara persuadindo-se a si próprio, nutria contra ele um ódio puramente mental. Era isso motivo de renhidas contendas em nossa casa, porque meu tio João, não sei se por espírito de classe e simpatia de ofício, perdoava no déspota o que admirava no general, meu tio padre era inflexível contra o corso, os outros parentes dividiam-se; daí as controvérsias e as rusgas.

Chegando ao Rio de Janeiro a notícia da primeira queda de Napoleão, houve naturalmente grande abalo em nossa casa, mas

---

capricho – desejo impulsivo, súbito, sem justificação aparente.

C (XI): Brás carrega nas tintas ao pintar seu retrato de "menino-diabo": mimado, travesso e mal-educado. Como indica o título, prepara o leitor para julgá-lo no futuro, pela ótica da Psicologia. Entretanto, no fim do capítulo, Machado deixa-se influenciar pela teoria sociológica da época, ou seja, avaliação do homem como produto do meio em que vive.

granjeara – conseguira, obtivera.

renhidas contendas – duras disputas.

déspota – senhor absoluto e arbitrário, tirano.

corso – referência a Napoleão I, nascido na Córsega.

rusgas – desentendimentos.

primeira queda de Napoleão – referência à abdicação, obrigada pelo Senado, em abril de 1814, levando o imperador a retirar-se para a Ilha de Elba. Alguns meses depois ele entrou em Paris, abandonada pelo rei Luís XVIII na noite anterior, e tomou o poder através de um Ato Adicional. A segunda queda se deu quando uma coalizão de forças europeias invadiu a França, e Bonaparte teve de retirar-se para a Ilha de Santa Helena, onde morreu.

nenhum chasco ou remoque. Os vencidos, testemunhas do regozijo público, julgaram mais decoroso o silêncio; alguns foram além e bateram palmas. A população, cordialmente alegre, não regateou demonstrações de afecto à real família; houve iluminações, salvas, *Te-Deum*, cortejo e aclamações. Figurei nesses dias com um espadim novo, que meu padrinho me dera no dia de Santo Antônio; e, francamente, interessava-me mais o espadim do que a queda de Bonaparte. Nunca me esqueceu esse fenômeno. Nunca mais deixei de pensar comigo que o nosso espadim é sempre maior do que a espada de Napoleão. E notem que eu ouvi muito discurso, quando era vivo, li muita página rumorosa de grandes ideias e maiores palavras, mas não sei porque, no fundo dos aplausos que me arrancavam da boca, lá ecoava alguma vez este conceito de experimentado:

— Vai-te embora, tu só cuidas do espadim.

Não se contentou a minha família em ter um quinhão anônimo no regozijo público; entendeu oportuno e indispensável celebrar a destituição do imperador com um jantar, e tal jantar que o ruído das aclamações chegasse aos ouvidos de Sua Alteza, ou quando menos, de seus ministros. Dito e feito. Veio abaixo toda a velha prataria, herdada do meu avô Luís Cubas; vieram

---

chasco ou remoque – zombaria ou insinuação indireta, maliciosa.

regozijo – satisfação, alegria.

decoroso – discreto.

regateou – economizou.

real família – referência a D. João VI e sua corte, cuja fuga para o Brasil foi decorrente do bonapartismo.

iluminações – o mesmo que "luminárias", isto é, iluminação pública por motivo de festa.

salvas – comemoração com tiros de canhão.

Te Deum – expressão latina que designa uma oração do ritual católico, cuja tradução é "A ti, Deus". Em português, grafa-se "te-déum". Aqui é a cerimônia que acompanha a oração.

dia de Santo Antônio – 13 de junho; a véspera é o Dia dos Namorados, por ter sido o santo considerado como promotor de casamentos. No Rio antigo davam-se presentes nessa data.

quinhão – participação.

Sua Alteza – referência a D. João VI, ainda príncipe regente. Foi aclamado rei somente em 1818.

as toalhas de Flandres, as grandes jarras da Índia; matou-se um capado; encomendaram-se às madres da Ajuda as compotas e marmeladas; lavaram-se, arearam-se, poliram-se as salas, escadas, castiçais, arandelas, as vastas mangas de vidro, todos os aparelhos do luxo clássico.

Dada a hora, achou-se reunida uma sociedade seleta, o juiz de fora, três ou quatro oficiais militares, alguns comerciantes e letrados, vários funcionários da administração, uns com suas mulheres e filhas, outros sem elas, mas todos comungando no desejo de atolar a memória de Bonaparte no papo de um peru. Não era um jantar, mas um *Te-Deum;* foi o que pouco mais ou menos disse um dos letrados presentes, o Dr. Vilaça, glosador insigne, que acrescentou aos pratos de casa o acepipe das musas. Lembra-me, como se fosse ontem, lembra-me de o ver erguer-se, com a sua longa cabeleira de rabicho, casaca de seda, uma esmeralda no dedo, pedir a meu tio padre que lhe repetisse o mote, e, repetido o mote, cravar os olhos na testa de uma senhora, depois tossir, alçar a mão direita, toda fechada, menos o dedo índice, que apontava para o tecto; e, assim posto e composto, devolver o mote glosado. Não fez uma glosa, mas três; depois jurou aos seus deuses não acabar mais. Pedia um mote, davam-lho, ele glosava-o prontamente, e

---

Flandres – designação antiga de "Holanda", famosa por certos tipos de tecido.

capado – porco castrado que se destina à engorda.

madres da Ajuda – freiras do convento de Nossa Senhora da Ajuda, famosas doceiras à época. Demolido em 1911, localizava-se na região hoje conhecida como "Cinelândia", no centro do Rio de Janeiro.

compotas – doces de frutas cozidas em calda de açúcar.

arandelas – quaisquer luminárias engastadas ou apoiadas em parede.

mangas – peças tubulares que revestem candeeiros ou similares.

juiz de fora – magistrado brasileiro do tempo colonial.

letrados – advogados.

glosador – o que faz glosa – poema formado de quatro estrofes, no máximo, com versos de dez sílabas cada uma, às quais serve de mote uma estrofe de quatro versos, que costuma vir no início do poema. O mote é um conceito para ser glosado, isto é, dele se origina a glosa. Nesse contexto, alguém o propõe.

acepipe das musas – comida saborosa das inspiradoras da poesia. No caso, metáfora de "boa poesia".

mote glosado – o poema pronto.

logo pedia outro e mais outro; a tal ponto que uma das senhoras presentes não pôde calar a sua grande admiração.

— A senhora diz isso, retorquia modestamente o Vilaça, porque nunca ouviu o Bocage, como eu ouvi, no fim do século, em Lisboa. Aquilo sim! que facilidade! e que versos! Tivemos lutas de uma e duas horas, no botequim do Nicola, a glosarmos, no meio de palmas e bravos. Imenso talento o do Bocage! Era o que me dizia, há dias, a Senhora duquesa de Cadaval...

E estas três palavras últimas, expressas com muita ênfase, produziram em toda a assembleia um frêmito de admiração e pasmo. Pois esse homem tão dado, tão simples, além de pleitear com poetas, discreteava com duquesas! Um Bocage e uma Cadaval! Ao contacto de tal homem, as damas sentiam-se superfinas; os varões olhavam-no com respeito, alguns com inveja, não raros com incredulidade. Ele, entretanto, ia caminho, a acumular adjetivo sobre adjetivo, advérbio sobre advérbio, a desfiar todas as rimas de *tirano* e de *usurpador*. Era à sobremesa; ninguém já pensava em comer. No intervalo das glosas, corria um borborinho alegre, um palavrear de estômagos satisfeitos; os olhos moles e úmidos, ou vivos e cálidos, espreguiçavam-se ou saltitavam de uma ponta à outra da mesa, atulhada de doces e frutas, aqui o ananás em fatias,

---

Bocage - (1765-1805), poeta português, famoso pela capacidade de fazer poemas de improviso.

botequim do Nicola - referência ao Café Nicola, fundado em 1787. É um dos estabelecimentos mais antigos de Lisboa. Era frequentado por intelectuais, entre eles Bocage, que lá fazia poemas.

bravos - exclamações de aprovação ou admiração.

duquesa de Cadaval - parece tratar-se de Maria Madalena Henriqueta Carlota Emília de Montmorency Luxembourg. Era esposa de Miguel Caetano Alves Pereira de Melo (1765-1808), 5º duque de Cadaval. Vieram para o Brasil em 1807, com a corte de D. João VI.

frêmito - sussurro.

pleitear - competir.

discreteava - palestrava.

de tirano e de usurpador - no caso, adjetivos referentes a Napoleão I, a quem estavam sendo dedicadas glosas (ver "glosador").

borborinho - ruído.

cálidos - ardentes.

ali o melão em talhadas, as compoteiras de cristal deixando ver o doce de coco, finamente ralado, amarelo como uma gema, — ou então o melado escuro e grosso, não longe do queijo e do cará. De quando em quando um riso jovial, amplo, desabotoado, um riso de família, vinha quebrar a gravidade política do banquete. No meio do interesse grande e comum, agitavam-se também os pequenos e particulares. As moças falavam das modinhas que haviam de cantar ao cravo, e do minuete e do solo inglês; nem faltava matrona que prometesse bailar um oitavado de compasso, só para mostrar como folgara nos seus bons tempos de criança. Um sujeito, ao pé de mim, dava a outro notícia recente dos negros novos, que estavam a vir, segundo cartas que recebera de Luanda, uma carta em que o sobrinho lhe dizia ter já negociado cerca de quarenta cabeças, e outra carta em que... Trazia-as justamente na algibeira, mas não as podia ler naquela ocasião. O que afiançava é que podíamos contar, só nessa viagem, uns cento e vinte negros, pelo menos.

— Trás... trás... trás... fazia o Vilaça batendo com as mãos uma na outra. O rumor cessava de súbito, como um estacado de orquestra, e todos os olhos se voltavam para o glosador. Quem ficava longe aconcheava a mão atrás da orelha para não perder palavra; a mor parte, antes mesmo da glosa, tinha já um meio riso de aplauso, trivial e cândido.

---

jovial - alegre, prazenteiro.

desabotoado - desinibido.

modinhas - até 1850 eram canções inspiradas na ária da ópera italiana.

cantar ao cravo - cantar ao som do cravo, instrumento de cordas, com um ou dois teclados.

minuete - o mesmo que "minueto", antiga dança francesa caracterizada pela nobreza e equilíbrio de movimentos. A música que acompanhava essa dança.

solo inglês - espécie de dança, parecida com a quadrilha.

folgara - divertira-se.

Luanda - Luanda, atualmente capital de Angola.

algibeira - bolso.

afiançava - confirmava.

estacado - forma antiga de "destacado", do italiano "staccato": interrupção do som mediante um toque seco e breve.

aconcheava a mão - ajeitava a mão em forma de concha.

Quanto a mim, lá estava, solitário e deslembrado, a namorar certa compota da minha paixão. No fim de cada glosa ficava muito contente, esperando que fosse a última, mas não era, e a sobremesa continuava intacta. Ninguém se lembrava de dar a primeira voz. Meu pai, à cabeceira, saboreava a goles extensos a alegria dos convivas, mirava-se todo nos carões alegres, nos pratos, nas flores, deliciava-se com a familiaridade travada entre os mais distantes espíritos, influxo de um bom jantar. Eu via isso, porque arrastava os olhos da compota para ele e dele para a compota, como a pedir-lhe que ma servisse; mas fazia-o em vão. Ele não via nada; via-se a si mesmo. E as glosas sucediam-se, como bátegas d'água, obrigando-me a recolher o desejo e o pedido. Pacientei quanto pude; e não pude muito. Pedi em voz baixa o doce; enfim, bradei, berrei, bati com os pés. Meu pai, que seria capaz de me dar o sol, se eu lho exigisse, chamou um escravo para me servir o doce; mas era tarde. A tia Emerenciana arrancara-me da cadeira e entregara-me a uma escrava, não obstante os meus gritos e repelões.

Não foi outro o delito do glosador: retardara a compota e dera causa à minha exclusão. Tanto bastou para que eu cogitasse uma vingança, qualquer que fosse, mas grande e exemplar, cousa que de alguma maneira o tornasse ridículo. Que ele era um homem grave o Doutor Vilaça, medido e lento, quarenta e sete anos, casado e pai. Não me contentava o rabo de papel nem o rabicho da cabeleira; havia de ser cousa pior. Entrei a espreitá-lo, durante o resto da tarde, a segui-lo, na chácara, aonde todos desceram a passear. Vi-o conversar com Dona Eusébia, irmã do sargento-mor Domingues, uma robusta donzelona, que se não era bonita, também não era feia.

— Estou muito zangada com o senhor, dizia ela.

— Porque?

— Porque... não sei porque... porque é a minha sina... creio às vezes que é melhor morrer...

---

convivas - convidados.

travada - estabelecida.

influxo - influência.

bátegas d'água - pancadas de chuva.

donzelona - solteirona.

Tinham penetrado numa pequena moita; era lusco-fusco; eu segui-os. O Vilaça levava nos olhos umas chispas de vinho e de volúpia.

— Deixe-me, disse ela.

— Ninguém nos vê. Morrer, meu anjo? Que ideias são essas! Você sabe que eu morrerei também... que digo?... morro todos os dias, de paixão, de saudades...

Dona Eusébia levou o lenço aos olhos. O glosador vasculhava na memória algum pedaço literário e achou este, que mais tarde verifiquei ser de uma das óperas do Judeu:

— Não chores, meu bem; não queiras que o dia amanheça com duas auroras.

Disse isto; puxou-a para si; ela resistiu um pouco, mas deixou-se ir; uniram os rostos, e eu ouvi estalar, muito ao de leve, um beijo, o mais medroso dos beijos.

— O Doutor Vilaça deu um beijo em Dona Eusébia! bradei eu correndo pela chácara. Foi um estouro esta minha palavra; a estupefacção imobilizou a todos; os olhos espraiavam-se a uma e outra banda; trocavam-se sorrisos, segredos, à socapa, as mães arrastavam as filhas, pretextando o sereno. Meu pai puxou-me as orelhas, disfarçadamente, irritado deveras com a indiscrição; mas, no dia seguinte, ao almoço, lembrando o caso, sacudiu-me o nariz, a rir: Ah! brejeiro! ah! brejeiro!

---

lusco-fusco – o anoitecer.

volúpia – grande prazer.

óperas do Judeu – O Judeu foi apelido de Antônio José da Silva (1705-1739), teatrólogo de Portugal. Suas peças são chamadas de óperas porque o autor entremeava música nos diálogos.

estupefacção – espanto.

à socapa – com disfarce.

C (**XII**): O capítulo pode ser lido também como documento histórico de um jantar de princípios do século XIX: o motivo dele – comemorar a queda de Napoleão – indicia o descontentamento dos brasileiros em relação ao imperador que provocou a fuga de D. João VI para o Brasil. Isso não significa problemas com a presença da família real aqui, mas uma espécie de vingança a seu perseguidor. Observe os usos e costumes da época nesse tipo de celebração, destacando-se o culto ao poético. A travessura vingativa do menino, denunciando o beijo do poeta na solteirona, faz com que este caia no ridículo, empanando toda a sua grandeza poética.

Capítulo XIII
Um salto

Unamos agora os pés e demos um salto por cima da escola, a enfadonha escola, onde aprendi a ler, escrever, contar, dar cacholetas, apanhá-las, e ir fazer diabruras, ora nos morros, ora nas praias, onde quer que fosse propício a ociosos.

Tinha amarguras esse tempo; tinha os ralhos, os castigos, as lições árduas e longas, e pouco mais, mui pouco e mui leve. Só era pesada a palmatória, e ainda assim... Ó palmatória, terror dos meus dias pueris, tu que foste o *compelle intrare* com que um velho mestre, ossudo e calvo, me incutiu no cérebro o alfabeto, a prosódia, a sintaxe, e o mais que ele sabia, benta palmatória, tão praguejada dos modernos, quem me dera ter ficado sob o teu jugo, com a minha alma imberbe, as minhas ignorâncias, e o meu espadim, aquele espadim de 1814, tão superior à espada de Napoleão! Que querias tu, afinal, meu velho mestre de primeiras letras? Lição de cor e compostura na aula; nada mais, nada menos do que quer a vida, que é das últimas letras; com a diferença que tu, se me metias medo, nunca me meteste zanga. Vejo-te ainda agora entrar na sala, com as tuas chinelas de couro branco, capote, lenço na mão, calva à mostra, barba rapada; vejo-te sentar, bufar, grunhir, absorver uma pitada inicial, e chamar-nos depois à lição. E fizeste isto durante vinte e três anos, calado, obscuro, pontual,

---

cacholetas – pancadas (com as mãos cruzadas) na cabeça.

propício – apropriado.

mui – forma reduzida de "muito", usada antes de adjetivos, bem como de advérbios terminados em "mente".

pueris – da infância.

compelle intrare – frase latina: "obriga-os a entrar". Aparece na parábola dos *Evangelhos* (Lucas, 14, 23), em que os convidados a uma festa se recusam a participar dela. A frase aplica-se à violência que se acredita poder exercer sobre uma pessoa para forçá-la a fazer algo que se crê vantajoso para ela. Mais adiante a frase aparece titulando um capítulo.

prosódia – parte da gramática que estuda a pronúncia das palavras.

imberbe – sem barba, jovem.

pitada – porção (de rapé) que se toma entre o dedo polegar e o indicador, para cheirar.

metido numa casinha da rua do Piolho, sem enfadar o mundo com a tua mediocridade, até que um dia deste o grande mergulho nas trevas, e ninguém te chorou, salvo um preto velho, — ninguém, nem eu, que te devo os rudimentos da escrita.

Chamava-se Ludgero o mestre; quero escrever-lhe o nome todo nesta página: Ludgero Barata, — um nome funesto, que servia aos meninos de eterno mote a chufas. Um de nós, o Quincas Borba, esse então era cruel com o pobre homem. Duas, três vezes por semana, havia de lhe deixar na algibeira das calças, — umas largas calças de enfiar — , ou na gaveta da mesa, ou ao pé do tinteiro, uma barata morta. Se ele a encontrava ainda nas horas da aula, dava um pulo, circulava os olhos chamejantes, dizia-nos os últimos nomes: éramos sevandijas, capadócios, mal criados, moleques. — Uns tremiam, outros rosnavam; o Quincas Borba, porém, deixava-se estar quieto, com os olhos espetados no ar.

Uma flor, o Quincas Borba. Nunca em minha infância, nunca em toda a minha vida, achei um menino mais gracioso, inventivo e travesso. Era a flor, e não já da escola, senão de toda a cidade. A mãe, viúva, com alguma cousa de seu, adorava o filho e trazia-o amimado, asseado, enfeitado, com um vistoso pajem atrás, um pajem que nos deixava gazear a escola, ir caçar ninhos de pássaros, ou perseguir lagartixas nos morros do Livramento e da Conceição, ou simplesmente arruar, à toa, como dous peraltas sem emprego. E de imperador! Era um gosto ver o Quincas Borba fazer de imperador nas festas do

---

rua do Piolho - atual rua da Carioca, no centro do Rio de Janeiro.

preto - escravo. O vocábulo aparece com essa acepção em outras passagens do romance.

chufas - zombarias.

calças de enfiar - calças de uso doméstico.

sevandijas - pessoas que vivem à custa dos outros, parasitas.

capadócios - trapaceiros.

moleques - canalhas.

flor - pessoa que se sobressai entre as outras.

gazear a escola - matar aulas.

morros do Livramento e da Conceição - morros do Rio de Janeiro. O Livramento, no bairro da Gamboa, hoje é uma comunidade; o morro da Conceição, próximo à praça Mauá, é um bairro pobre, com edificações históricas.

arruar - percorrer as ruas, como vadio.

Espírito Santo. De resto, nos nossos jogos pueris, ele escolhia sempre um papel de rei, ministro, general, uma supremacia, qualquer que fosse. Tinha garbo o traquinas, e gravidade, certa magnificência nas atitudes, nos meneios. Quem diria que... Suspendamos a pena; não adiantemos os sucessos. Vamos de um salto a 1822, data da nossa independência política, e do meu primeiro cativeiro pessoal.

Capítulo XIV
O primeiro beijo

Tinha dezessete anos; pungia-me um buçozinho que eu forcejava por trazer a bigode. Os olhos, vivos e resolutos, eram a minha feição verdadeiramente máscula. Como ostentasse certa arrogância, não se distinguia bem se era uma criança com fumos de homem, se um homem com ares de menino. Ao cabo, era um lindo garção, lindo e audaz, que entrava na vida de botas e esporas, chicote na mão e sangue nas veias, cavalgando um corcel nervoso, rijo, veloz, como o corcel das antigas baladas, que o romantismo foi buscar ao castelo medieval, para dar com ele nas ruas do nosso século. O pior é que o estafaram a tal ponto, que foi preciso deitá-lo à margem, onde o realismo o veio achar, comido de lazeira e vermes, e, por compaixão, o transportou para os seus livros.

Sim, eu era esse garção bonito, airoso, abastado; e facilmente se imagina que mais de uma dama inclinou diante de mim a fronte pensativa, ou levantou para mim os olhos cobiçosos. De todas

---

garbo – elegância.

C (XIII): A evocação melancólica da figura do mestre escolar e a apresentação positiva do colega Quincas Borba, o maluco que aparecerá mais adiante e que dará título a outro romance do autor, demonstram a fina capacidade do narrador de caracterizar suas personagens.

fumos – jeito.

garção – rapaz. Arcaísmo, nesse sentido. O atual "garçom" tem a mesma origem francesa.

audaz – corajoso.

baladas – poemas narrativos, melancólicos, de assunto lendário ou fantástico, originários do século XIII.

lazeira – lepra.

airoso – elegante.

porém a que me cativou logo foi uma... uma... não sei se diga; este livro é casto, ao menos na intenção; na intenção é castíssimo. Mas vá lá; ou se há de dizer tudo ou nada. A que me cativou foi uma dama espanhola, Marcela, a "linda Marcela", como lhe chamavam os rapazes do tempo. E tinham razão os rapazes. Era filha de um hortelão das Astúrias; disse-mo ela mesma, num dia de sinceridade, porque a opinião aceita é que nascera de um letrado de Madrid, vítima da invasão francesa, ferido, encarcerado, espingardeado, quando ela tinha apenas doze anos. *Cosas de España*. Quem quer que fosse, porém, o pai, letrado ou hortelão, a verdade é que Marcela não possuía a inocência rústica, e mal chegava a entender a moral do código. Era boa moça, lépida, sem escrúpulos, um pouco tolhida pela austeridade do tempo, que lhe não permitia arrastar pelas ruas os seus estouvamentos e berlindas; luxuosa, impaciente, amiga de dinheiro e de rapazes. Naquele ano, morria de amores por um certo Xavier, sujeito abastado e tísico, — uma pérola.

Via-a, pela primeira vez, no Rossio Grande, na noite das luminárias, logo que constou a declaração da independência, uma festa de primavera, um amanhecer da alma pública. Eramos dous rapazes, o povo e eu; vínhamos da infância, com todos os arrebatamentos da juventude. Via-a sair de uma cadeirinha, airosa e vistosa, um corpo esbelto, ondulante, um desgarre, alguma cousa que nunca achara nas mulheres puras. — Segue-me, disse ela ao pajem. E eu

---

hortelão - aquele que trata de hortas.

Astúrias - região da Espanha.

invasão francesa - parece tratar-se do envio de forças napoleônicas à Espanha, em 1808, com o pretexto de invadir Portugal e dividi-lo. O rei espanhol Carlos IV abdicou, sendo preso o seu filho e herdeiro do trono, Fernando VII. O rei foi tido como traidor, houve reação popular. Esse episódio está relacionado com a fuga do príncipe-regente português D. João VI e sua corte para o Brasil.

código - lei, norma.

lépida - risonha, alegre.

tolhida - paralisada.

berlindas - qualidades e defeitos. Do jogo "Berlinda", onde a pessoa se expõe a elogios e críticas.

tísico - tuberculoso.

Rossio Grande - atual Praça Tiradentes, no Rio de Janeiro.

declaração da independência - em 7 de setembro de 1822.

desgarre - elegância exagerada.

segui-a, tão pajem como o outro, como se a ordem me fosse dada, deixei-me ir namorado, vibrante, cheio das primeiras auroras. A meio caminho, chamaram-lhe "linda Marcela", lembrou-me que ouvira tal nome a meu tio João, e fiquei, confesso que fiquei tonto.

Três dias depois perguntou-me meu tio, em segredo, se queria ir a uma ceia de moças, nos Cajueiros. Fomos; era em casa de Marcela. O Xavier, com todos os seus tubérculos, presidia ao banquete noturno, em que eu pouco ou nada comi, porque só tinha olhos para a dona da casa. Que gentil que estava a espanhola! Havia mais uma meia dúzia de mulheres, — todas de partido -, e bonitas, cheias de graça, mas a espanhola... O entusiasmo, alguns goles de vinho, o gênio imperioso, estouvado, tudo isso me levou a fazer uma cousa única; à saída, à porta da rua, disse a meu tio que esperasse um instante, e tornei a subir as escadas.

— Esqueceu alguma cousa? perguntou Marcela de pé, no patamar.

— O lenço.

Ela ia abrir-me caminho para tornar à sala; eu segurei-lhe nas mãos, puxei-a para mim, e dei-lhe um beijo. Não sei se ela disse alguma cousa, se gritou, se chamou alguém; não sei nada; sei que desci outra vez as escadas, veloz como um tufão, e incerto como um ébrio.

Capítulo XV
Marcela

Gastei trinta dias para ir do Rossio Grande ao coração de Marcela, não já cavalgando o corcel do cego desejo, mas o asno

---

moças - prostitutas.

Cajueiros - atual região da Praça da República ou Campo de Santana, no Rio de Janeiro.

tubérculos - formações pequenas e arredondadas, causadas por infecção do agente da tuberculose.

de partido - que recebem dinheiro dos homens, em troca de sexo.

C (XIV): A pré-iniciação sexual de Brás acontece com uma prostituta, muito ao gosto do realismo. Veja a intenção do narrador de opor o romantismo ao realismo, no primeiro parágrafo.

da paciência, a um tempo manhoso e teimoso. Que, em verdade, há dous meios de granjear a vontade das mulheres: o violento, como o touro de Europa, e o insinuativo, como o cisne de Leda e a chuva de ouro de Dânae, três inventos do padre Zeus, que, por estarem fora da moda, aí ficam trocados no cavalo e no asno. Não direi as traças que urdi, nem as peitas, nem as alternativas de confiança e temor, nem as esperas baldadas, nem nenhuma outra dessas cousas preliminares. Afirmo-lhes que o asno foi digno do corcel, — um asno de Sancho, deveras filósofo, que me levou à casa dela, no fim do citado período; apeei-me, bati-lhe na anca e mandei-o pastar.

Primeira comoção da minha juventude, que doce que me foste! Tal devia ser, na criação bíblica, o efeito do primeiro sol. Imagina tu esse efeito do primeiro sol, a bater de chapa na face de um mundo em flor. Pois foi a mesma cousa, leitor amigo, e se alguma vez contaste dezoito anos, deves lembrar-te que foi assim mesmo.

Teve duas fases a nossa paixão, ou ligação, ou qualquer outro nome, que eu de nomes não curo; teve a fase consular e a fase imperial. Na primeira, que foi curta, regemos o Xavier e eu, sem que ele jamais acreditasse dividir comigo o governo de Roma; mas, quando a credulidade não pôde resistir à evidência, o Xavier depôs

---

touro de Europa – Júpiter (na mitologia latina) / Zeus (na grega), o pai dos deuses, transformou-se em touro para raptar Europa, filha de Agenor, rei da Fenícia, levando-a para Creta.

cisne de Leda – o mesmo pai dos deuses apaixonou-se por Leda, mulher de Tíndaro, rei de Esparta, transformando-se em cisne para agradá-la.

chuva de ouro de Dânae – Zeus também se apaixonou por Dânae, filha de Acrísio, rei de Argos, transformando-se numa chuva de ouro para unir-se a ela, que vivia prisioneira numa torre.

padre – pai

traças – estratégias.

peitas – suborno.

baldadas – inúteis.

asno de Sancho – referência à montaria da personagem Sancho Pança, da obra do escritor espanhol Cervantes (1547-1616), *Dom Quixote de la Mancha*.

curo – cuido, preocupo-me.

a fase consular e a fase imperial – na república da Roma antiga, o poder estava dividido entre cônsules, que eram dois; no império, eles perderam o poder, que foi concentrado no imperador ou césar.

as insígnias, e eu concentrei todos os poderes na minha mão; foi a fase cesariana. Era meu o universo; mas, ai triste! não o era de graça. Foi-me preciso coligir dinheiro, multiplicá-lo, inventá-lo. Primeiro explorei as larguezas de meu pai; ele dava-me tudo o que eu lhe pedia, sem repreensão, sem demora, sem frieza; dizia a todos que eu era rapaz e que ele o fora também. Mas a tal extremo chegou o abuso, que ele restringiu um pouco as franquezas, depois mais, depois mais. Então recorri a minha mãe, e induzi-a a desviar alguma cousa, que me dava às escondidas. Era pouco; lancei mão de um recurso último: entrei a sacar sobre a herança de meu pai, a assinar obrigações, que devia resgatar um dia com usura.

Em verdade, dizia-me Marcela, quando eu lhe levava alguma seda, alguma joia; em verdade, você quer brigar comigo... Pois isto é cousa que se faça... um presente tão caro...

E, se era joia, dizia isto a contemplá-la entre os dedos, a procurar melhor luz, a ensaiá-la em si, e a rir, e a beijar-me com uma reincidência impetuosa e sincera; mas, protestando, derramava-se-lhe a felicidade dos olhos, e eu sentia-me feliz com vê-la assim. Gostava muito das nossas antigas dobras de ouro, e eu levava-lhe quantas podia obter; Marcela juntava-as todas dentro de uma caixinha de ferro, cuja chave ninguém nunca jamais soube onde ficava; escondia-a por medo dos escravos. A casa em que morava, nos Cajueiros, era própria. Eram sólidos e bons os móveis, de jacarandá lavrado, e todas as demais alfaias, espelhos, jarras, baixela, — uma linda baixela da Índia, que lhe doara um desembargador. Baixela do diabo, deste-me grandes repelões aos nervos. Disse-o muita vez à própria dona; não lhe dissimulava o tédio que me faziam esses e outros despojos dos seus amores de antanho. Ela ouvia-me e ria, com uma expressão cândida, — cândida e outra cousa, que eu nesse tempo não entendia bem; mas agora, relembrando o caso, penso que era um riso misto,

---

insígnias – armas.

cesariana – referência aos césares de Roma.

larguezas – generosidade, franquezas.

usura – juros.

alfaias – móveis ou utensílios e enfeites domésticos.

baixela – o conjunto dos utensílios necessários ao serviço de mesa, em especial os de metal nobre.

antanho – antigamente.

como devia ter a criatura que nascesse, por exemplo, de uma bruxa de Shakespeare com um serafim de Klopstock. Não sei se me explico. E porque tinha notícia dos meus zelos tardios, parece que gostava de os açular mais. Assim foi que um dia, como eu lhe não pudesse dar certo colar, que ela vira num joalheiro, retorquiu-me que era um simples gracejo, que o nosso amor não precisava de tão vulgar estímulo.

— Não lhe perdoo, se você fizer de mim essa triste ideia, concluiu ameaçando-me com o dedo.

E logo, súbita como um passarinho, espalmou as mãos, cingiu-me com elas o rosto, puxou-me a si e fez um trejeito gracioso, um momo de criança. Depois, reclinada na marquesa, continuou a falar daquilo, com simplicidade e franqueza. Jamais consentiria que lhe comprassem os afectos. Vendera muita vez as aparências, mas a realidade, guardava-a para poucos. Duarte, por exemplo, o alferes Duarte, que ela amara deveras, dous anos antes, só a custo conseguia dar-lhe alguma cousa de valor, como me acontecia a mim; ela só lhe aceitava sem relutância os mimos de escasso preço, como a cruz de ouro, que lhe deu, uma vez, de festas.

— Esta cruz...

Dizia isto, metendo a mão no seio e tirando uma cruz fina, de ouro, presa a uma fita azul e pendurada ao colo.

— Mas essa cruz, observei eu, não me disseste que era teu pai que...

Marcela abanou a cabeça com um ar de lástima:

— Não percebeste que era mentira, que eu dizia isso para te não molestar? Vem cá, *chiquito*, não sejas assim desconfiado

---

bruxa de Shakespeare - referência a uma das feiticeiras da peça *Macbeth*, de Shakespeare. Elas abrem a terceira cena do primeiro ato vangloriando-se de ter cometido maldades. Predizem, também, que Macbeth seria rei da Escócia.

serafim de Klopstock - referência à poesia de caráter religioso do escritor alemão Klopstock (1724-1803), autor do poema épico *Messíada*.

zelos - ciúmes.

açular - atiçar.

gracejo - graça.

momo - careta.

marquesa - espécie de canapé largo, com assento de palhinha.

de festas - de presente de Natal e Ano Novo.

chiquito - vocativo em espanhol, indicativo de afeto: menininho.

comigo... Amei a outro; que importa, se acabou? Um dia, quando nos separarmos...

— Não digas isso! bradei eu.

— Tudo cessa! Um dia...

Não pôde acabar; um soluço estrangulou-lhe a voz; estendeu as mãos, tomou das minhas, conchegou-me ao seio, e sussurrou-me baixo ao ouvido: — Nunca, nunca, meu amor! Eu agradeci-lho com os olhos úmidos. No dia seguinte levei-lhe o colar que havia recusado.

— Para te lembrares de mim, quando nos separarmos, disse eu.

Marcela teve primeiro um silêncio indignado; depois fez um gesto magnífico: tentou atirar o colar à rua. Eu retive-lhe o braço; pedi-lhe muito que não me fizesse tal desfeita, que ficasse com a joia. Sorriu e ficou.

Entretanto, pagava-me à farta os sacrifícios; espreitava os meus mais recônditos pensamentos; não havia desejo a que não acudisse com alma, sem esforço, por uma espécie de lei da consciência e necessidade do coração. Nunca o desejo era razoável, mas um capricho puro, uma criancice, vê-la trajar de certo modo, com tais e tais enfeites, este vestido e não aquele, ir a passeio ou outra cousa assim, e ela cedia a tudo, risonha e palreira.

— Você é das Arábias, dizia-me.

E ia pôr o vestido, a renda, os brincos, com uma obediência de encantar.

Capítulo XVI
Uma reflexão imoral

Ocorre-me uma reflexão imoral, que é ao mesmo tempo uma correção de estilo. Cuido haver dito, no capítulo XIV, que Marcela

---

à farta – generosamente.

recônditos – escondidos, secretos.

palreira – tagarela.

você é das Arábias – você é muito esperto. As Arábias eram três: a Feliz, a Pétrea e a Deserta.

C (XV): O comportamento de Marcela é um bom exemplo da caracterização de grande parte das personagens femininas machadianas: interesseiras, fingidas e traidoras, submetem os homens a elas; estes, no geral, são ingênuos e apaixonados.

morria de amores pelo Xavier. Não morria, vivia. Viver não é a mesma cousa que morrer; assim o afirmam todos os joalheiros desse mundo, gente muito vista na gramática. Bons joalheiros, que seria do amor se não fossem os vossos dixes e fiados? Um terço ou um quinto do universal comércio dos corações. Esta é a reflexão imoral que eu pretendia fazer, a qual é ainda mais obscura do que imoral, porque não se entende bem o que eu quero dizer. O que eu quero dizer é que a mais bela testa do mundo não fica menos bela, se a cingir um diadema de pedras finas; nem menos bela, nem menos amada. Marcela, por exemplo, que era bem bonita, Marcela amou-me...

Capítulo XVII

Do trapézio e outras cousas

... Marcela amou-me durante quinze meses e onze contos réis; nada menos. Meu pai, logo que teve aragem dos onze contos, sobressaltou-se deveras; achou que o caso excedia as raias de um capricho juvenil.

— Desta vez, disse ele, vais para a Europa; vais cursar uma Universidade, provavelmente Coimbra; quero-te para homem sério e não para arruador e gatuno. E como eu fizesse um gesto de espanto: — Gatuno, sim, senhor; não é outra cousa um filho que me faz isto...

Sacou da algibeira os meus títulos de dívida, já resgatados por ele, e sacudiu-mos na cara. — Vês, peralta? é assim que um moço deve zelar o nome dos seus? Pensas que eu e meus avós ganhámos o dinheiro em casas de jogo ou a vadiar pelas ruas? Pelintra! Desta vez ou tomas juízo, ou ficas sem cousa nenhuma.

Estava furioso, mas de um furor temperado e curto. Eu ouvi-o calado, e nada opus à ordem da viagem, como de outras vezes

---

dixes – joias.

C (XVI): A narrativa machadiana é pontilhada de reflexões e de diálogos com o leitor, o que traz um clima especial ao ato de leitura: provoca nele a participação ativa no trabalho de construção do livro.

aragem – notícia.

arruador e gatuno – vadio e ladrão.

Pelintra – Malandro.

fizera; ruminava a ideia de levar Marcela comigo. Fui ter com ela; expus-lhe a crise e fiz-lhe a proposta. Marcela ouviu-me com os olhos no ar, sem responder logo; como insistisse, disse-me que ficava, que não podia ir para a Europa.

— Porque não?

— Não posso, disse ela com ar dolente; não posso ir respirar aqueles ares, enquanto me lembrar de meu pobre pai, morto por Napoleão...

— Qual deles: o hortelão ou o advogado?

Marcela franziu a testa, cantarolou uma seguidilha, entre dentes; depois queixou-se do calor, e mandou vir um copo de aluá. Trouxe-lho a mucama, numa salva de prata, que fazia parte dos meus onze contos. Marcela ofereceu-me polidamente o refresco; minha resposta foi dar com a mão no copo e na salva; entornou-se-lhe o líquido no regaço, a preta deu um grito, eu bradei-lhe que se fosse embora. Ficando a sós, derramei todo o desespero de meu coração; disse-lhe que ela era um monstro, que jamais me tivera amor, que me deixara descer a tudo, sem ter ao menos a desculpa da sinceridade; chamei-lhe muitos nomes feios, fazendo muitos gestos descompostos. Marcela deixara-se estar sentada, a estalar as unhas nos dentes, fria como um pedaço de mármore. Tive ímpetos de a estrangular; de a humilhar ao menos, subjugando-a a meus pés. Ia talvez fazê-lo; mas a ação trocou-se noutra; fui eu que me atirei aos pés dela, contrito e súplice, beijei-lhos, recordei aqueles meses da nossa felicidade solitária, repeti-lhe os nomes queridos de outro tempo, sentado no chão, com a cabeça entre os joelhos dela, apertando-lhe muito as mãos; ofegante, desvairado, pedi-lhe com lágrimas que me não desamparasse... Marcela esteve alguns instantes a olhar

---

dolente – melancólico.

seguidilha – música executada ao violão, para dança com castanholas.

aluá – refresco fermentado, com cascas de abacaxi.

salva – bandeja pequena.

polidamente – educadamente.

regaço – o espaço entre os seios.

descompostos – indelicados.

contrito e súplice – arrependido e suplicante.

para mim, calados ambos, até que brandamente me desviou e, com um ar enfastiado:

— Não me aborreça, disse.

Levantou-se, sacudiu o vestido, ainda molhado, e caminhou para a alcova. — Não! bradei eu; não hás de entrar... não quero... Ia a lançar-lhe as mãos: era tarde; ela entrara e fechara-se.

Saí desatinado; gastei duas mortais horas em vaguear pelos bairros mais excêntricos e desertos, onde fosse difícil dar comigo. Ia mastigando o meu desespero, com uma espécie de gula mórbida; evocava os dias, as horas, os instantes de delírio, e ora me comprazia em crer que eles eram eternos, que tudo aquilo era um pesadelo, ora, enganando-me a mim mesmo, tentava rejeitá-los de mim, como um fardo inútil. Então resolvia embarcar imediatamente para cortar a minha vida em duas metades, e deleitava-me com a ideia de que Marcela, sabendo da partida, ficaria ralada de saudades e remorsos. Que ela amara-me a tonta, devia de sentir alguma cousa, uma lembrança qualquer, como do alferes Duarte... Nisto, o dente do ciúme enterrava-se-me no coração; e toda a natureza me bradava que era preciso levar Marcela comigo.

— Por força... por força... dizia eu ferindo o ar com uma punhada.

Enfim, tive uma ideia salvadora... Ah! trapézio dos meus pecados, trapézio das concepções abstrusas! A ideia salvadora trabalhou nele, como a do emplasto (capítulo II). Era nada menos que fasciná-la, fasciná-la muito, deslumbrá-la, arrastá-la; lembrou-me pedir-lhe por um meio mais concreto do que a súplica. Não medi as consequências; recorri a um derradeiro empréstimo; fui à rua dos Ourives, comprei a melhor joia da cidade, três diamantes grandes, encastoados num pente de marfim; corri à casa de Marcela.

---

comprazia – agradava.

fardo – peso.

abstrusas – confusas, obscuras.

rua dos Ourives – atual rua Miguel Couto, no centro do Rio de Janeiro.

encastoados – encrustados.

pente – tipo de enfeite de cabelo, geralmente usado no alto da cabeça pelas espanholas em trajes típicos.

Marcela estava reclinada numa rede, o gesto mole e cansado, uma das pernas pendentes, a ver-se-lhe o pezinho calçado de meia de seda, os cabelos soltos, derramados, o olhar quieto e sonolento.

— Vem comigo, disse eu, arranjei recursos... temos muito dinheiro, terás tudo o que quiseres... Olha, toma.

E mostrei-lhe o pente com os diamantes. Marcela teve um leve sobressalto, ergueu metade do corpo, e, apoiada num cotovelo, olhou para o pente durante alguns instantes curtos; depois retirou os olhos; tinha-se dominado. Então, eu lancei-lhe as mãos aos cabelos, coligi-os, enlacei-os à pressa, improvisei um toucado, sem nenhum alinho, e rematei-o com o pente de diamantes; recuei, tornei a aproximar-me, corrigi-lhe as madeixas, abaixei-as de um lado, busquei alguma simetria naquela desordem, tudo com uma minuciosidade e um carinho de mãe.

— Pronto, disse eu.

— Doudo! foi a sua primeira resposta.

A segunda foi puxar-me para si, e pagar-me o sacrifício com um beijo, o mais ardente de todos. Depois tirou o pente, admirou muito a matéria e o lavor, olhando a espaços para mim, e abanando a cabeça, com um ar de repreensão:

— Ora você! dizia.

— Vens comigo?

Marcela refletiu um instante. Não gostei da expressão com que passeava os olhos de mim para a parede, e da parede para a joia; mas toda a má impressão se desvaneceu, quando ela me respondeu resolutamente:

— Vou. Quando embarcas?

— Daqui a dous ou três dias.

— Vou.

Agradeci-lho de joelhos. Tinha achado a minha Marcela dos primeiros dias, e disse-lho; ela sorriu, e foi guardar a joia, enquanto eu descia a escada.

---

toucado – penteado.

madeixas – porções de cabelos.

lavor – trabalho (da joia).

desvaneceu – desfez.

C (XVII): Aprofunda-se a caracterização do interesse feminino e da ingenuidade masculina.

Capítulo XVIII

Visão do corredor

No fim da escada, ao fundo do corredor escuro, parei alguns instantes para respirar, apalpar-me, convocar as ideias dispersas, reaver-me enfim no meio de tantas sensações profundas e contrárias. Achava-me feliz. Certo é que os diamantes corrompiam-me um pouco a felicidade; mas não é menos certo que uma dama bonita pode muito bem amar os gregos e os seus presentes. E depois eu confiava na minha boa Marcela; podia ter defeitos, mas amava-me...

— Um anjo! murmurei eu olhando para o tecto do corredor.

E aí, como um escárnio, vi o olhar de Marcela, aquele olhar que pouco antes me dera uma sombra de desconfiança, o qual chispava de cima de um nariz, que era ao mesmo tempo o nariz de Bakbarah e o meu. Pobre namorado das *Mil e uma noites*! Vi-te ali mesmo correr atrás da mulher do vizir, ao longo da galeria, ela a acenar-te com a posse, e tu a correr, a correr, a correr, até a alameda comprida, donde saíste à rua, onde todos os correeiros te apuparam e desancaram. Então pareceu-me que o corredor de Marcela era a alameda, e que a rua era a de Bagdad. Com efeito, olhando para a porta, vi na calçada, três dos correeiros, um de batina, outro de libré, outro à paisana, os quais todos três entraram no corredor, tomaram-me pelos braços, meteram-me numa sege, meu pai à direita, meu tio cônego à esquerda, o da libré na boleia, e lá me levaram à casa do intendente de polícia, donde fui transportado a

---

os gregos e os seus presentes – referência ao episódio narrado por Homero, o do cavalo de Troia, monumento em madeira dado de presente aos helenos pelos gregos. De dentro dele saíram soldados armados para o ataque. "Presente de grego" significa, portanto, "presente que prejudica a quem o recebe".

Bakbarah – personagem de uma das histórias de *As mil e uma noites*, história que é resumida no capítulo, pelo narrador.

vizir – ministro de príncipe muçulmano.

apuparam – vaiaram.

Bagdad – o cenário da história. Hoje é a capital do Iraque.

libré – uniforme dos criados das casas nobres.

sege – carruagem.

intendente – delegado.

uma galera que devia seguir para Lisboa. Imaginem se resisti; mas toda a resistência era inútil.

Três dias depois segui barra fora, abatido e mudo. Não chorava sequer; tinha uma ideia fixa... Malditas ideias fixas! A dessa ocasião era dar um mergulho no oceano, repetindo o nome de Marcela.

Capítulo XIX
A bordo

Éramos onze passageiros, um homem doudo, acompanhado pela mulher, dous rapazes que iam a passeio, quatro comerciantes e dous criados. Meu pai recomendou-me a todos, começando pelo capitão do navio, que aliás tinha muito que cuidar de si, porque, além do mais, levava a mulher tísica em último grau.

Não sei se o capitão suspeitou alguma cousa do meu fúnebre projeto, ou se meu pai o pôs de sobreaviso; sei que não me tirava os olhos de cima; chamava-me para toda a parte. Quando não podia estar comigo, levava-me para a mulher. A mulher ia quase sempre numa camilha rasa, a tossir muito, e a afiançar que me havia de mostrar os arredores de Lisboa. Não estava magra, estava transparente; era impossível que não morresse de uma hora para outra. O capitão fingia não crer na morte próxima, talvez por enganar-se a si mesmo. Eu não sabia nem pensava nada. Que me importava a mim o destino de uma mulher tísica, no meio do oceano? O mundo para mim era Marcela.

Uma noite, logo no fim de uma semana, achei ensejo propício para morrer. Subi cauteloso, mas encontrei o capitão, que junto à amurada, tinha os olhos fitos no horizonte.

---

galera – embarcação grande, movida a remo.

C (**XVIII**): Brás experimenta uma espécie de delírio para, em seguida, narrar como foi obrigado a separar-se da amada. Observe a aproximação irônica entre as mulheres das histórias: a prostituta e a mulher do vizir.

camilha – cama móvel, que serve para conduzir as pessoas doentes.

ensejo – oportunidade.

amurada – borda da embarcação.

— Algum temporal? disse eu.

— Não, respondeu ele estremecendo; não; admiro o esplendor da noite. Veja; está celestial!

O estilo desmentia da pessoa, assaz rude e aparentemente alheia a locuções rebuscadas. Fitei-o; ele pareceu saborear o meu espanto. No fim de alguns segundos, pegou-me na mão e apontou para a lua, perguntando-me porque não fazia uma ode à noite; respondi-lhe que não era poeta. O capitão rosnou alguma cousa, deu dous passos, meteu a mão no bolso, sacou um pedaço de papel, muito amarrotado; depois, à luz de uma lanterna, leu uma ode horaciana sobre a liberdade da vida marítima. Eram versos dele.

— Que tal?

Não me lembra o que lhe disse; lembra-me que ele me apertou a mão com muita força e muitos agradecimentos; logo depois recitou-me dous sonetos; ia recitar-me outro, quando o vieram chamar da parte da mulher.— Lá vou, disse ele; e recitou-me o terceiro soneto, com pausa, com amor.

Fiquei só; mas a musa do capitão varrera-me do espírito os pensamentos maus; preferi dormir, que é um modo interino de morrer. No dia seguinte, acordámos debaixo de um temporal, que meteu medo a toda a gente, menos ao doudo; esse entrou a dar pulos, a dizer que a filha o mandava buscar, numa berlinda; a morte de uma filha fora a causa da loucura. Não, nunca me há de esquecer a figura hedionda do pobre homem, no meio do tumulto das gentes e dos uivos do furacão, a cantarolar e a bailar, com os olhos a saltarem-lhe da cara, pálido, cabelo arrepiado e longo. Às

---

locuções rebuscadas – referência às expressões literárias ditas pelo capitão: "esplendor da noite" e "está celestial".

ode – composição poética de caráter lírico, com estrofes simétricas. Muitos poetas greco-latinos a cultivaram, dentre eles Horácio (68-8 a.C.), que a cultivou também em forma curta.

sonetos – poemas de forma fixa, compostos de duas estrofes de quatro versos cada uma (quartetos) e duas de três versos (tercetos).

musa do capitão – "musa" é uma figura mitológica inspiradora da poesia. No caso, a própria poesia.

interino – temporário.

berlinda – pequena carruagem de quatro rodas, de quatro a seis lugares.

hedionda – horrorosa.

vezes parava, erguia ao ar as mãos ossudas, fazia umas cruzes com os dedos, depois um xadrez, depois umas argolas, e ria muito, desesperadamente. A mulher não podia já cuidar dele; entregue ao terror da morte, rezava por si mesma a todos os santos do céu. Enfim, a tempestade amainou. Confesso que foi uma diversão excelente à tempestade do meu coração. Eu, que meditava ir ter com a morte, não ousei fitá-la quando ela veio ter comigo.

O capitão perguntou-me se tivera medo, se estivera em risco, se não achara sublime o espetáculo: tudo isso com um interesse de amigo. Naturalmente a conversa versou sobre a vida do mar; o capitão perguntou-me se não gostava de idílios piscatórios; eu respondi-lhe ingenuamente que não sabia o que era.

— Vai ver, respondeu.

E recitou-me um poemazinho, depois outro, — uma égloga, — e enfim cinco sonetos, com os quais rematou nesse dia a confidência literária. No dia seguinte, antes de me recitar nada, explicou-me o capitão que só por motivos graves abraçara a profissão marítima, porque a avó queria que ele fosse padre, e com efeito possuía algumas letras latinas; não chegou a ser padre, mas não deixou de ser poeta, que era a sua vocação natural. Para prová-lo, recitou-me logo, de corpo presente, uma centena de versos. Notei um fenômeno: os ademanes que ele usava eram tais, que uma vez me fizeram rir; mas o capitão, quando recitava, de tal sorte olhava para dentro de si mesmo, que não viu nem ouviu nada.

Os dias passavam, e as águas, e os versos, e com eles ia também passando a vida da mulher. Estava por pouco. Um dia, logo depois do almoço, disse-me o capitão que a enferma talvez não chegasse ao fim da semana.

— Já! exclamei.

— Passou muito mal a noite.

---

idílios piscatórios – "idílio" é uma pequena composição poética de caráter campestre ou pastoril; "piscatória", vocábulo relativo a "peixe", também é uma composição poética cujas personagens são pescadores ou homens do mar. Assim, o capitão, homem do mar, usa a expressão para classificar os poemas curtos de sua autoria.

égloga – variante de "écloga": poema geralmente dialogado, de caráter campestre e pastoril.

ademanes – gestos.

Fui vê-la; achei-a, na verdade, quase moribunda, mas falando ainda de descansar em Lisboa alguns dias, antes de ir comigo a Coimbra, porque era seu propósito levar-me à Universidade. Deixei-a consternado; fui achar o marido a olhar para as vagas, que vinham morrer no costado do navio, e tratei de o consolar; ele agradeceu-me, relatou-me a história dos seus amores, elogiou a fidelidade e a dedicação da mulher, relembrou os versos que lhe fez, e recitou-mos. Neste ponto vieram buscá-lo da parte dela; corremos ambos; era uma crise. Esse e o dia seguinte foram cruéis; o terceiro foi o da morte; eu fugi ao espetáculo, tinha-lhe repugnância. Meia hora depois encontrei o capitão, sentado num molho de cabos, com a cabeça nas mãos; disse-lhe alguma cousa de conforto.

— Morreu como uma santa, respondeu ele; e, para que estas palavras não pudessem ser levadas à conta de fraqueza, ergueu-se logo, sacudiu a cabeça, e fitou o horizonte, com um gesto longo e profundo. — Vamos, continuou, entreguemo-la à cova que nunca mais se abre.

Efetivamente, poucas horas depois, era o cadáver lançado ao mar, com as cerimônias do costume. A tristeza murchara todos os rostos; o do viúvo trazia a expressão de um cabeço rijamente lascado pelo raio. Grande silêncio. A vaga abriu o ventre, acolheu o despojo, fechou-se, — uma leve ruga, — e a galera foi andando. Eu deixei-me estar alguns minutos, à popa, com os olhos naquele ponto incerto do mar em que ficava um de nós... Fui dali ter com o capitão, para distraí-lo.

— Obrigado, disse-me ele compreendendo a intenção; creia que nunca me esquecerei dos seus bons serviços. Deus é que lhos há de pagar. Pobre Leocádia! tu te lembrarás de nós no céu.

Enxugou com a manga uma lágrima importuna; eu busquei um derivativo na poesia, que era a paixão dele. Falei-lhe dos versos, que me lera, e ofereci-me para imprimi-los. Os olhos do capitão animaram-se um pouco. — Talvez aceite, disse ele; mas não sei... são bem frouxos versos. Jurei-lhe que não; pedi que os reunisse e mos desse antes do desembarque.

---

molho de cabos – conjunto de cabos (da embarcação).

cabeço – cume arredondado de um monte.

despojo – aquilo que caiu.

derivativo – divertimento ou ocupação para fazer esquecer um pensamento triste.

— Pobre Leocádia! Murmurou sem responder ao pedido. Um cadáver... o mar... o céu... o navio...

No dia seguinte veio ler-me um epicédio composto de fresco, em que estavam memoradas as circunstâncias da morte e da sepultura da mulher; leu-mo com a voz comovida deveras, e a mão trêmula; no fim perguntou-me se os versos eram dignos do tesouro que perdera.

— São, disse eu.

— Não haverá estro, ponderou ele, no fim de um instante, mas ninguém me negará sentimento, se não é que o próprio sentimento prejudicou a perfeição...

— Não me parece; acho os versos perfeitos.

— Sim, eu creio que... Versos de marujo.

— De marujo poeta.

Ele levantou os ombros, olhou para o papel, e tornou a recitar a composição, mas já então sem tremuras, acentuando as intenções literárias, dando relevo às imagens e melodia aos versos. No fim, confessou-me que era a sua obra mais acabada; eu disse-lhe que sim; ele apertou-me muito a mão e predisse-me um grande futuro.

Capítulo XX
Bacharelo-me

Um grande futuro! Enquanto esta palavra me batia no ouvido, devolvia eu os olhos, ao longe, no horizonte misterioso e vago. Uma ideia expelia outra, a ambição desmontava Marcela. Grande futuro? Talvez naturalista, literato, arqueólogo, banqueiro, político ou até bispo, — bispo que fosse, — uma vez que fosse um cargo, uma preeminência, uma grande reputação, uma posição superior.

---

epicédio - composição poética em homenagem a um morto.

de fresco - recentemente.

memoradas - lembradas.

estro - inspiração poética, talento.

C (XIX): O dualismo amor *versus* morte é a tônica do capítulo. Brás pensa em suicidar-se pela separação de Marcela, mas deixa-se tocar pela tragédia do capitão, com a doença e morte da mulher. O fazer poético aí aparece como forma de extravasar os sentimentos, bem como de eternizá-los.

A ambição, dado que fosse águia, quebrou nessa ocasião o ovo, e desvendou a pupila fulva e penetrante. Adeus, amores! adeus, Marcela! dias de delírio, joias sem preço, vida sem regímen, adeus. Cá me vou às fadigas e à glória; deixo-vos com as calcinhas da primeira idade.

E foi assim que desembarquei em Lisboa e segui para Coimbra. A Universidade esperava-me com as suas matérias árduas; estudei-as muito mediocremente, e nem por isso perdi o grau de bacharel; deram-mo com a solenidade do estilo, após os anos da lei; uma bela festa que me encheu de orgulho e de saudades,— principalmente de saudades. Tinha eu conquistado em Coimbra uma grande nomeada de folião; era um acadêmico estroina, superficial, tumultuário e petulante, dado às aventuras, fazendo romantismo prático e liberalismo teórico, vivendo na pura fé dos olhos pretos e das constituições escritas. No dia em que a Universidade me atestou, em pergaminho, uma ciência que eu estava longe de trazer arraigada no cérebro, confesso que me achei de algum modo logrado, ainda que orgulhoso. Explico-me: o diploma era uma carta de alforria; se me dava a liberdade, dava-me a responsabilidade. Guardei-o, deixei as margens do Mondego, e vim por ali fora assaz desconsolado, mas sentindo já uns ímpetos, uma curiosidade, um desejo de acotovelar os outros, de influir, de gozar, de viver, — de prolongar a Universidade pela vida adiante...

---

fulva - de cor amarelo-tostado.

regímen - o mesmo que "regime"; no caso, "normas".

nomeada de folião - fama de farrista.

estroina - gastador, boêmio.

tumultuário e petulante - agitado e ousado.

pergaminho - diploma de curso superior. Até certa época era confeccionado em pergaminho.

logrado - enganado, iludido.

carta de alforria - documento que se dava aos escravos, quando se lhes concedia ou vendia a liberdade.

Mondego - rio português que banha Coimbra.

C (XX): O narrador prossegue configurando-se com sinceridade: na infância - criança mimada, mal-educada, mau estudante; na adolescência - gastador do dinheiro paterno, farrista, mau universitário. Tal configuração reitera o realismo com que o protagonista se vê do mundo dos mortos.

Capítulo XXI

O almocreve

Vai então, empacou o jumento em que eu vinha montado; fustiguei-o, ele deu dous corcovos, depois mais três, enfim mais um, que me sacudiu fora da sela, e com tal desastre, que o pé esquerdo me ficou preso no estribo; tento agarrar-me ao ventre do animal, mas já então, espantado, disparou pela estrada fora. Digo mal: tentou disparar, e efetivamente deu dous saltos, mas um almocreve, que ali estava, acudiu a tempo de lhe pegar na rédea e detê-lo, não sem esforço nem perigo. Dominado o bruto, desvencilhei-me do estribo e pus-me de pé.

— Olhe do que vosmecê escapou, disse o almocreve.

E era verdade; se o jumento corre por ali fora, contundia-me deveras, e não sei se a morte não estaria no fim do desastre; cabeça partida, uma congestão, qualquer transtorno cá dentro, lá se me ia a ciência em flor. O almocreve salvara-me talvez a vida; era positivo; eu sentia-o no sangue que me agitava o coração. Bom almocreve! enquanto eu tornava à consciência de mim mesmo, ele cuidava de concertar os arreios do jumento, com muito zelo e arte. Resolvi dar-lhe três moedas de ouro das cinco que trazia comigo; não porque tal fosse o preço da minha vida, — essa era inestimável; mas porque era uma recompensa digna da dedicação com que ele me salvou. Está dito, dou-lhe as três moedas.

— Pronto, disse ele, apresentando-me a rédea da cavalgadura.

— Daqui a nada, respondi; deixa-me, que ainda não estou em mim...

— Ora qual!

— Pois não é certo que ia morrendo?

— Se o jumento corre por aí fora, é possível; mas, com a ajuda do Senhor, viu vosmecê que não aconteceu nada.

---

almocreve - homem cuja profissão é conduzir bestas de carga.

corcovos - pinotes.

vosmecê - forma popular respeitosa de "você".

concertar - variante de "consertar": pôr em boa ordem, ajustar.

Daqui a nada - Daqui a pouco.

Fui aos alforjes, tirei um colete velho, em cujo bolso trazia as cinco moedas de ouro, e durante esse tempo cogitei se não era excessiva a gratificação, se não bastavam duas moedas. Talvez uma. Com efeito, uma moeda era bastante para lhe dar estremeções de alegria. Examinei-lhe a roupa; era um pobre-diabo, que nunca jamais vira uma moeda de ouro. Portanto, uma moeda. Tirei-a, via-a reluzir à luz do sol; não a viu o almocreve, porque eu tinha-lhe voltado as costas; mas suspeitou-o talvez, entrou a falar ao jumento de um modo significativo; dava-lhe conselhos, dizia-lhe que tomasse juízo, que o "senhor doutor" podia castigá-lo; um monólogo paternal. Valha-me Deus! até ouvi estalar um beijo: era o almocreve que lhe beijava a testa.

— Olé! exclamei.

— Queira vosmecê perdoar, mas o diabo do bicho está a olhar para a gente com tanta graça...

Ri-me, hesitei, meti-lhe na mão um cruzado em prata, cavalguei o jumento, e segui a trote largo, um pouco vexado, melhor direi um pouco incerto do efeito da pratinha. Mas a algumas braças de distância, olhei para trás, o almocreve fazia-me grandes cortesias, com evidentes mostras de contentamento. Adverti que devia ser assim mesmo; eu pagara-lhe bem, pagara-lhe talvez de mais. Meti os dedos no bolso do colete que trazia no corpo e senti umas moedas de cobre; eram os vinténs que eu devera ter dado ao almocreve, em lugar do cruzado em prata. Porque, enfim, ele não levou em mira nenhuma recompensa ou virtude, cedeu a um impulso natural, ao temperamento, aos hábitos do ofício; acresce que a circunstância de estar, não mais adiante nem mais atrás, mas justamente no ponto do desastre, parecia constituí-lo simples

---

alforjes – duplos sacos, fechados nas extremidades e abertos ao meio, que se enchem equilibradamente, para transporte de cargas no lombo de cavalgaduras ou nos ombros de pessoas.

cruzado – antiga moeda portuguesa. Seu nome foi aproveitado para a moeda brasileira implantada em 1986.

braça – antiga medida de comprimento, equivalente a cerca de dois metros.

cortesias – cumprimentos.

vinténs – vigésima parte do cruzado.

não levou em mira – não teve o objetivo.

instrumento da Providência; e de um ou de outro modo, o mérito do ato era positivamente nenhum. Fiquei desconsolado com esta reflexão, chamei-me pródigo, lancei o cruzado à conta das minhas dissipações antigas; tive (porque não direi tudo?) tive remorsos.

Capítulo XXII

Volta ao Rio

Jumento de uma figa, cortaste-me o fio às reflexões. Já agora não digo o que pensei dali até Lisboa, nem o que fiz em Lisboa, na península e em outros lugares da Europa, da velha Europa, que nesse tempo parecia remoçar. Não, não direi que assisti às alvoradas do romantismo, que também eu fui fazer poesia efetiva no regaço da Itália; não direi cousa nenhuma. Teria de escrever um diário de viagem e não umas memórias, como estas são, nas quais só entra a substância da vida.

Ao cabo de alguns anos de peregrinação, atendi às súplicas de meu pai: — "Vem, dizia ele na última carta; se não vieres depressa, acharás tua mãe morta!" Esta última palavra foi para mim um golpe. Eu amava minha mãe; tinha ainda diante dos olhos as circunstâncias da última bênção que ela me dera, a bordo do navio. "Meu triste filho, nunca mais te verei", soluçava a pobre senhora apertando-me ao peito. E essas palavras ressoavam-me agora, como uma profecia realizada.

Note-se que eu estava em Veneza, ainda rescendente aos versos de *lord* Byron; lá estava, mergulhado em pleno sonho, revivendo o pretérito, crendo-me na Sereníssima República. É verdade;

Providência - Deus.

dissipações - generosidade, gastos excessivos.

C (XXI): O romance tem vários episódios que retardam a história. Este capítulo é um exemplo: na aparência, retrata o pão-durismo de Brás. Na essência, o seu egoísmo, sua incapacidade de demonstrar gratidão.

península - Península Ibérica.

lord Byron - (1788-1824), poeta inglês, morou algum tempo em Veneza, à qual chamou de "a ilha mais verde de minha imaginação". Aí apaixonou-se por uma mulher casada e estudou armênio.

Sereníssima República - título dado a Veneza, nos séculos XV a XVIII, quando era uma república.

uma vez aconteceu-me perguntar ao locandeiro se o doge ia a passeio nesse dia. — Que doge, *signor mio*? Caí em mim, mas não confessei a ilusão; disse-lhe que a minha pergunta era um gênero de charada americana; ele mostrou compreender, e acrescentou que gostava muito das charadas americanas. Era um locandeiro. Pois deixei tudo isso, o locandeiro, o doge, a ponte dos Suspiros, a gôndola, os versos do *lord*, as damas do Rialto, deixei tudo, e disparei como uma bala na direção do Rio de Janeiro.

Vim... Mas não; não alonguemos este capítulo. Às vezes, esqueço-me a escrever, e a pena vai comendo papel, com grave prejuízo meu, que sou autor. Capítulos compridos quadram melhor a leitores pesadões; e nós não somos um público *in-folio*, mas *in-12*, pouco texto, larga margem, tipo elegante, corte dourado e vinhetas... principalmente vinhetas... Não, não alonguemos o capítulo.

Capítulo XXIII
Triste, mas curto

Vim. Não nego que, ao avistar a cidade natal, tive uma sensação nova. Não era efeito da minha pátria política; era-o do lugar da infância, a rua, a torre, o chafariz da esquina, a mulher de mantilha,

---

locandeiro - proprietário de locanda, isto é, taverna, bar, restaurante.

doge - magistrado supremo das antigas repúblicas italianas de Veneza e de Gênova.

signor mio? - expressão italiana: meu senhor? A pergunta do taverneiro faz sentido, pois os doges tinham sido extintos no século anterior, e Brás "estava mergulhado em pleno sonho".

ponte dos Suspiros - a mais famosa ponte de Veneza.

Rialto - região de Veneza.

não somos um público in-folio, *mas* in-12 - in folio: formato do livro cujos cadernos são obtidos dobrando-se ao meio a folha de impressão, que comporta, portanto, quatro páginas, duas de cada lado; in-12: os cadernos do livro são obtidos dobrando-se a folha de tal modo que deem vinte e quatro páginas.

tipo - letra.

corte dourado - a superfície formada pela espessura do livro, nos três lados onde é aparado, a qual foi submetida a um processo de douramento.

vinhetas - enfeites tipográficos que representam desenhos abstratos ou figurativos.

C (XXII): O narrador viajante, sempre trabalhando a metalinguagem, fala sobre viagem e características de seu processo de escrita. Machado, tipógrafo na juventude, aí esbanja conhecimentos de tipografia.

mantilha - manta para a proteção dos ombros e da cabeça.

o preto do ganho, as cousas e cenas da meninice, buriladas na memória. Nada menos que uma renascença. O espírito, como um pássaro, não se lhe deu da corrente dos anos, arrepiou o voo na direção da fonte original, e foi beber da água fresca e pura, ainda não mesclada do enxurro da vida.

Reparando bem, há aí um lugar-comum. Outro lugar-comum, tristemente comum, foi a consternação da família. Meu pai abraçou-me com lágrimas. — Tua mãe não pode viver, disse-me. Com efeito, não era já o reumatismo que a matava, era um cancro no estômago. A infeliz padecia de um modo cru, porque o cancro é indiferente às virtudes do sujeito; quando rói, rói; roer é o seu ofício. Minha irmã Sabina, já então casada com o Cotrim, andava a cair de fadiga. Pobre moça! dormia três horas por noite, nada mais. O próprio tio João estava abatido e triste. Dona Eusébia e algumas outras senhoras lá estavam também, não menos tristes e não menos dedicadas.

— Meu filho!

A dor suspendeu por um pouco as tenazes; um sorriso alumiou o rosto da enferma, sobre o qual a morte batia a asa eterna. Era menos um rosto do que uma caveira: a beleza passara, como um dia brilhante; restavam os ossos, que não emagrecem nunca. Mal poderia conhecê-la; havia oito ou nove anos que nos não víamos. Ajoelhado, ao pé da cama, com as mãos dela entre as minhas, fiquei mudo e quieto, sem ousar falar, porque cada palavra seria um soluço, e nós temíamos avisá-la do fim. Vão temor! Ela sabia que estava prestes a acabar; disse-mo; verificamo-lo na seguinte manhã.

Longa foi a agonia, longa e cruel, de uma crueldade minuciosa, fria, repisada, que me encheu de dor e estupefacção. Era a primeira vez que eu via morrer alguém. Conhecia a morte de

---

preto do ganho – escravo alugado ou explorado de parceria.

arrepiou – levantou.

enxurro – imundície.

cancro – variante de "câncer"; forma preferida em Portugal.

tenazes – tenaz: a) instrumento de ferreiro ou de serralheiro, espécie de tesoura usada para manipular objetos nas forjas ou para segurar ferro em brasa; b) espécie de pinça de hastes resistentes. Em qualquer das acepções, aqui a dor é personificada, usando tenazes para mortificar o corpo da doente.

outiva; quando muito, tinha-a visto já petrificada no rosto de algum cadáver, que acompanhei ao cemitério, ou trazia-lhe a ideia embrulhada nas amplificações de retórica dos professores de cousas antigas, — a morte aleivosa de César, a austera de Sócrates, a orgulhosa de Catão. Mas esse duelo do ser e do não-ser, a morte em ação, dolorida, contraída, convulsa, sem aparelho político ou filosófico, a morte de uma pessoa amada, essa foi a primeira vez que a pude encarar. Não chorei; lembra-me que não chorei durante o espetáculo: tinha os olhos estúpidos, a garganta presa, a consciência boquiaberta. Que? uma criatura tão dócil, tão meiga, tão santa, que nunca jamais fizera verter uma lágrima de desgosto, mãe carinhosa, esposa imaculada, era força que morresse assim, trateada, mordida pelo dente tenaz de uma doença sem misericórdia? Confesso que tudo aquilo me pareceu obscuro, incongruente, insano...

Triste capítulo; passemos a outro mais alegre.

Capítulo XXIV
Curto, mas alegre

Fiquei prostrado. E contudo era eu, nesse tempo, um fiel compêndio de trivialidade e presunção. Jamais o problema da vida e

---

de outiva – de ouvir dizer.

retórica – a arte de bem falar e escrever.

aleivosa – por traição.

César – (101-44 a.C.), ditador romano, assassinado dentro do senado, numa conspiração.

Sócrates – (470-399 a.C.), filósofo grego que, acusado de corruptor da juventude por incitar o desrespeito aos deuses, foi condenado a beber veneno (cicuta).

Catão – (95-46 a.C.), político latino, foi defensor da liberdade e do senado contra César e suicidou-se com a própria espada.

trateada – atormentada.

tenaz – que segura com firmeza.

incongruente – contraditório.

C (XXIII): A morte da mãe é dos poucos momentos sem galhofa. Observe o inconformismo da perda.

compêndio – livro de textos para escolas.

trivialidade – coisa comum e sabida de todos.

presunção – opinião ou julgamento baseado nas aparências.

da morte me oprimira o cérebro; nunca até esse dia me debruçara sobre o abismo do Inexplicável; faltava-me o essencial, que é o estímulo, a vertigem...

Para lhes dizer a verdade toda, eu refletia as opiniões de um cabeleireiro, que achei em Modena, e que se distinguia por não as ter absolutamente. Era a flor dos cabeleireiros; por mais demorada que fosse a operação do toucado, não enfadava nunca; ele intercalava as penteadelas com muitos motes e pulhas, cheios de um pico, de um sabor... Não tinha outra filosofia. Nem eu. Não digo que a Universidade me não tivesse ensinado alguma; mas eu decorei-lhe só as fórmulas, o vocabulário, o esqueleto. Tratei-a como tratei o latim: embolsei três versos de Virgílio, dous de Horácio, uma dúzia de locuções morais e políticas, para as despesas da conversação. Tratei-os como tratei a história e a jurisprudência. Colhi de todas as cousas a fraseologia, a casca, a ornamentação...

Talvez espante ao leitor a franqueza com que lhe exponho e realço a minha mediocridade; advirta que a franqueza é a primeira virtude de um defunto. Na vida, o olhar da opinião, o contraste dos interesses, a luta das cobiças obrigam a gente a calar os trapos velhos, a disfarçar os rasgões e os remendos, a não estender ao mundo as revelações que faz à consciência; e o melhor da obrigação é quando, à força de embaçar os outros, embaça-se um homem a si mesmo, porque em tal caso poupa-se o vexame, que é uma sensação penosa, e a hipocrisia, que é um vício hediondo. Mas, na morte, que diferença! que desabafo! que liberdade! Como a gente pode sacudir fora a capa, deitar ao fosso as lentejoulas, despregar-se, despintar-se, desafeitar-se, confessar lisamente o que foi e o que deixou de ser! Porque, em suma, já não há vizinhos, nem amigos, nem inimigos, nem conhecidos, nem estranhos; não há plateia. O olhar da opinião, esse olhar agudo e judicial, perde a virtude,

---

Modena – cidade italiana. Pronuncia-se "Módena".
pulhas – brincadeiras.
um pico – malícia, graça.
Virgílio – (70-19 a.C.), poeta latino, autor da epopeia *Eneida*.
jurisprudência – ciência do Direito.
embaçar – enganar.
desafeitar-se – desenfeitar-se.

logo que pisamos o território da morte; não digo que ele se não estenda para cá, e nos não examine e julgue; mas a nós é que não se nos dá do exame nem do julgamento. Senhores vivos, não há nada tão incomensurável como o desdém dos finados.

Capítulo XXV
Na Tijuca

Ui! lá me ia a pena a escorregar para o enfático. Sejamos simples, como era simples a vida que levei na Tijuca, durante as primeiras semanas depois da morte de minha mãe.

No sétimo dia, acabada a missa fúnebre, travei de uma espingarda, alguns livros, roupa, charutos, um moleque, — o Prudêncio do capítulo XI, — e fui meter-me numa velha casa de nossa propriedade. Meu pai forcejou por me torcer a resolução, mas eu é que não podia nem queria obedecer-lhe. Sabina desejava que eu fosse morar com ela algum tempo, — duas semanas, ao menos; meu cunhado esteve a ponto de me levar à fina força. Era um bom rapaz este Cotrim; passara de estroina a circunspecto. Agora comerciava em gêneros de estiva, labutava de manhã até à noite, com ardor, com perseverança. De noite, sentado à janela, a encaracolar as suíças, não pensava em outra cousa. Amava a mulher e um filho, que então tinha, e que lhe morreu alguns anos depois. Diziam que era avaro.

---

incomensurável – enorme, imenso.

C (**XXIV**): Novamente aparece o dualismo vida / morte e a insistência em que a sinceridade da narrativa está no fato de a visão da vida do lado da morte ser livre e descompromissada da opinião dos outros.

forcejou por me torcer a resolução – esforçou-se por mudar minha decisão.

à fina força – de qualquer maneira.

circunspecto – sério.

gêneros de estiva – os gêneros alimentícios que formam a base do comércio de secos (gêneros sólidos) e molhados (vinho, azeite, etc.), especialmente no atacado.

labutava – trabalhava muito.

suíças – barba que se deixa crescer dos lados da face. Mais usado no plural.

avaro – pão-duro.

Renunciei tudo; tinha o espírito atônito. Creio que por então é que começou a desabotoar em mim a hipocondria, essa flor amarela, solitária e mórbida, de um cheiro inebriante e subtil. — "Que bom que é estar triste e não dizer cousa nenhuma!" — Quando esta palavra de Shakespeare me chamou a atenção, confesso que senti em mim um eco, um eco delicioso. Lembra-me que estava sentado, debaixo de um tamarineiro, com o livro do poeta aberto nas mãos, e o espírito ainda mais cabisbaixo do que a figura, — ou jururu, como dizemos das galinhas tristes. Apertava ao peito a minha dor taciturna, com uma sensação única, uma cousa a que poderia chamar volúpia do aborrecimento. Volúpia do aborrecimento: decora esta expressão, leitor; guarda-a, examina-a, e se não chegares a entendê-la, podes concluir que ignoras uma das sensações mais subtis desse mundo e daquele tempo.

Às vezes caçava, outras dormia, outras lia, — lia muito, — outras enfim não fazia nada; deixava-me atoar de ideia em ideia, de imaginação em imaginação, como uma borboleta vadia ou faminta. As horas iam pingando uma a uma, o sol caía, as sombras da noite velavam a montanha e a cidade. Ninguém me visitava; recomendei expressamente que me deixassem só. Um dia, dous dias, três dias, uma semana inteira passada assim, sem dizer palavra, era bastante para sacudir-me da Tijuca fora e restituir-me ao bulício. Com efeito, ao cabo de sete dias, estava farto da solidão; a dor aplacara; o espírito já se não contentava com o uso da espingarda e dos livros, nem com a vista do arvoredo e do céu. Reagia a mocidade, era preciso viver. Meti no baú o problema da

---

atônito - desnorteado.

palavra de Shakespeare - referência à fala do hipocondríaco Jacques a Rosalinda, na peça *Como lhe aprouver (As you like it)*, Ato IV, cena I.

tamarineiro - variante de "tamarindeiro" e de "tamarineira": árvore que dá tamarindo.

poeta - Shakespeare.

cabisbaixo - triste.

taciturna - silenciosa.

atoar - vagar.

bulício - agitação.

aplacara - diminuíra.

vida e da morte, os hipocondríacos do poeta, as camisas, as meditações, as gravatas, e ia fechá-lo, quando o moleque Prudêncio me disse que uma pessoa do meu conhecimento se mudara na véspera para uma casa roxa, situada a duzentos passos da nossa.

— Quem?

— Nhonhô talvez não se lembre mais de Dona Eusébia...

— Lembra-me... É ela?

— Ela e a filha. Vieram ontem de manhã.

Ocorreu-me logo o episódio de 1814, e senti-me vexado; mas adverti que os acontecimentos tinham-me dado razão. Na verdade, fora impossível evitar as relações íntimas do Vilaça com a irmã do sargento-mor; antes mesmo do meu embarque, já se boquejava misteriosamente no nascimento de uma menina. Meu tio João mandou-me dizer depois que o Vilaça, ao morrer, deixara um bom legado a Dona Eusébia, cousa que deu muito que falar em todo o bairro. O próprio tio João, guloso de escândalos, não tratou de outro assunto na carta, aliás de muitas folhas. Tinham-me dado razão os acontecimentos. Ainda porém que ma não dessem, 1814 lá ia longe, e, com ele, a travessura, e o Vilaça, e o beijo da moita; finalmente, nenhumas relações estreitas existiam entre mim e ela. Fiz comigo essa reflexão e acabei de fechar o baú.

— Nhonhô não vai visitar sinhá Dona Eusébia? perguntou-me o Prudêncio. Foi ela quem vestiu o corpo da minha defunta senhora.

Lembrei-me que a vira, entre outras senhoras, por ocasião da morte e do enterro; ignorava porém que ela houvesse prestado a minha mãe esse derradeiro obséquio. A ponderação do moleque era razoável; eu devia-lhe uma visita; determinei fazê-la imediatamente, e descer.

---

boquejava – murmurava, falava discretamente.

legado – herança.

obséquio – favor.

descer – sair da Tijuca.

C (**XXV**): A situação de tristeza e solidão depois da morte da mãe é, segundo Brás, a origem de sua hipocondria, que o levou ao emplasto. Superar as perdas é um objetivo sempre presente no romance.

Capítulo XXVI

O autor hesita

Súbito ouço uma voz: — Olá, meu rapaz, isto não é vida! Era meu pai, que chegava com duas propostas na algibeira. Sentei-me no baú e recebi-o sem alvoroço. Ele esteve alguns instantes de pé, a olhar para mim; depois estendeu-me a mão com um gesto comovido:

— Meu filho, conforma-te com a vontade de Deus.

— Já me conformei, foi a minha resposta, e beijei-lhe a mão.

Não tinha almoçado; almoçámos juntos. Nenhum de nós aludiu ao triste motivo da minha reclusão. Uma só vez falámos nisso, de passagem, quando meu pai fez recair a conversa na Regência: foi então que aludiu à carta de pêsames que um dos Regentes lhe mandara. Trazia a carta consigo, já bastante amarrotada, talvez por havê-la lido a muitas outras pessoas. Creio haver dito que era de um dos Regentes. Leu-ma duas vezes.

— Já lhe fui agradecer este sinal de consideração, concluiu meu pai, e acho que deves ir também...

— Eu?

— Tu; é um homem notável, faz hoje as vezes de Imperador. Demais trago comigo uma ideia, um projeto, ou... sim, digo-te tudo; trago dous projetos, um lugar de deputado e um casamento.

Meu pai disse isto com pausa, e não no mesmo tom, mas dando às palavras um jeito e disposição, cujo fim era cavá-las mais profundamente no meu espírito. A proposta, porém, desdizia tanto das minhas sensações últimas, que eu cheguei a não entendê-la bem. Meu pai não fraqueou e repetiu-a; encareceu o lugar e a noiva.

— Aceitas?

— Não entendo de política, disse eu depois de um instante; quanto à noiva... deixe-me viver como um urso, que sou.

Regência – período do império brasileiro que vai de 1831 a 1840, entre a abdicação de Pedro I e a maioridade de Pedro II, quando uma ou três pessoas chefiavam o governo. No caso, referência a uma das duas regências trinas (1831; 1831-1835).

um dos Regentes – os membros das regências trinas foram: José Joaquim Carneiro de Campos, Nicolau Pereira de Campos Vergueiro, brigadeiro Francisco de Lima e Silva, José da Costa Carvalho e João Bráulio Muniz.

encareceu – recomendou com interesse.

— Mas os ursos casam-se, replicou ele.

— Pois traga-me uma ursa. Olhe, a Ursa-Maior...

Riu-se meu pai, e depois de rir, tornou a falar sério. Era-me necessária a carreira política, dizia ele, por vinte e tantas razões, que deduziu com singular volubilidade, ilustrando-as com exemplos de pessoas do nosso conhecimento. Quanto à noiva, bastava que eu a visse; se a visse, iria logo pedi-la ao pai, logo, sem demora de um dia. Experimentou assim a fascinação, depois a persuasão, depois a intimação; eu não dava resposta, afiava a ponta de um palito ou fazia bolas de miolo de pão, a sorrir ou a refletir; e, para tudo dizer, nem dócil nem rebelde à proposta. Sentia-me aturdido. Uma parte de mim mesmo dizia que sim, que uma esposa formosa e uma posição política eram bens dignos de apreço; outra dizia que não; e a morte de minha mãe me aparecia como um exemplo da fragilidade das cousas, das afeições, da família...

— Não vou daqui sem uma resposta definitiva, disse meu pai. De-fi-ni-ti-va! repetiu, batendo as sílabas com o dedo.

Bebeu o último gole de café; repotreou-se, e entrou a falar de tudo, do senado, da câmara, da Regência, da restauração, do Evaristo, de um coche que pretendia comprar, da nossa casa de Mata-cavalos... Eu deixava-me estar ao canto da mesa, a escrever desvairadamente num pedaço de papel, com uma ponta de lápis; traçava uma palavra, uma frase, um verso, um nariz, um triângulo, e repetia-os muitas vezes, sem ordem, ao acaso, assim:

Ursa-Maior – constelação do Hemisfério Norte.

singular volubilidade – rara facilidade de expressão, de versatilidade.

aturdido – atônito, desnorteado.

apreço – admiração.

repotreou-se – o mesmo que "repoltreou-se "e "repoltroneou-se": sentou ou recostou-se confortavelmente .

restauração – ações de partidários – chamados "caramurus" – da volta de Pedro I ao Brasil e ao trono.

Evaristo – referência a Evaristo da Veiga (1799-1837), deputado e jornalista defensor da Regência, e que precipitou a abdicação de Pedro I, atacando-o no jornal *Aurora Fluminense*.

coche – carruagem antiga e suntuosa.

Mata-cavalos – atual rua do Riachuelo, no Rio de Janeiro.

arma virumque cano

A

Arma virumque cano

arma virumque cano

arma virumque

arma virumque cano

virumque

Maquinalmente tudo isto; e, não obstante, havia certa lógica, certa dedução; por exemplo, foi o *virumque* que me fez chegar ao nome do próprio poeta, por causa da primeira sílaba; ia a escrever *virumque,* — e sai-me *Virgílio,* então continuei:

Vir *Virgílio*

Virgílio *Virgílio*

Virgílio

Virgílio

Meu pai, um pouco despeitado com aquela indiferença, ergueu-se, veio a mim, lançou os olhos ao papel...

— Virgílio! exclamou. És tu, meu rapaz; a tua noiva chama-se justamente Virgília.

Capítulo XXVII

Virgília?

Virgília? Mas então era a mesma senhora que alguns anos depois...? A mesma; era justamente a senhora, que em 1869 devia assistir aos meus últimos dias, e que antes, muito antes, teve larga parte nas minhas mais íntimas sensações. Naquele tempo contava apenas uns quinze ou dezesseis anos; era talvez a mais atrevida criatura da nossa raça, e, com certeza, a mais voluntariosa.

---

arma virumque cano – verso de abertura da epopeia latina *Eneida*, de Virgílio: "Eu canto as armas e o varão" [Eneias]. Esse verso foi apropriado por Camões, também na abertura de *Os Lusíadas*, epopeia portuguesa de Camões (1524-1580), composta em dez cantos com estofes de oito versos cada uma.

C (**XXVI**): Por proposta do pai, aqui começa, na prática, a vida adulta, de responsabilidades, de Brás: um bom cargo político e um bom casamento eram os objetivos que as famílias abastadas tinham para os filhos. No entanto, Brás parece continuar a ser criança: indiferente ao que diz o pai, rabisca bobagens.

Não digo que já lhe coubesse a primazia da beleza, entre as mocinhas do tempo, porque isto não é romance, em que o autor sobredoura a realidade e fecha os olhos às sardas e espinhas; mas também não digo que lhe maculasse o rosto nenhuma sarda ou espinha, não. Era bonita, fresca, saía das mãos da natureza, cheia daquele feitiço, precário e eterno, que o indivíduo passa a outro indivíduo, para os fins secretos da criação. Era isto Virgília, e era clara, muito clara, faceira, ignorante, pueril, cheia de uns ímpetos misteriosos; muita preguiça e alguma devoção, — devoção, ou talvez medo; creio que medo.

Aí tem o leitor, em poucas linhas, o retrato físico e moral da pessoa que devia influir mais tarde na minha vida; era aquilo com dezesseis anos. Tu que me lês, se ainda fores viva, quando estas páginas vierem à luz, — tu que me lês, Virgília amada, não reparas na diferença entre a linguagem de hoje e a que primeiro empreguei quando te vi? Crê que era tão sincero então como agora; a morte não me tornou rabugento, nem injusto.

— Mas, dirás tu, como é que podes assim discernir a verdade daquele tempo, e exprimi-la depois de tantos anos?

Ah! indiscreta! ah! ignorantona! Mas é isso mesmo que nos faz senhores da terra, é esse poder de restaurar o passado, para tocar a instabilidade das nossas impressões e a vaidade dos nossos afectos. Deixa lá dizer Pascal que o homem é um caniço pensante. Não; é uma errata pensante, isso sim. Cada estação da vida é uma edição, que corrige a anterior, e que será corrigida também, até a edição definitiva, que o editor dá de graça aos vermes.

---

faceira - alegre.

ignorantona - muito ignorante, mas pretensiosa. O vocábulo não está empregado em tom ofensivo, mas irônico.

Pascal - (1623-1662), cientista e escritor francês. Sua frase aponta para a fraqueza do ser humano em comparação com outros seres, porém superior a eles, porque pensa. Ao substituir "caniço"por "errata", o narrador metaforiza o homem num livro em constante mutação, até virar pó. Errata é uma lista de erros que aparecem na edição de uma obra, corrigidos em página final ou separada.

C (**XXVII**): O retrato de Virgília é pretexto para o narrador reafirmar a sinceridade restauradora do passado.

Capítulo XXVIII

Contanto que...

Virgília? interrompi eu.

— Sim, senhor; é o nome da noiva. Um anjo, meu pateta, um anjo sem asas. Imagina uma moça assim, desta altura, viva como um azougue, e uns olhos... filha do Dutra...

— Que Dutra?

— O Conselheiro Dutra, não conheces; uma influência política. Vamos lá, aceitas?

Não respondi logo; fitei por alguns segundos a ponta do botim; declarei depois que estava disposto a examinar as duas cousas, a candidatura e o casamento, contanto que...

— Contanto que?

— Contanto que não fique obrigado a aceitar as duas; creio que posso ser separadamente homem casado ou homem público...

— Todo o homem público deve ser casado, interrompeu sentenciosamente meu pai. Mas seja como queres; estou por tudo; fico certo de que a vista fará fé! Demais, a noiva e o casamento são a mesma cousa... isto é, não... saberás depois... Vá; aceito a dilação, contanto que...

— Contanto que?... interrompi eu, imitando-lhe a voz.

— Ah! brejeiro! Contanto que não te deixes ficar aí inútil, obscuro, e triste; não gastei dinheiro, cuidados, empenhos, para te não ver brilhar, como deves, e te convém, e a todos nós; é preciso continuar o nosso nome, continuá-lo e ilustrá-lo ainda mais. Olha, estou com sessenta anos, mas se fosse necessário começar vida nova, começava, sem hesitar um só minuto. Teme a obscuridade, Brás; foge do que é ínfimo. Olha que os homens valem por diferentes modos, e que o mais seguro de todos é valer pela opinião

---

viva como um azougue – muito esperta e inquieta; "azougue" é o mesmo que "mercúrio".

Conselheiro – título honorífico do império brasileiro.

botim – bota de cano curto, o qual termina logo após o tornozelo.

Todo o homem – hoje usa-se "todo homem", para evitar duplo sentido.

fará fé – confirmará (o que digo).

dilação – tempo de espera (para que Brás mude de opinião).

dos outros homens. Não estragues as vantagens da tua posição, os teus meios...

E foi por diante o mágico, a agitar diante de mim um chocalho, como me faziam, em pequeno, para eu andar depressa, e a flor da hipocondria recolheu-se ao botão para deixar a outra flor menos amarela, e nada mórbida, — o amor da nomeada, o emplasto Brás Cubas.

Capítulo XXIX
A visita

Vencera meu pai; dispus-me a aceitar o diploma e o casamento, Virgília e a câmara dos deputados. — As duas Virgílias, disse ele num assomo de ternura política. Aceitei-os; meu pai deu-me dous fortes abraços. Era o seu próprio sangue que ele, enfim, reconhecia.

— Desces comigo?

— Desço amanhã. Vou fazer primeiramente uma visita a Dona Eusébia...

Meu pai torceu o nariz, mas não disse nada; despediu-se e desceu. Eu, na tarde desse mesmo dia, fui visitar Dona Eusébia. Achei-a a repreender um preto jardineiro, mas deixou tudo para vir falar-me, com um alvoroço, um prazer tão sincero, que me desacanhou logo. Creio que chegou a cingir-me com o seu par de braços robustos. Fez-me sentar ao pé de si, na varanda, entre muitas exclamações de contentamento:

— Ora, o Brasinho! Um homem! Quem diria, há anos... Um homenzarrão! E bonito! Qual! Você não se lembra bem de mim...

Disse-lhe que sim, que não era possível esquecer uma amiga tão familiar de nossa casa. Dona Eusébia começou a falar de minha mãe, com muitas saudades, com tantas saudades, que me cativou logo, posto me entristecesse. Ela percebeu-o nos meus olhos, e torceu a rédea à conversação; pediu-me que lhe contasse a viagem, os estudos, os namoros... Sim, os namoros também;

C (XXVIII): Continua a insistência do pai em traçar um futuro brilhante para o filho.

assomo – aparência.

Qual! – interjeição designando espanto.

confessou-me que era uma velha patusca. Nisto recordei-me do episódio de 1814, ela, o Vilaça, a moita, o beijo, o meu grito; e estando a recordá-lo, ouço um ranger de porta, um farfalhar de saias e esta palavra:

— Mamãe... mamãe...

Capítulo XXX
A flor da moita

A voz e as saias pertenciam a uma mocinha morena, que se deteve à porta, alguns instantes, ao ver gente estranha. Silêncio curto e constrangido. Dona Eusébia quebrou-o, enfim, com resolução e franqueza:

— Vem cá, Eugênia, disse ela, cumprimenta o Doutor Brás Cubas, filho do Senhor Cubas; veio da Europa.

E voltando-se para mim:

— Minha filha Eugênia.

Eugênia, a flor da moita, mal respondeu ao gesto de cortesia que lhe fiz; olhou-me admirada e acanhada, e lentamente se aproximou da cadeira da mãe. A mãe arranjou-lhe uma das tranças do cabelo, cuja ponta se desmanchara. — Ah! travessa! dizia. Não imagina, doutor, o que isto é... E beijou-a com tão expansiva ternura que me comoveu um pouco; lembrou-me minha mãe, e, — direi tudo, — tive umas cócegas de ser pai.

— Travessa? disse eu. Pois já não está em idade própria, ao que parece.

— Quantos lhe dá?

— Dezessete.

— Menos um.

— Dezesseis. Pois então! é uma moça.

Não pôde Eugênia encobrir a satisfação que sentia com esta minha palavra, mas emendou-se logo, e ficou como dantes, erecta,

---

patusca – brincalhona, extravagante.

C (**XXIX**): Observe, nas recordações infantis de Brás, a importância da divulgação do beijo do Vilaça.

fria e muda. Em verdade, parecia ainda mais mulher do que era; seria criança nos seus folgares de moça; mas assim quieta, impassível, tinha a compostura da mulher casada. Talvez essa circunstância lhe diminuía um pouco da graça virginal. Depressa nos familiarizámos; a mãe fazia-lhe grandes elogios, eu escutava-os de boa sombra, e ela sorria, com os olhos fúlgidos, como se lá dentro do cérebro lhe estivesse a voar uma borboletinha de asas de ouro e olhos de diamante...

Digo lá dentro, porque cá fora o que esvoaçou foi uma borboleta preta, que subitamente penetrou na varanda, e começou a bater as asas em derredor de Dona Eusébia. Dona Eusébia deu um grito, levantou-se, praguejou umas palavras soltas: — T'esconjuro!... sai, diabo!... Virgem Nossa Senhora!...

— Não tenha medo, disse eu; e, tirando o lenço, expeli a borboleta. Dona Eusébia sentou-se outra vez, ofegante, um pouco envergonhada; a filha, pode ser que pálida de medo, dissimulava a impressão com muita força de vontade. Apertei-lhes a mão e saí, a rir comigo da superstição das duas mulheres, um rir filosófico, desinteressado, superior. De tarde, vi passar a cavalo a filha de Dona Eusébia, seguida de um pajem; fez-me um cumprimento com a ponta do chicote. Confesso que me lisonjeei com a ideia de que, alguns passos adiante, ela voltaria a cabeça para trás; mas não voltou.

Capítulo XXXI
A borboleta preta

No dia seguinte, como eu estivesse a preparar-me para descer, entrou no meu quarto uma borboleta, tão negra como a outra, e muito maior do que ela. Lembrou-me o caso da véspera, e ri-me; entrei logo a pensar na filha de Dona Eusébia, no susto que tivera, e na dignidade que, apesar dele, soube conservar. A borboleta,

---

folgares - brincadeiras.

de boa sombra - de bom grado, com prazer.

fúlgidos - brilhantes.

lisonjeei - envaideci.

C (XXX): A apresentação de outra mulher na vida de Brás surge paralelamente a Virgília, demonstrando desinteresse no casamento oferecido pelo pai.

depois de esvoaçar muito em torno de mim, pousou-me na testa. Sacudi-a, ela foi pousar na vidraça; e, porque eu a sacudisse de novo, saiu dali e veio parar em cima de um velho retrato de meu pai. Era negra como a noite. O gesto brando com que, uma vez posta, começou a mover as asas, tinha um certo ar escarninho, que me aborreceu muito. Dei de ombros, saí do quarto; mas tornando lá, minutos depois, e achando-a ainda no mesmo lugar, senti um repelão dos nervos, lancei mão de uma toalha, bati-lhe e ela caiu.

Não caiu morta; ainda torcia o corpo e movia as farpinhas da cabeça. Apiedei-me; tomei-a na palma da mão e fui depô-la no peitoril da janela. Era tarde; a infeliz expirou dentro de alguns segundos. Fiquei um pouco aborrecido, incomodado.

— Também porque diabo não era ela azul? disse comigo.

E esta reflexão, — uma das mais profundas que se tem feito, desde a invenção das borboletas, — me consolou do malefício, e me reconciliou comigo mesmo. Deixei-me estar a contemplar o cadáver, com alguma simpatia, confesso. Imaginei que ela saíra do mato, almoçada e feliz. A manhã era linda. Veio por ali fora, modesta e negra, espairecendo as suas borboletices, sob a vasta cúpula de um céu azul, que é sempre azul, para todas as asas. Passa pela minha janela, entra e dá comigo. Suponho que nunca teria visto um homem; não sabia, portanto, o que era o homem; descreveu infinitas voltas em torno do meu corpo, e viu que me movia, que tinha olhos, braços, pernas, um ar divino, uma estatura colossal. Então disse consigo: "Este é provavelmente o inventor das borboletas." A ideia subjugou-a, aterrou-a; mas o medo, que é também sugestivo, insinuou-lhe que o melhor modo de agradar ao seu criador era beijá-lo na testa, e beijou-me na testa. Quando enxotada por mim, foi pousar na vidraça, viu dali o retrato de meu pai, e não é impossível que descobrisse meia verdade, a saber, que estava ali o pai do inventor das borboletas, e voou a pedir-lhe misericórdia.

Pois um golpe de toalha rematou a aventura. Não lhe valeu a imensidade azul, nem a alegria das flores, nem a pompa das

---

escarninho - de escárnio, de desprezo.

espairecendo - distraindo.

aterrou-a - horrorizou-a.

folhas verdes, contra uma toalha de rosto, dous palmos de linho cru. Vejam como é bom ser superior às borboletas! Porque, é justo dizê-lo, se ela fosse azul, ou cor de laranja, não teria mais segura a vida; não era impossível que eu a atravessasse com um alfinete, para recreio dos olhos. Não era. Esta última ideia restituiu-me a consolação; uni o dedo grande ao polegar, despedi um piparote e o cadáver caiu no jardim. Era tempo; aí vinham já as próvidas formigas... Não, volto à primeira ideia; creio que para ela era melhor ter nascido azul.

Capítulo XXXII
Coxa de nascença

Fui dali acabar os preparativos da viagem. Já agora não me demoro mais. Desço imediatamente; desço, ainda que algum leitor circunspecto me detenha para perguntar se o capítulo passado é apenas uma sensaboria ou se chega a empulhação... Ai, não contava com Dona Eusébia. Estava pronto, quando me entrou por casa. Vinha convidar-me para transferir a descida, e ir lá jantar nesse dia. Cheguei a recusar; mas instou tanto, tanto, tanto, que não pude deixar de aceitar; demais, era-lhe devida aquela compensação; fui.

Eugênia desataviou-se nesse dia por minha causa. Creio que foi por minha causa, —se é que não andava muita vez assim. Nem as bichas de ouro, que trazia na véspera, lhe pendiam agora das

---

próvidas - que têm abundância do que é necessário.

C (**XXXI**): Compare o fim da borboleta com o de Brás, ambos submetidos à implacável lei de Pandora - "mãe e inimiga". Um simples piparote mata o inseto, tal como um simples golpe de ar matara o narrador; as formigas iriam devorar a borboleta, tal como os vermes devoraram Brás.

Coxa de nascença - nascida manca.

sensaboria - coisa desagradável.

empulhação - tapeação.

instou - insistiu.

demais - além do mais.

desataviou-se - desenfeitou-se.

bichas - brincos usados sob o lóbulo da orelha e ornados com um só brilhante.

orelhas, duas orelhas finamente recortadas numa cabeça de ninfa. Um simples vestido branco, de cassa, sem enfeites, tendo ao colo, em vez de broche, um botão de madrepérola, e outro botão nos punhos, fechando as mangas, e nem sombra de pulseira.

Era isso no corpo; não era outra cousa no espírito. Ideias claras, maneiras chãs, certa graça natural, um ar de senhora, e não sei se alguma outra cousa; sim, a boca, exatamente a boca da mãe, a qual me lembrava o episódio de 1814, e então dava-me ímpetos de glosar o mesmo mote à filha...

— Agora vou mostrar-lhe a chácara, disse a mãe, logo que esgotámos o último gole de café.

Saímos à varanda, dali à chácara, e foi então que notei uma circunstância. Eugênia coxeava um pouco, tão pouco, que eu cheguei a perguntar-lhe se machucara o pé. A mãe calou-se; a filha respondeu sem titubear:

— Não, senhor, sou coxa de nascença.

Mandei-me a todos os diabos; chamei-me desastrado, grosseirão. Com efeito, a simples possibilidade de ser coxa era bastante para lhe não perguntar nada. Então lembrou-me que da primeira vez que a vi — na véspera — a moça chegara-se lentamente à cadeira da mãe, e que naquele dia já a achei à mesa de jantar. Talvez fosse para encobrir o defeito; mas por que razão o confessava agora? Olhei para ela e reparei que ia triste.

Tratei de apagar os vestígios de meu desazo; — não me foi difícil, porque a mãe era, segundo confessara, uma velha patusca, e prontamente travou de conversa comigo. Vimos toda a chácara,

---

ninfa – divindade dos rios, bosques e montes. Em sentido figurado, "mulher nova e formosa".

cassa – tecido muito fino, de linho ou de algodão.

madrepérola – parte nacarada da concha dos moluscos, usada em adornos.

chãs – tranquilas, simples.

episódio de 1814 [...] glosar o mesmo mote à filha – ver o capítulo XII, quando o Dr. Vilaça faz glosas.

circunstância – condição de alguém ou de alguma coisa em determinado momento.

titubear – vacilar.

Mandei-me a todos os diabos – Amaldiçoei-me com irritação (pela pergunta inadequada).

desazo – falta de jeito.

árvores, flores, tanque de patos, tanque de lavar, uma infinidade de cousas, que ela me ia mostrando, e comentando, ao passo que eu, de soslaio, perscrutava os olhos de Eugênia...

Palavra que o olhar de Eugênia não era coxo, mas direito, perfeitamente são; vinha de uns olhos pretos e tranquilos. Creio que duas ou três vezes baixaram estes, um pouco turvados; mas duas ou três somente; em geral, fitavam-me com franqueza, sem temeridade, nem biocos.

Capítulo XXXIII

Bem-aventurados os que não descem

O pior é que era coxa. Uns olhos tão lúcidos, uma boca tão fresca, uma compostura tão senhoril; e coxa! Esse contraste faria suspeitar que a natureza é às vezes um imenso escárnio. Porque bonita, se coxa? porque coxa, se bonita? Tal era a pergunta que eu vinha fazendo a mim mesmo ao voltar para casa, de noite, sem atinar com a solução do enigma. O melhor que há, quando se não resolve um enigma, é sacudi-lo pela janela fora; foi o que eu fiz; lancei mão de uma toalha e enxotei essa outra borboleta preta, que me adejava no cérebro. Fiquei aliviado e fui dormir. Mas o sonho, que é uma fresta do espírito, deixou novamente entrar o bichinho, e aí fiquei eu a noite toda a cavar o mistério, sem explicá-lo.

Amanheceu chovendo, transferi a descida; mas no outro dia, a manhã era límpida e azul, e apesar disso deixei-me ficar, não menos que no terceiro dia, e no quarto, até o fim da semana. Manhãs bonitas, frescas, convidativas; lá em baixo a família a chamar-me,

---

de soslaio – de lado, obliquamente.

perscrutava – investigava minuciosamente.

biocos – fingimentos de modéstia ou de virtude.

C (XXXII): Na descrição de Eugênia, ressaltam-se as qualidades morais e físicas, que compensam o fato de ela ser coxa. Novamente o narrador trabalha a falta, a perda.

Bem-aventurados os que não descem – apropriação de uma frase reiterativa das Bem-Aventuranças ou Felicidades (Mateus, II, 5), popularmente conhecidas como "Sermão da Montanha".

senhoril – distinta, elegante.

adejava – voava, pairava.

e a noiva, e o parlamento, e eu sem acudir a cousa nenhuma, enlevado ao pé da minha Vênus Manca. Enlevado é uma maneira de realçar o estilo; não havia enlevo, mas gosto, uma certa satisfação física e moral. Queria-lhe, é verdade; ao pé dessa criatura tão singela, filha espúria e coxa, feita de amor e desprezo, ao pé dela sentia-me bem, e ela creio que ainda se sentia melhor ao pé de mim. E isto na Tijuca. Uma simples égloga. Dona Eusébia vigiava-nos, mas pouco; temperava a necessidade com a conveniência. A filha, nessa primeira explosão da natureza, entregava-me a alma em flor.

— O senhor desce amanhã? disse-me ela no sábado.

— Pretendo.

— Não desça.

Não desci, e acrescentei um versículo ao Evangelho: — Bem-aventurados os que não descem, porque deles é o primeiro beijo das moças. Com efeito, foi no domingo esse primeiro beijo de Eugênia, — o primeiro que nenhum outro varão jamais lhe tomara, e não furtado ou arrebatado, mas candidamente entregue, como um devedor honesto paga uma dívida. Pobre Eugênia! Se tu soubesses que ideias me vagavam pela mente fora naquela ocasião! Tu, trêmula de comoção, com os braços nos meus ombros, a contemplar em mim o teu bem-vindo esposo, e eu com os olhos em 1814, na moita, no Vilaça, e a suspeitar que não podias mentir ao teu sangue, à tua origem...

Dona Eusébia entrou inesperadamente, mas não tão súbita, que nos apanhasse ao pé um do outro. Eu fui até à janela; Eugênia sentou-se a concertar uma das tranças. Que dissimulação graciosa! que arte infinita e delicada! que tartufice profunda! e tudo isso

---

enlevado – embevecido, encantado.

Vênus Manca – Vênus, deusa do amor e da beleza, parece ter sido aqui apropriada por Machado através da estátua "Vênus de Milo" (150 a.C.), encontrada na ilha grega Milo faltando-lhe os braços, e exposta no Museu do Louvre em Paris. Sua expressão demonstra orgulho, nobreza e majestade.

espúria – ilegítima.

- O senhor – observe que essa forma de tratamento, respeitoso hoje, antigamente era usada também na intimidade.

versículo – cada um dos curtos parágrafos que dividem um texto sagrado.

dissimulação – fingimento.

tartufice – disfarce.

natural, vivo, não estudado, natural como o apetite, natural como o sono. Tanto melhor! Dona Eusébia não suspeitou nada.

Capítulo XXXIV
A uma alma sensível

Há aí, entre as cinco ou dez pessoas que me leem, há aí uma alma sensível, que está de certo um tanto agastada com o capítulo anterior, começa a tremer pela sorte de Eugênia, e talvez... sim, talvez, lá no fundo de si mesma, me chame cínico. Eu cínico, alma sensível? Pela coxa de Diana! esta injúria merecia ser lavada com sangue, se o sangue lavasse alguma cousa nesse mundo. Não, alma sensível, eu não sou cínico, eu fui homem; meu cérebro foi um tablado em que se deram peças de todo gênero, o drama sacro, o austero, o piegas, a comédia louçã, a desgrenhada farsa, os autos, as bufonerias, um *pandemonium*, alma sensível, uma barafunda de cousas e pessoas, em que podias ver tudo, desde a rosa

---

C (XXXIII): Eugênia é retratada como criatura resultante de uma falta, uma culpa, e de forma determinista: "Não mente ao sangue nem à origem".

agastada – aborrecida.

pela coxa de Diana! – Diana: deusa latina, cuja principal ocupação era a caça e a proteção aos partos. Sempre se conservou virgem e casta. No romance *Esaú e Jacó*, Machado usa a expressão bíblica "coxa de Abraão", em referência ao milagroso nascimento do filho dessa personagem, dado à luz pela esposa de noventa anos. "Coxa" parece ser um deslocamento de "costela" (de Adão), de onde Deus fez nascer Eva. Assim, a expressão exclamativa é irônica, equivale a "Pelo amor de Deus!", porém com toda a carga significativa que mencionamos.

drama sacro – peça de teatro cujo assunto é religioso.

piegas – ridiculamente sentimental.

louçã – graciosa, elegante.

desgrenhada – exagerada, desorganizada.

farsa – peça teatral cômica, de um só ato, enredo curto, ação irreverente e poucos atores.

autos – auto: peça teatral típica da Idade Média. É simples, ingênua, com personagens geralmente alegóricas (os pecados, as virtudes, etc.) ou entidades (santos, demônios), podendo ter elementos cômicos.

bufonerias – variante de "bufonarias": palhaçadas.

pandemonium – forma erudita de "pandemônio": balbúrdia, confusão.

barafunda – mistura.

de Smirna até a arruda do teu quintal, desde o magnífico leito de Cleópatra até o recanto da praia em que o mendigo tirita o seu sono. Cruzavam-se nele pensamentos de vária casta e feição. Não havia ali a atmosfera somente da águia e do beija-flor; havia também a da lesma e do sapo. Retira, pois, a expressão, alma sensível, castiga os nervos, limpa os óculos, — que isso às vezes é dos óculos, — e acabemos de uma vez com esta flor da moita.

Capítulo XXXV

O caminho de Damasco

Ora aconteceu que, oito dias depois, como eu estivesse no caminho de Damasco, ouvi uma voz misteriosa, que me sussurrou as palavras da Escritura (*Act.*, IX, 7): "Levanta-te, e entra na cidade." Essa voz saía de mim mesmo, e tinha duas origens: a piedade, que me desarmava ante a candura da pequena, e o terror de vir a amar deveras, e desposá-la. Uma mulher coxa! Quanto a este motivo da minha descida, não há duvidar que ela o achou e mo disse. Foi na varanda, na tarde de uma segunda-feira, ao anunciar-lhe que na seguinte manhã viria para baixo. — Adeus, suspirou ela estendendo-me a mão com simplicidade; faz bem. — E como eu nada dissesse, continuou: — Faz bem em fugir ao ridículo de casar comigo. Ia dizer-lhe que não; ela retirou-se lentamente, engolindo as lágrimas. Alcancei-a

---

rosa de Smirna – referência ao tema do conto de Hans Christian Andersen "Uma rosa para a campa de Homero". Segundo a lenda, o poeta grego morreu em Esmirna, cidade antiga da Ásia. Hoje é a terceira cidade da Turquia.

arruda – planta aromática e medicinal.

tirita o seu sono – treme de frio, dormindo.

casta – espécie.

C (XXXIV): O narrador dirige-se ao leitor, defendendo-se de ser chamado de cínico: compara sua mente a um teatro onde foram levados os mais diversos tipos de peças, ou seja, ter vivido de representações.

O caminho de Damasco – referência ao local onde o futuro apóstolo Paulo se converteu ao cristianismo. Damasco é hoje capital da Síria.

uma voz misteriosa – segundo a bíblia, Cristo apareceu a Paulo naquele caminho. Paulo lhe perguntou o que ele lhe ordenava e obteve a resposta adiante citada.

Act. – abreviatura do livro bíblico *Atos dos apóstolos.*

a poucos passos, e jurei-lhe por todos os santos do céu que eu era obrigado a descer, mas que não deixava de lhe querer e muito; tudo hipérboles frias, que ela escutou sem dizer nada.

— Acredita-me? perguntei eu no fim.

— Não, e digo-lhe que faz bem.

Quis retê-la, mas o olhar que me lançou não foi já de súplica, senão de império. Desci da Tijuca, na manhã seguinte, um pouco amargurado, outro pouco satisfeito. Vinha dizendo a mim mesmo que era justo obedecer a meu pai, que era conveniente abraçar a carreira política... que a constituição... que a minha noiva... que o meu cavalo...

Capítulo XXXVI
A propósito de botas

Meu pai, que me não esperava, abraçou-me cheio de ternura e agradecimento. — Agora é deveras? disse ele. Posso enfim...?

Deixei-o nessa reticência, e fui descalçar as botas, que estavam apertadas. Uma vez aliviado, respirei à larga, e deitei-me a fio comprido, enquanto os pés, e todo eu atrás deles, entrávamos numa relativa bem-aventurança. Então considerei que as botas apertadas são uma das maiores venturas da terra, porque, fazendo doer os pés, dão azo ao prazer de as descalçar. Mortifica os pés, desgraçado, desmortifica-os depois, e aí tens a felicidade barata, ao sabor dos sapateiros e de Epicuro. Enquanto esta ideia me trabalhava no famoso trapézio, lançava eu os olhos para a Tijuca, e via a aleijadinha perder-se no horizonte do pretérito, e sentia que o meu coração não tardaria também a descalçar as suas botas. E descalçou-as o lascivo. Quatro ou cinco dias depois, saboreava esse

---

hipérboles - exageros de expressão.

C (XXXV): O sofrimento conformista de uma deficiente física leve é magnificamente retratado.

azo - motivo.

Epicuro - (341-270 a.C.), filósofo grego, ensinou que o prazer é o maior bem do homem e que todos os nossos esforços devem ser dirigidos para obtê-lo.

lascivo - sensual.

rápido, inefável e incoercível momento de gozo, que sucede a uma dor pungente, a uma preocupação, a um incômodo... Daqui inferi eu que a vida é o mais engenhoso dos fenômenos, porque só aguça a fome, com o fim de deparar a ocasião de comer, e não inventou os calos, senão porque eles aperfeiçoam a felicidade terrestre. Em verdade vos digo que toda a sabedoria humana não vale um par de botas curtas.

Tu, minha Eugênia, é que não as descalçaste nunca; foste aí pela estrada da vida, manquejando da perna e do amor, triste como os enterros pobres, solitária, calada, laboriosa, até que vieste também para esta outra margem... O que eu não sei é se a tua existência era muito necessária ao século. Quem sabe? Talvez um comparsa de menos fizesse patear a tragédia humana.

Capítulo XXXVII
Enfim!

Enfim! eis aqui Virgília. Antes de ir à casa do Conselheiro Dutra, perguntei a meu pai se havia algum ajuste prévio de casamento.

— Nenhum ajuste. Há tempos, conversando com ele a teu respeito, confessei-lhe o desejo que tinha de te ver deputado; e de tal modo falei, que ele prometeu fazer alguma cousa, e creio que o fará. Quanto à noiva, é o nome que dou a uma criaturinha, que é uma joia, uma flor, uma estrela, uma cousa rara... é a filha dele; imaginei que, se casasses com ela, mais depressa serias deputado.

— Só isto?

— Só isto.

Fomos dali à casa do Dutra. Era uma pérola esse homem, risonho, jovial, patriota, um pouco irritado com os males públicos, mas não desesperando de os curar depressa. Achou que a minha

---

pungente - lancinante, aguda.

Em verdade vos digo - frase dita por Cristo em várias passagens bíblicas.

patear - manifestar desagrado, batendo com os pés no chão.

C (**XXXVI**): Opõe-se o prazer do descalçar das botas com o desprazer da vida de Eugênia.

candidatura era legítima; convinha, porém, esperar alguns meses. E logo me apresentou à mulher, — uma estimável senhora, — e à filha, que não desmentiu em nada o panegírico de meu pai. Juro-vos que em nada. Relede o capítulo XXVII. Eu, que levava ideias a respeito da pequena, fitei-a de certo modo; ela, que não sei se as tinha, não me fitou de modo diferente; e o nosso olhar primeiro foi pura e simplesmente conjugal. No fim de um mês estávamos íntimos.

Capítulo XXXVIII
A quarta edição

— Venha cá jantar amanhã, disse-me o Dutra uma noite.

Aceitei o convite. No dia seguinte, mandei que a sege me esperasse no largo de São Francisco de Paula, e fui dar várias voltas. Lembra-vos ainda a minha teoria das edições humanas? Pois sabei que, naquele tempo, estava eu na quarta edição, revista e emendada, mas ainda inçada de descuidos e barbarismos; defeito que, aliás, achava alguma compensação no tipo, que era elegante, e na encadernação, que era luxuosa. Dadas as voltas, ao passar pela rua dos Ourives, consulto o relógio e cai-me o vidro na calçada. Entro na primeira loja que tinha à mão; era um cubículo, — pouco mais, — empoeirado e escuro.

Ao fundo, por trás do balcão, estava sentada uma mulher, cujo rosto amarelo e bexiguento não se destacava logo, à primeira

---

panegírico – elogio.

C (XXXVII): Veja como os casamentos eram arranjados na primeira metade do século XIX: a moça e o rapaz ainda não se conheciam, mas já estavam noivos através da interferência paterna.

largo de São Francisco de Paula – atual largo de São Francisco.

Lembra-vos ainda a minha teoria das edições humanas? – remissão ao final do capítulo XXVII.

emendada – corrigida.

inçada – aparecida com grande quantidade.

barbarismos – vícios de linguagem na pronúncia, na grafia, na forma gramatical ou na significação.

tipo – forma da letra.

bexiguento – com marcas deixadas pela bexiga, designação popular da varíola.

vista; mas logo que se destacava era um espetáculo curioso. Não podia ter sido feia; ao contrário, via-se que fora bonita, e não pouco bonita; mas a doença e uma velhice precoce, destruíram-lhe a flor das graças. As bexigas tinham sido terríveis; os sinais, grandes e muitos, faziam saliências e encarnas, declives e aclives, e davam uma sensação de lixa grossa, enormemente grossa. Eram os olhos a melhor parte do vulto, e aliás tinham uma expressão singular e repugnante, que mudou, entretanto, logo que eu comecei a falar. Quanto ao cabelo, estava ruço e quase tão poento como os portais da loja. Num dos dedos da mão esquerda fulgia-lhe um diamante. Crê-lo-eis, pósteros? essa mulher era Marcela.

Não a conheci logo; era difícil; ela porém conheceu-me apenas lhe dirigi a palavra. Os olhos chisparam e trocaram a expressão usual por outra, meia doce e meia triste. Vi-lhe um movimento como para esconder-se ou fugir; era o instinto da vaidade, que não durou mais de um instante. Marcela acomodou-se e sorriu.

— Quer comprar alguma cousa? disse ela estendendo-me a mão.

Não respondi nada. Marcela compreendeu a causa do meu silêncio (não era difícil), e só hesitou, creio eu, em decidir o que dominava mais, se o assombro do presente, se a memória do passado. Deu-me uma cadeira, e, com o balcão permeio, falou-me longamente de si, da vida que levara, das lágrimas que eu lhe fizera verter, das saudades, dos desastres, enfim das bexigas, que lhe escalavraram o rosto, e do tempo, que ajudou a moléstia, adiantando-lhe a decadência. Verdade é que tinha a alma decrépita. Vendera tudo, quase tudo; um homem, que a amara outrora, e lhe morreu nos braços, deixara-lhe aquela loja de ourivesaria, mas, para que a desgraça fosse completa, era agora pouco buscada a loja — talvez pela singularidade de a dirigir

---

encarnas – vãos onde se põem as pedras preciosas nos brincos, adereços, etc. Vocábulo usado no plural. Como a personagem vende joias, o vocábulo é usado em sentido metafórico para indicar as depressões de sua pele.

ruço – grisalho.

pósteros? – vocábulo usado no plural: as gerações que hão de suceder à atual.

chisparam – brilharam como chamas.

meia – atualmente se diz "meio".

permeio – no meio (deles).

singularidade – estranheza.

uma mulher. Em seguida pediu-me que lhe contasse a minha vida. Gastei pouco tempo em dizer-lha; não era longa, nem interessante.

— Casou? disse Marcela no fim de minha narração.

— Ainda não, respondi secamente.

Marcela lançou os olhos para a rua, com a atonia de quem reflete ou relembra; eu deixei-me ir então ao passado, e, no meio das recordações e saudades, perguntei a mim mesmo por que motivo fizera tanto desatino. Não era esta certamente a Marcela de 1822; mas a beleza de outro tempo valia uma terça parte dos meus sacrifícios? Era o que eu buscava saber, interrogando o rosto de Marcela. O rosto dizia-me que não; ao mesmo tempo os olhos me contavam que, já outrora, como hoje, ardia neles a flama da cobiça. Os meus é que não souberam ver-lha; eram olhos da primeira edição.

— Mas porque entrou aqui? viu-me da rua? perguntou ela, saindo daquela espécie de torpor.

— Não, supunha entrar numa casa de relojoeiro; queria comprar um vidro para este relógio; vou a outra parte; desculpe-me; tenho pressa.

Marcela suspirou com tristeza. A verdade é que eu me sentia pungido e aborrecido, ao mesmo tempo, e ansiava por me ver fora daquela casa. Marcela, entretanto, chamou um moleque, deu-lhe o relógio, e, apesar da minha oposição, mandou-o, a uma loja na vizinhança, comprar o vidro. Não havia remédio; sentei-me outra vez. Disse ela então que desejava ter a proteção dos conhecidos de outro tempo; ponderou que mais tarde ou mais cedo era natural que me casasse, e afiançou que me daria finas joias por preços baratos. Não disse *preços baratos*, mas usou uma metáfora delicada e transparente. Entrei a desconfiar que não padecera nenhum desastre (salvo a moléstia), que tinha o dinheiro a bom recado, e que negociava com o único fim de acudir à paixão do lucro, que era o verme roedor daquela existência; foi isso mesmo que me disseram depois.

---

atonia - frouxidão.

pungido - atormentado, torturado.

a bom recado - a salvo, em segurança.

C (**XXXVIII**): Capítulo dos mais cruéis sobre a condição humana: a linda Marcela, antiga paixão de Brás, é encontrada devorada pela moléstia deformadora do rosto, e pobre. Tudo se acabou, exceto "a paixão do lucro".

Capítulo XXXIX

O vizinho

Enquanto eu fazia comigo mesmo aquela reflexão, entrou na loja um sujeito baixo, sem chapéu, trazendo pela mão uma menina de quatro anos.

— Como passou de hoje de manhã? disse ele a Marcela.

— Assim, assim. Vem cá, Maricota.

O sujeito levantou a criança pelos braços e passou-a para dentro do balcão.

— Anda, disse ele; pergunta a Dona Marcela como passou a noite. Estava ansiosa por vir cá, mas a mãe não tinha podido vesti-la... Então, Maricota? Toma a bênção... Olha a vara de marmelo! Assim... Não imagina o que ela é lá em casa; fala na senhora a todos os instantes, e aqui parece uma pamonha. Ainda ontem... Digo, Maricota?

— Não, diga, não, papai.

— Então foi alguma cousa feia? perguntou Marcela batendo na cara da menina.

— Eu lhe digo; a mãe ensina-lhe a rezar todas as noites um padre-nosso e uma ave-maria, oferecidos a Nossa Senhora; mas a pequena ontem veio pedir-me com voz muito humilde... imagine o que?... que queria oferecê-los a Santa Marcela.

— Coitadinha! disse Marcela beijando-a.

— É um namoro, uma paixão, como a senhora não imagina... A mãe diz que é feitiço...

Contou mais algumas cousas o sujeito, todas mui agradáveis, até que saiu levando a menina, não sem deitar-me um olhar interrogativo ou suspeitoso. Perguntei a Marcela quem era ele.

— É um relojoeiro da vizinhança, um bom homem; a mulher também; e a filha é galante, não? Parecem gostar muito de mim... é boa gente.

---

vara de marmelo – castigo (que inicialmente era dado com açoites usando um galho de marmeleiro).

pamonha – espécie de bolo mole, feito de milho verde, geralmente cozido em tubos das folhas do próprio milho. No caso, usado em sentido figurado: parecer uma pamonha = ser desajeitada, mole ou preguiçosa.

galante – graciosa.

Ao proferir estas palavras havia um tremor de alegria na voz de Marcela; e no rosto como que se lhe espraiou uma onda de ventura...

Capítulo XL

Na sege

Nisto entrou o moleque trazendo o relógio com o vidro novo. Era tempo; já me custava estar ali; dei uma moedinha de prata ao moleque; disse a Marcela que voltaria noutra ocasião, e saí a passo largo. Para dizer tudo, devo confessar que o coração me batia um pouco; mas era uma espécie de dobre de finados. O espírito ia travado de impressões opostas. Notem que aquele dia amanhecera alegre para mim. Meu pai, ao almoço, repetiu-me, por antecipação, o primeiro discurso que eu tinha de proferir na câmara dos deputados; rimo-nos muito, e o sol também, que estava brilhante, como nos mais belos dias do mundo; do mesmo modo que Virgília devia rir, quando eu lhe contasse as nossas fantasias do almoço. Vai senão quando, cai-me o vidro do relógio; entro na primeira loja que me fica à mão; e eis me surge o passado, ei-lo que me lacera e beija; ei-lo que me interroga, com um rosto cortado de saudades e bexigas...

Lá o deixei; meti-me às pressas na sege, que me esperava no largo de São Francisco de Paula, e ordenei ao boleeiro que rodasse pelas ruas fora. O boleeiro atiçou as bestas, a sege entrou a sacolejar-me, as molas gemiam, as rodas sulcavam rapidamente a lama que deixara a chuva recente, e tudo isso me parecia estar parado. Não há, às vezes, um certo vento morno, não forte nem áspero, mas abafadiço, que nos não leva o chapéu da cabeça, nem

---

ventura – felicidade.

C (XXXIX): A Marcela de antigamente, adorada pelos homens, hoje tem de contentar-se apenas com o amor de uma criança vizinha.

dobre de finados – ato de soar o sino dando volta sobre o eixo, para anunciar a morte de alguém.

lacera – fere.

boleeiro – o que dirige os veículos a tração animal; cocheiro.

rodomoinha nas saias das mulheres, e todavia é ou parece ser pior do que se fizesse uma e outra cousa, porque abate, afrouxa, e como que dissolve os espíritos? Pois eu tinha esse vento comigo; e, certo de que ele me soprava por achar-me naquela espécie de garganta entre o passado e o presente, almejava por sair à planície do futuro. O pior é que a sege não andava.

— João, bradei eu ao boleeiro. Esta sege anda ou não anda?

— Uê! nhonhô! Já estamos parados na porta de sinhô Conselheiro.

Capítulo XLI
A alucinação

Era verdade. Entrei apressado; achei Virgília ansiosa, mau humor, fronte nublada. A mãe, que era surda, estava na sala com ela. No fim dos cumprimentos disse-me a moça com sequidão:

— Esperávamos que viesse mais cedo.

Defendi-me do melhor modo; falei do cavalo que empacara, e de um amigo, que me detivera. De repente morre-me a voz nos lábios, fico tolhido de assombro. Virgília... seria Virgília aquela moça? Fitei-a muito, e a sensação foi tão penosa, que recuei um passo e desviei a vista. Tornei a olhá-la. As bexigas tinham-lhe comido o rosto; a pele, ainda na véspera tão fina, rosada e pura, aparecia-me agora amarela, estigmada pelo mesmo flagelo, que devastara o rosto da espanhola. Os olhos, que eram travessos, fizeram-se murchos; tinha o lábio triste e a atitude cansada. Olhei-a bem; peguei-lhe na mão, e chamei-a brandamente a mim. Não me enganava; eram as bexigas. Creio que fiz um gesto de repulsa.

---

rodomoinha – variante de "redemoinha" e "remoinha": anda à roda, em círculos ou espirais.

garganta – fenda entre montanhas, desfiladeiro.

C (**XL**): Compare a situação antiga de Brás, que quis suicidar-se quando o pai o afastou de Marcela, com a de agora, quando ele quer deixá-la o mais depressa possível.

fronte nublada - cara triste, preocupada.

estigmada – o mesmo que "estigmatizada": marcada fortemente.

Virgília afastou-se, e foi sentar-se no sofá. Eu fiquei algum tempo a olhar para os meus próprios pés. Devia sair ou ficar? Rejeitei o primeiro alvitre, que era simplesmente absurdo, e encaminhei-me para Virgília, que lá estava sentada e calada. Céus! Era outra vez a fresca, a juvenil, a florida Virgília. Em vão procurei no rosto dela algum vestígio da doença; nenhum havia; era a pele fina e branca do costume.

— Nunca me viu? perguntou Virgília, vendo que a encarava com insistência.

— Tão bonita, nunca.

Sentei-me, enquanto Virgília, calada, fazia estalar as unhas. Seguiram-se alguns segundos de pausa. Falei-lhe de cousas estranhas ao incidente; ela porém não me respondia nada, nem olhava para mim. Menos o estalido, era a estátua do Silêncio. Uma só vez me deitou os olhos, mas muito de cima, soerguendo a pontinha esquerda do lábio, contraindo as sobrancelhas, ao ponto de as unir; e todo esse conjunto de cousas dava-lhe ao rosto uma expressão média, entre cômica e trágica.

Havia alguma afectação naquele desdém; era um arrebique do gesto. Lá dentro, ela padecia, e não pouco, — ou fosse mágoa pura, ou só despeito; e porque a dor que se dissimula dói mais, é mui provável que Virgília padecesse em dobro do que realmente devia padecer. Creio que isto é metafísica.

Capítulo XLII

Que escapou a Aristóteles

Outra cousa que também me parece metafísica é isto: — Dá-se movimento a uma bola, por exemplo; rola esta, encontra outra

---

alvitre - sugestão, proposta.

vestígio - indício, marca.

soerguendo - erguendo um pouco.

afectação - falta de naturalidade, fingimento.

arrebique do gesto - fingimento do rosto.

metafísica - no caso, cabe a definição de Aristóteles (384-322 a.C.), filósofo grego: estudo do ser enquanto ser, e especulação em torno dos primeiros princípios e das causas primeiras.

C (**XLI**): O caráter mórbido de Brás faz com que ele transfira para Virgília o rosto doente de Marcela.

bola, transmite-lhe o impulso, e eis a segunda bola a rolar como a primeira rolou. Suponhamos que a primeira bola se chama... Marcela, — é uma simples suposição; a segunda, Brás Cubas; — a terceira, Virgília. Temos que Marcela, recebendo um piparote do passado rolou até tocar em Brás Cubas, — o qual, cedendo à força impulsiva, entrou a rolar também até esbarrar em Virgília, que não tinha nada com a primeira bola; e eis aí como, pela simples transmissão de uma força, se tocam os extremos sociais, e se estabelece uma cousa que poderemos chamar — solidariedade do aborrecimento humano. Como é que este capítulo escapou a Aristóteles?

Capítulo XLIII
Marquesa, porque eu serei marquês

Positivamente, era um diabrete Virgília, um diabrete angélico, se querem, mas era-o, e então...

Então apareceu o Lobo Neves, um homem que não era mais esbelto que eu, nem mais elegante, nem mais lido, nem mais simpático, e todavia foi quem me arrebatou Virgília e a candidatura, dentro de poucas semanas, com um ímpeto verdadeiramente cesariano. Não precedeu nenhum despeito; não houve a menor violência de família. Dutra veio dizer-me, um dia, que esperasse outra aragem, porque a candidatura de Lobo Neves era apoiada por grandes influências. Cedi; tal foi o começo da minha derrota. Uma semana depois, Virgília perguntou ao Lobo Neves, a sorrir, quando seria ele ministro.

— Pela minha vontade, já; pela dos outros, daqui a um ano.

Virgília replicou:

— Promete que algum dia me fará baronesa?

— Marquesa, porque eu serei marquês.

Desde então fiquei perdido. Virgília comparou a águia e o pavão, e elegeu a águia, deixando o pavão com o seu espanto, o seu

---

C (XLII): O narrador amplia a definição aristotélica de "metafísica", ou seja: solidariedade do aborrecimento humano.

diabrete - criança travessa e irrequieta.

cesariano - poderoso, despótico.

aragem - oportunidade.

despeito, e três ou quatro beijos que lhe dera. Talvez cinco beijos; mas dez que fossem não queria dizer cousa nenhuma. O lábio do homem não é como a pata do cavalo de Átila, que esterilizava o solo em que batia; é justamente o contrário.

Capítulo XLIV
Um Cubas!

Meu pai ficou atônito com o desenlace, e quer-me parecer que não morreu de outra cousa. Eram tantos os castelos que engenhara, tantos e tantíssimos os sonhos, que não podia vê-los assim esboroados, sem padecer um forte abalo no organismo. A princípio não quis crê-lo. Um Cubas! um galho da árvore ilustre dos Cubas! E dizia isto com tal convicção, que eu, já então informado da nossa tanoaria, esqueci um instante a volúvel dama, para só contemplar aquele fenômeno, não raro, mas curioso: uma imaginação graduada em consciência.

— Um Cubas! repetia-me ele na seguinte manhã, ao almoço.

Não foi alegre o almoço; eu próprio estava a cair de sono. Tinha velado uma parte da noite. De amor? Era impossível; não se ama duas vezes a mesma mulher, e eu, que tinha de amar aquela, tempos depois, não lhe estava agora preso por nenhum outro vínculo, além de uma fantasia passageira, alguma obediência e muita fatuidade. E isto basta a explicar a vigília; era despeito, um despeitozinho agudo como ponta de alfinete, o qual se desfez, com charutos, murros, leituras truncadas, até romper a aurora, a mais tranquila das auroras.

---

a pata do cavalo de Átila – Átila, rei dos hunos em 445, venceu vários imperadores do Ocidente e do Oriente. Diz a lenda que, onde o seu cavalo pisava, não mais nascia vegetação.

C (**XLIII**): Virgília é retratada, desde o início, como pessoa interessada em elevadas posições sociais.

tanoaria – lugar onde se fabricam ou se consertam barris, tonéis, cubas e similares.

velado – passado em claro.

fatuidade – presunção, vaidade.

truncadas – incompletas.

Mas eu era moço, tinha o remédio em mim mesmo. Meu pai é que não pôde suportar facilmente a pancada. Pensando bem, pode ser que não morresse precisamente do desastre; mas que o desastre lhe complicou as últimas dores, é positivo. Morreu daí a quatro meses, — acabrunhado, triste, com uma preocupação intensa e contínua, à semelhança de remorso, um desencanto mortal, que lhe substituiu os reumatismos e tosses. Teve ainda uma meia hora de alegria; foi quando um dos ministros o visitou. Vi-lhe, — lembra-me bem, — vi-lhe o grato sorriso de outro tempo, e nos olhos uma concentração de luz, que era, por assim dizer, o último lampejo da alma expirante. Mas a tristeza tornou logo, a tristeza de morrer sem me ver posto em algum lugar alto, como aliás me cabia.

— Um Cubas!

Morreu alguns dias depois da visita do ministro, uma manhã de maio, entre os dois filhos, Sabina e eu, e mais o tio Ildefonso e meu cunhado. Morreu sem lhe poder valer a ciência dos médicos, nem o nosso amor, nem os cuidados, que foram muitos, nem cousa nenhuma; tinha de morrer, morreu.

— Um Cubas!

Capítulo XLV
Notas

Soluços, lágrimas, casa armada, veludo preto nos portais, um homem que veio vestir o cadáver, outro que tomou a medida do caixão, caixão, essa, tocheiros, convites, convidados que entravam, lentamente, a passo surdo, e apertavam a mão à família, alguns tristes, todos

---

acabrunhado – abatido.

lampejo – brilho.

C (XLIV): A morte do pai, por desgosto de ver ruírem os sonhos de casar bem o filho e de fazê-lo deputado, revela as preocupações principais dos endinheirados da primeira metade do século XIX no Brasil.

armada – preparada (para o velório).

essa – estrado para se colocar um cadáver enquanto se efetuam as cerimônias fúnebres.

surdo – dado sem ruído.

sérios e calados, padre e sacristão, rezas, aspersões d'água benta, o fechar do caixão, a prego e martelo, seis pessoas que o tomam da essa, e o levantam, e o descem a custo pela escada, não obstante os gritos, soluços e novas lágrimas da família, e vão até o coche fúnebre, e o colocam em cima e traspassam e apertam as correias, o rodar do coche, o rodar dos carros, um a um... Isto que parece um simples inventário, eram notas que eu havia tomado para um capítulo triste e vulgar que não escrevo.

Capítulo XLVI
A herança

Veja-nos agora o leitor, oito dias depois da morte de meu pai, — minha irmã sentada num sofá, — pouco adiante, Cotrim, de pé, encostado a um consolo, com os braços cruzados e a morder o bigode, — eu a passear de um lado para outro, com os olhos no chão. Luto pesado. Profundo silêncio.

— Mas afinal, disse Cotrim; esta casa pouco mais pode valer de trinta contos; demos que valha trinta e cinco...

— Vale cinquenta, ponderei; Sabina sabe que custou cinquenta e oito...

— Podia custar até sessenta, tornou Cotrim; mas não se segue que os valesse, e menos ainda que os valha hoje. Você sabe que as casas, aqui há anos, baixaram muito. Olhe, se esta vale os cinquenta contos, quantos não vale a que você deseja para si, a do Campo?

— Não fale nisso! Uma casa velha.

— Velha! exclamou Sabina, levantando as mãos ao tecto.

— Parece-lhe nova, aposto?

---

aspersões - borrifos.

inventário - lista.

C (XLV): Novamente o narrador trabalha metalinguisticamente, comentando sua narrativa.

consolo - pronuncia-se "consôlo"; variante de "console" (pronuncia-se "consóle"): tipo de mesa de encostar, com pés ornamentais, muitas vezes presa à parede e suportada por uma espécie de cantoneira.

demos - aceitemos, suponhamos.

— Ora, mano, deixe-se dessas cousas, disse Sabina, erguendo-se do sofá; podemos arranjar tudo em boa amizade, e com lisura. Por exemplo, Cotrim não aceita os pretos, quer só o boleeiro de papai e o Paulo...

— O boleeiro não, acudi eu; fico com a sege e não hei de ir comprar outro.

— Bem; fico com o Paulo e o Prudêncio.

— O Prudêncio está livre.

— Livre?

— Há dois anos.

— Livre? Como seu pai arranjava estas cousas cá por casa, sem dar parte a ninguém! Está direito. Quanto à prata... creio que não libertou a prata?

Tínhamos falado na prata, a velha prataria do tempo de Dom José I, a porção mais grave da herança, já pelo lavor, já pela vetustez, já pela origem da propriedade; dizia meu pai que o Conde da Cunha, quando vice-rei do Brasil, a dera de presente a meu bisavô Luís Cubas.

— Quanto à prata, continuou Cotrim, eu não faria questão nenhuma, se não fosse o desejo que sua irmã tem de ficar com ela; e acho-lhe razão. Sabina é casada, e precisa de uma copa digna, apresentável. Você é solteiro, não recebe, não...

— Mas posso casar.

— Para que? interrompeu Sabina.

Era tão sublime esta pergunta, que por alguns instantes me fez esquecer os interesses. Sorri; peguei na mão de Sabina, bati-lhe levemente na palma, tudo isso com tão boa sombra, que o Cotrim interpretou o gesto como de aquiescência, e agradeceu-mo.

---

lisura - honestidade.

D. José I - rei de Portugal, de 1770 a 1777, que teve como ministro o Marquês de Pombal.

grave - importante.

vetustez - antiguidade.

copa - o conjunto dos utensílios necessários para o serviço de mesa, especialmente os de metal nobre.

recebe - dá recepções.

aquiescência - aceitação.

— Que é lá? redargui; não cedi cousa nenhuma, nem cedo.

— Nem cede?

Abanei a cabeça.

— Deixa, Cotrim, disse minha irmã ao marido; vê se ele quer ficar também com a nossa roupa do corpo; é só o que falta.

— Não falta mais nada. Quer a sege, quer o boleeiro, quer a prata, quer tudo. Olhe, é muito mais sumário citar-nos a juízo e provar com testemunhas que Sabina não é sua irmã, que eu não sou seu cunhado, e que Deus não é Deus. Faça isto, e não perde nada, nem uma colherinha. Ora, meu amigo, outro ofício!

Estava tão agastado, e eu não menos, que entendi oferecer um meio de conciliação: dividir a prata. Riu-se e perguntou-me a quem caberia o bule e a quem o açucareiro; e depois desta pergunta, declarou que teríamos tempo de liquidar a pretensão, quando menos em juízo. Entretanto, Sabina fora até à janela que dava para a chácara, — e depois de um instante, voltou, e propôs ceder o Paulo e outro preto, com a condição de ficar com a prata; eu ia dizer que não me convinha, mas Cotrim adiantou-se e disse a mesma cousa.

— Isso nunca! não faço esmolas! disse ele.

Jantámos tristes. Meu tio cônego apareceu à sobremesa, e ainda presenciou uma pequena altercação.

— Meus filhos, disse ele, lembrem-se que meu irmão deixou um pão bem grande para ser repartido por todos.

Mas Cotrim:

— Creio, creio. A questão, porém, não é de pão, é de manteiga. Pão seco é que eu não engulo.

Fizeram-se finalmente as partilhas, mas nós estávamos brigados. E digo-lhes que, ainda assim, custou-me muito a brigar com Sabina. Éramos tão amigos! Jogos pueris, fúrias de criança, risos e tristezas da idade adulta, dividimos muita vez esse pão da

---

Que é lá? – O que é isso?

citar-nos a juízo – notificar-nos para cumprir ordem judicial.

outro ofício! – locução para significar à pessoa com quem falamos que ela não é apta para a profissão que exerce ou para o que quer fazer.

agastado – irritado.

altercação – discussão.

alegria e da miséria, irmãmente, como bons irmãos que éramos. Mas estávamos brigados. Tal qual a beleza de Marcela, que se esvaiu com as bexigas.

Capítulo XLVII

O recluso

Marcela, Sabina, Virgília... aí estou eu a fundir todos os contrastes, como se esses nomes e pessoas não fossem mais do que modos de ser da minha afeição interior. Pena de maus costumes, ata uma gravata ao estilo, veste-lhe um colete menos sórdido; e depois sim, depois vem comigo, entra nessa casa, estira-te nessa rede que me embalou a melhor parte dos anos que decorreram desde o inventário de meu pai até 1842. Vem; se te cheirar a algum aroma de toucador, não cuides que o mandei derramar para meu regalo; é um vestígio da N. ou da Z. ou da U. — que todas essas letras maiúsculas embalaram aí a sua elegante abjeção. Mas, se além do aroma, quiseres outra cousa, fica-te com o desejo, porque eu não guardei retratos, nem cartas, nem memórias; a mesma comoção esvaiu-se, e só me ficaram as letras iniciais.

Vivi meio recluso, indo de longe em longe a algum baile, ou teatro, ou palestra, mas a mor parte do tempo passei-a comigo mesmo. Vivia; deixava-me ir ao curso e recurso dos sucessos e dos dias, ora buliçoso, ora apático, entre a ambição e o desânimo. Escrevia política e fazia literatura. Mandava artigos e versos para as folhas públicas, e cheguei a alcançar certa reputação de polemista e de

---

esvaiu – evaporou.

C (**XLVI**): O capítulo demonstra mais uma vez o papel pervertido do dinheiro na sociedade, quando a família briga pela herança do morto oito dias depois da morte.

afeição – tendência.

toucador – o móvel "penteadeira".

regalo – satisfação.

abjeção – degradação, aviltamento.

curso e recurso – corrente e contracorrente.

buliçoso – agitado, irrequieto.

polemista – que é dado a questionar, que discute bem, geralmente em textos impressos.

poeta. Quando me lembrava do Lobo Neves, que era já deputado, e de Virgília, futura marquesa, perguntava a mim mesmo porque não seria melhor deputado e melhor marquês do que o Lobo Neves, — eu, que valia mais, muito mais do que ele, — e dizia isto a olhar para a ponta do nariz...

CAPÍTULO XLVIII
Um primo de Virgília

Sabe quem chegou ontem de São Paulo? perguntou-me uma noite Luís Dutra.

Luís Dutra era um primo de Virgília, que também privava com as musas. Os versos dele agradavam e valiam mais do que os meus; mas ele tinha necessidade da sanção de alguns, que lhe confirmasse o aplauso dos outros. Como fosse acanhado, não interrogava a ninguém; mas deleitava-se com ouvir alguma palavra de apreço; então criava novas forças e arremetia juvenilmente ao trabalho.

Pobre Luís Dutra! Apenas publicava alguma cousa, corria à minha casa, e entrava a girar em volta de mim, à espreita de um juízo, de uma palavra, de um gesto, que lhe aprovasse a recente produção, e eu falava-lhe de mil cousas diferentes, — do último baile do Catete, da discussão das câmaras, de berlindas e cavalos, — de tudo, menos dos seus versos ou prosas. Ele respondia-me, a princípio com animação, depois mais frouxo, torcia a rédea da conversa para o seu assunto dele, abria um livro, perguntava-me se tinha algum trabalho novo, e eu dizia-lhe que sim ou que não, mas torcia a rédea para o outro lado, e lá ia ele atrás de mim, até

C (**XLVII**): As mulheres que passaram pela vida do narrador foram marcadas pela abjeção. Confira o texto sobre isso, no final deste volume.

privava - convivia.

sanção - aprovação.

juízo - julgamento.

Catete - bairro do Rio de Janeiro.

câmaras - eram duas: o senado, designado de "câmara alta"; a câmara dos deputados, chamada de "câmara baixa".

seu assunto dele - reforço pronominal, para dar clareza à frase.

que empacava de todo e saía triste. Minha intenção era fazê-lo duvidar de si mesmo, desanimá-lo, eliminá-lo. E tudo isto a olhar para a ponta do nariz...

Capítulo XLIX
A ponta do nariz

Nariz, consciência sem remorsos, tu me valeste muito na vida... Já meditaste alguma vez no destino do nariz, amado leitor? A explicação do doutor Pangloss é que o nariz foi criado para uso dos óculos, — e tal explicação confesso que até certo tempo me pareceu definitiva; mas veio um dia, em que, estando a ruminar esse e outros pontos obscuros de filosofia, atinei com a única, verdadeira e definitiva explicação.

Com efeito, bastou-me atentar no costume do faquir. Sabe o leitor que o faquir gasta longas horas a olhar para a ponta do nariz, com o fim único de ver a luz celeste. Quando ele finca os olhos na ponta do nariz, perde o sentimento das cousas externas, embeleza-se no invisível, apreende o impalpável, desvincula-se da terra, dissolve-se, eteriza-se. Essa sublimação do ser pela ponta do nariz é o fenômeno mais excelso do espírito, e a faculdade de a obter não pertence ao faquir somente: é universal. Cada homem tem necessidade e poder de contemplar o seu próprio nariz, para o fim de ver a luz celeste, e tal contemplação, cujo efeito é a subordinação do universo a um nariz somente, constitui o equilíbrio das sociedades. Se os narizes se contemplassem exclusivamente uns aos outros, o gênero humano não chegaria a durar dois séculos: extinguia-se com as primeiras tribos.

Ouço daqui uma objeção do leitor: — Como pode ser assim, diz ele, se nunca jamais ninguém não viu estarem os homens a contemplar o seu próprio nariz?

C (XLVIII): A personalidade egoísta do narrador demonstra-se na indiferença às outras pessoas.

doutor Pangloss – personagem do romance *Cândido ou o otimismo*, do escritor francês Voltaire (1694-1778). Pangloss, mestre de Cândido, diz, no capítulo V, que vivemos no melhor dos mundos e que é impossível que as coisas não estejam onde estão.

eteriza-se – vira éter.

sublimação – exaltação, engrandecimento.

Leitor obtuso, isso prova que nunca entraste no cérebro de um chapeleiro. Um chapeleiro passa por uma loja de chapéus; é a loja de um rival, que a abriu há dois anos; tinha então duas portas, hoje tem quatro; promete ter seis e oito. Nas vidraças ostentam-se os chapéus do rival; pelas portas entram os fregueses do rival; o chapeleiro compara aquela loja com a sua, que é mais antiga e tem só duas portas, e aqueles chapéus com os seus, menos buscados, ainda que de igual preço. Mortifica-se naturalmente; mas vai andando, concentrado, com os olhos para baixo ou para a frente, a indagar as causas da prosperidade do outro e do seu próprio atraso, quando ele chapeleiro é muito melhor chapeleiro do que o outro chapeleiro... Nesse instante é que os olhos se fixam na ponta do nariz.

A conclusão, portanto, é que há duas forças capitais: o amor, que multiplica a espécie, e o nariz, que a subordina ao indivíduo. Procriação, equilíbrio.

Capítulo L
Virgília casada

— Quem chegou de São Paulo foi minha prima Virgília, casada com o Lobo Neves, continuou Luís Dutra.

— Ah!

— E só hoje é que eu soube uma cousa, seu maganão...

— Que foi?

— Que você quis casar com ela.

— Ideias de meu pai. Quem lhe disse isso?

— Ela mesma. Falei-lhe muito em você, e ela então contou-me tudo.

---

obtuso – tapado, burro.

ostentam-se – exibem-se.

C (XLIX): Capítulo de difícil análise e interpretação: À filosofia de contemplação da ponta do nariz, com o objetivo de ver a luz celeste, aplicada ao exemplo do chapeleiro, subjaz a questão das relações entre o indivíduo e a espécie, esta vista como subordinada ao indivíduo.

maganão – brincalhão, boa-vida.

No dia seguinte, estando na rua do Ouvidor, à porta da tipografia do Plancher, vi assomar, a distância, uma mulher esplêndida. Era ela; só a reconheci a poucos passos, tão outra estava, a tal ponto a natureza e a arte lhe haviam dado o último apuro. Cortejámo-nos; ela seguiu; entrou com o marido na carruagem, que os esperava um pouco acima; fiquei atônito.

Oito dias depois, encontrei-a num baile; creio que chegámos a trocar duas ou três palavras. Mas noutro baile, dado daí a um mês, em casa de uma senhora, que ornara os salões do primeiro reinado, e não desornava então os do segundo, a aproximação foi maior e mais longa, porque conversámos e valsámos. A valsa é uma deliciosa cousa. Valsámos; e não nego que, ao conchegar ao meu corpo aquele corpo flexível e magnífico, tive uma singular sensação, uma sensação de homem roubado.

— Está muito calor, disse ela, logo que acabámos. Vamos ao terraço?

— Não; pode constipar-se. Vamos a outra sala.

Na outra sala estava Lobo Neves, que me fez muitos cumprimentos, acerca dos meus escritos políticos, acrescentando que nada dizia dos literários, por não entender deles; mas os políticos eram excelentes, bem pensados e bem escritos. Respondi-lhe com iguais esmeros de cortesia, e separamo-nos contentes um com o outro.

Cerca de três semanas depois recebi um convite dele para uma reunião íntima. Fui; Virgília recebeu-me com esta graciosa palavra: — O senhor hoje há de valsar comigo. — Em verdade, eu tinha fama e era valsista emérito; não admira que ela me preferisse.

---

tipografia do Plancher – Pierre René François Plancher de la Noé, editor e jornalista francês, abriu essa tipografia no Brasil em 1824.

apuro – acabamento, esmero.

Cortejámo-nos – Cumprimentamo-nos.

primeiro reinado – período da História do Brasil que vai de 1822, com a independência política, até 1831, com a abdicação de Pedro I.

segundo (reinado) – período de 1831 a 1889, onde se inclui o período regencial e o governo pessoal de Pedro II, até à Proclamação da República.

esmeros – apuros.

emérito – sábio (em matéria de valsas).

Valsámos uma vez, e mais outra vez. Um livro perdeu Francesca; cá foi a valsa que nos perdeu. Creio que nessa noite apertei-lhe a mão com muita força, e ela deixou-a ficar, como esquecida, e eu a abraçá-la, e todos com os olhos em nós, e nos outros que também se abraçavam e giravam... Um delírio.

CAPÍTULO LI
É minha!

— É minha! disse eu comigo, logo que a passei a outro cavalheiro; e confesso que durante o resto da noite, foi-se-me a ideia entranhando no espírito, não à força de martelo, mas de verruma, que é mais insinuativa.

— É minha! dizia eu ao chegar à porta de casa.

Mas aí, como se o destino ou o acaso, ou o que quer que fosse, se lembrasse de dar algum pasto aos meus arroubos possessórios, luziu-me no chão uma cousa redonda e amarela. Abaixei-me; era uma moeda de ouro, uma meia dobra.

— É minha! repeti eu a rir-me, e meti-a no bolso.

Nessa noite não pensei mais na moeda; mas no dia seguinte, recordando o caso, senti uns repelões da consciência, e uma voz que me perguntava porque diabo seria minha uma moeda que eu não herdara nem ganhara, mas somente achara na rua. Evidentemente não era minha; era de outro, daquele que a perdera, rico ou pobre,

---

um livro perdeu Francesca - Francesca se perdeu por causa de um livro. Referência à personagem (baseada na vida real) Francesca da Rimini, da *Divina Comédia*, Canto V, versos 73 e seguintes, do poeta italiano Dante (1265-1321). Francesca apaixonou-se pelo cunhado durante a leitura de uma obra sobre Lancelote, cavaleiro do lendário inglês Rei Artur e amante da esposa deste.

C (L): A ironia do destino faz com que o narrador não se tenha interessado por Virgília quando era solteira, e agora se apaixone por ela, depois de casada.

verruma - espécie de broca para furar madeira.

insinuativa - penetrante.

arroubos - arrebatamentos, encantos.

meia dobra - cerca de seis mil e quatrocentos réis. (Cf. a nota "contos", no Capítulo Primeiro)

e talvez fosse pobre, algum operário que não teria com que dar de comer à mulher e aos filhos; mas se fosse rico, o meu dever ficava o mesmo. Cumpria restituir a moeda, e o melhor meio, o único meio, era fazê-lo por intermédio de um anúncio ou da polícia. Enviei uma carta ao chefe de polícia, remetendo-lhe o achado, e rogando-lhe que, pelos meios a seu alcance, fizesse devolvê-lo às mãos do verdadeiro dono.

Mandei a carta e almocei tranquilo, posso até dizer que jubiloso. Minha consciência valsara tanto na véspera, que chegou a ficar sufocada, sem respiração; mas a restituição da meia dobra foi uma janela que se abriu para o outro lado da moral; entrou uma onda de ar puro, e a pobre dama respirou à larga. Ventilai as consciências! não vos digo mais nada. Todavia, despido de quaisquer outras circunstâncias, o meu ato era bonito, porque exprimia um justo escrúpulo, um sentimento de alma delicada. Era o que me dizia a minha dama interior, com um modo austero e meigo a um tempo; é o que ela me dizia, reclinada ao peitoril da janela aberta.

— Fizeste bem, Cubas; andaste perfeitamente. Este ar não é só puro, é balsâmico, é uma transpiração dos eternos jardins. Queres ver o que fizeste, Cubas?

E a boa dama sacou um espelho e abriu-mo diante dos olhos. Vi, claramente vista, a meia dobra da véspera, redonda, brilhante, multiplicando-se por si mesma, — ser dez — depois trinta — depois quinhentas, — exprimindo assim o benefício que me daria na vida e na morte o simples ato da restituição. E eu espraiava todo o meu ser na contemplação daquele ato, revia-me nele, achava-me bom, talvez grande. Uma simples moeda, hem? Vejam o que é ter valsado um poucochinho mais.

Assim, eu, Brás Cubas, descobri uma lei sublime, a lei da equivalência das janelas, e estabeleci que o modo de compensar uma janela fechada é abrir outra, afim de que a moral possa arejar continuamente a consciência. Talvez não entendas o que aí fica; talvez

---

jubiloso – alegre.

balsâmico – perfumado.

poucochinho – diminutivo irregular de "pouco".

afim – atualmente se grafa "a fim", neste caso.

queiras uma cousa mais concreta, um embrulho, por exemplo, um embrulho misterioso. Pois toma lá o embrulho misterioso.

Capítulo LII
O embrulho misterioso

Foi o caso que, alguns dias depois, indo eu a Botafogo, tropecei num embrulho, que estava na praia. Não digo bem; houve menos tropeção que pontapé. Vendo um embrulho, não grande, mas limpo e corretamente feito, atado com um barbante rijo, uma cousa que parecia alguma cousa, lembrou-me bater-lhe com o pé, assim por experiência, e bati, e o embrulho resistiu. Relanceei os olhos em volta de mim; a praia estava deserta; ao longe uns meninos brincavam, — um pescador curava as redes ainda mais longe, — ninguém que pudesse ver a minha ação; inclinei-me, apanhei o embrulho e segui.

Segui, mas não sem receio. Podia ser uma pulha de rapazes. Tive ideia de devolver o achado à praia, mas apalpei-o e rejeitei a ideia. Um pouco adiante, desandei o caminho e guiei para casa.

— Vejamos, disse eu ao entrar no gabinete.

E hesitei um instante, creio que por vergonha; assaltou-me outra vez o receio da pulha. É certo que não havia ali nenhuma testemunha externa; mas eu tinha dentro de mim mesmo um garoto, que havia de assobiar, guinchar, grunhir, patear, apupar, cacarejar, fazer o diabo, se me visse abrir o embrulho e achar dentro uma dúzia de lenços velhos ou duas dúzias de goiabas podres. Era tarde; a curiosidade estava aguçada, como deve estar a do leitor; desfiz o embrulho, e vi... achei... contei... recontei nada menos de cinco contos de réis. Nada menos. Talvez uns dez mil réis mais. Cinco contos em boas notas e moedas, tudo asseadinho e arranjadinho, um achado raro. Embrulhei-as de novo. Ao jantar pareceu-me que um dos moleques

---

C (LI): Compare a questão de consciência e ética estampada no capítulo: a apropriação de Virgília e a não apropriação da moeda achada, ambas pertencentes a outra pessoa.

Botafogo – bairro do Rio de Janeiro.

curava – secava ao calor.

desandei – percorri em sentido contrário.

falara a outro com os olhos. Ter-me-iam espreitado? Interroguei-os discretamente, e concluí que não. Sobre o jantar, fui outra vez ao gabinete, examinei o dinheiro, e ri-me dos meus cuidados maternais a respeito de cinco contos, — eu, que era abastado.

Para não pensar mais naquilo fui de noite à casa do Lobo Neves, que instara muito comigo não deixasse de frequentar as recepções da mulher. Lá encontrei o chefe de polícia; fui-lhe apresentado; ele lembrou-se logo da carta e da meia dobra que eu lhe remetera alguns dias antes. Aventou o caso. Virgília pareceu saborear o meu procedimento, e cada um dos presentes acertou de contar uma anedota análoga, que eu ouvi com impaciências de mulher histérica.

De noite, no dia seguinte, em toda aquela semana pensei o menos que pude nos cinco contos, e até confesso que os deixei muito quietinhos na gaveta da secretária. Gostava de falar de todas as cousas, menos de dinheiro, e principalmente de dinheiro achado; todavia não era crime achar dinheiro, era uma felicidade, um bom acaso, era talvez um lance da Providência. Não podia ser outra cousa. Não se perdem cinco contos, como se perde um lenço de tabaco. Cinco contos levam-se com trinta mil sentidos, apalpam-se a miúdo, não se lhes tiram os olhos de cima, nem as mãos, nem o pensamento, e para se perderem assim tolamente, numa praia, é necessário que... Crime é que não podia ser o achado; nem crime, nem desonra, nem nada que embaciasse o caráter de um homem. Era um achado, um acerto feliz, como a sorte grande, como as apostas de cavalo, como os ganhos de um jogo honesto e até direi que a minha felicidade era merecida, porque eu não me sentia mau, nem indigno dos benefícios da Providência.

— Estes cinco contos, dizia eu comigo, três semanas depois, hei de empregá-los em alguma ação boa, talvez um dote a alguma menina pobre, ou outra cousa assim... hei de ver...

Sobre o jantar – Depois do jantar.

Aventou – Lembrou.

secretária – escrivaninha.

lenço de tabaco – lenço com que se limpava o nariz depois de aspirar rapé.

sentidos – cuidados.

a miúdo – amiúde, com frequência.

embaciasse – embaçasse.

Nesse mesmo dia levei-os ao Banco do Brasil. Lá me receberam com muitas e delicadas alusões ao caso da meia dobra, cuja notícia andava já espalhada entre as pessoas do meu conhecimento; respondi enfadado que a cousa não valia a pena de tamanho estrondo; louvaram-me então a modéstia, — e porque eu me encolerizasse, replicaram-me que era simplesmente grande.

CAPÍTULO LIII

. . . .

Virgília é que já se não lembrava da meia dobra; toda ela estava concentrada em mim, nos meus olhos, na minha vida, no meu pensamento; — era o que dizia, e era verdade.

Há umas plantas que nascem e crescem depressa; outras são tardias e pecas. O nosso amor era daquelas; brotou com tal ímpeto e tanta seiva, que, dentro em pouco, era a mais vasta, folhuda e exuberante criatura dos bosques. Não lhes poderei dizer, ao certo, os dias que durou esse crescimento. Lembra-me, sim, que, em certa noite, abotoou-se a flor, ou o beijo, se assim lhe quiserem chamar, um beijo que ela me deu, trêmula, — coitadinha, — trêmula de medo, porque era ao portão da chácara. Uniu-nos esse beijo único, — breve como a ocasião, ardente como o amor, prólogo de uma vida de delícias, de terrores, de remorsos, de prazeres que rematavam em dor, de aflições que desabrochavam em alegria, — uma hipocrisia paciente e sistemática, único freio de uma paixão sem freio, — vida de agitações, de cóleras, de desesperos e de ciúmes, que uma hora pagava à farta e de sobra; mas outra hora vinha e engolia aquela, como tudo mais, para deixar à tona as agitações e o resto, e o resto do resto, que é o fastio e a saciedade: tal foi o livro daquele prólogo.

C (**LII**): A contradição na consciência e na ética de Brás: ele entregou à polícia uma simples moeda e agora se apropria dos cinco contos achados.

pecas - que não medraram.

único - excepcional.

fastio - enjoo.

C (**LIII**): Prenúncios da agitação e dos sustos que seriam a vida amorosa proibida de Brás e Virgília.

Capítulo LIV

A pêndula

Saí dali a saborear o beijo. Não pude dormir; estirei-me na cama, é certo, mas foi o mesmo que nada. Ouvi as horas todas da noite. Usualmente, quando eu perdia o sono, o bater da pêndula fazia-me muito mal; esse *tic-tac* soturno, vagaroso e seco parecia dizer a cada golpe que eu ia ter um instante menos de vida. Imaginava então um velho diabo, sentado entre dous sacos, o da vida e da morte, a tirar as moedas da vida para dá-las à morte, e a contá-las assim:

— Outra de menos...

— Outra de menos...

— Outra de menos...

— Outra de menos...

O mais singular é que, se o relógio parava, eu dava-lhe corda, para que ele não deixasse de bater nunca, e eu pudesse contar todos os meus instantes perdidos. Invenções há, que se transformam ou acabam; as mesmas instituições morrem; o relógio é definitivo e perpétuo. O derradeiro homem, ao despedir-se do sol frio e gasto, há de ter um relógio na algibeira, para saber a hora exata em que morre.

Naquela noite não padeci essa triste sensação de enfado, mas outra, e deleitosa. As fantasias tumultuavam-me cá dentro, vinham umas sobre outras, à semelhança de devotas que se abalroam para ver o anjo-cantor das procissões. Não ouvia os instantes perdidos, mas os minutos ganhados. De certo tempo em diante não ouvi cousa nenhuma, porque o meu pensamento, ardiloso e traquinas, saltou pela janela fora e bateu as asas na direção da casa de Virgília. Aí achou ao peitoril de uma janela o pensamento de Virgília, saudaram-se e ficaram de palestra. Nós a rolarmos na cama, talvez com frio, necessitados de repouso, e os dous vadios ali postos, a repetirem o velho diálogo de Adão e Eva.

---

soturno – triste.

anjo-cantor – criança que canta vestida de anjo.

ardiloso – astucioso.

C (LIV): A alegoria do passar do tempo, como dois sacos de moedas que o diabo manipula, trabalha mais uma vez as oposições vida / morte.

Capítulo LV

O velho diálogo de Adão e Eva

Brás Cubas

. . . . . ?

Virgília

. . . .

Brás Cubas

. . . .
. . . . . .

Virgília

. . . . . !

Brás Cubas

. . . . . .

Virgília

. . . .
. . . . ? . . . .
. . . .

Brás Cubas

. . . .

Virgília

. . . .

Brás Cubas

. . . .
. . . .
. . . . ! . .
. . ! . . . .
. . . . !

Virgília

. . . . ?

Brás Cubas

. . . . . !

Virgília

. . . . . !

C (LV): O diálogo sem palavras, marcado apenas por pontuação, metaforiza os silêncios significativos de um casal apaixonado, indiciando que, desde o primeiro homem e a primeira mulher, o amor é sempre igual.

Capítulo LVI
O momento oportuno

Mas, com a breca! quem me explicará a razão desta diferença? Um dia vimo-nos, tratámos o casamento, desfizemo-lo e separámo-nos, a frio, sem dor, porque não houvera paixão nenhuma; mordeu-me apenas algum despeito e nada mais. Correm anos, torno a vê-la, damos três ou quatro giros de valsa, e eis-nos a amar um ao outro com delírio. A beleza de Virgília chegara, é certo, a um alto grau de apuro, mas nós éramos substancialmente os mesmos, e eu, à minha parte, não me tornara mais bonito nem mais elegante. Quem me explicará a razão dessa diferença?

A razão não podia ser outra senão o momento oportuno. Não era oportuno o primeiro momento, porque, se nenhum de nós estava verde para o amor, ambos o estávamos para o *nosso* amor: distinção fundamental. Não há amor possível sem a oportunidade dos sujeitos. Esta explicação achei-a eu mesmo, dous anos depois do beijo, um dia em que Virgília se me queixava de um pintalegrete que lá ia e tenazmente a galanteava.

— Que importuno! dizia ela fazendo uma careta de raiva.

Estremeci, fitei-a, vi que a indignação era sincera; então ocorreu-me que talvez eu tivesse provocado alguma vez aquela mesma careta, e compreendi logo toda a grandeza da minha evolução. Tinha vindo de importuno a oportuno.

Capítulo LVII
Destino

Sim senhor, amávamos. Agora, que todas as leis sociais no-lo impediam, agora é que nos amávamos deveras. Achávamo-nos jungidos um ao outro, como as duas almas que o poeta encontrou no Purgatório:

---

com a breca! – com os diabos!: expressão que exprime admiração ou espanto.

pintalegrete – indivíduo que se veste com apuro exagerado.

C (LVI): Retoma-se a ideia do capítulo L: o destino é visto como oportunidade.

o poeta encontrou no Purgatório – referência a Dante, autor da *Divina comédia*; "Purgatório" é uma de suas partes. As outras são "Paraíso" e "Inferno".

Di pari, come buoi, che vanno a giogo;

e digo mal, comparando-nos a bois, porque nós éramos outra espécie de animal menos tardo, mais velhaco e lascivo. Eis-nos a caminhar sem saber até onde, nem por que estradas escusas; problema que me assustou, durante algumas semanas, mas cuja solução entreguei ao destino. Pobre Destino! Onde andarás agora, grande procurador dos negócios humanos? Talvez estejas a criar pele nova, outra cara, outras maneiras, outro nome, e não é impossível que... Já me não lembra onde estava... Ah! nas estradas escusas. Disse eu comigo que já agora seria o que Deus quisesse. Era a nossa sorte amar-nos; se assim não fora, como explicaríamos a valsa e o resto? Virgília pensava a mesma cousa. Um dia, depois de me confessar que tinha momentos de remorsos, como eu lhe dissesse que, se tinha remorsos, é porque me não tinha amor, Virgília cingiu-me com os seus magníficos braços, murmurando:

— Amo-te, é a vontade do céu.

E esta palavra não vinha à toa; Virgília era um pouco religiosa. Não ouvia missa aos domingos, é verdade, e creio até que só ia às igrejas em dia de festa, e quando havia lugar vago em alguma tribuna. Mas rezava todas as noites, com fervor, ou, pelo menos, com sono. Tinha medo às trovoadas; nessas ocasiões, tapava os ouvidos, e resmoneava todas as orações do catecismo. Na alcova dela havia um oratoriozinho de jacarandá, obra de talha, de três palmos de altura, com três imagens dentro; mas não falava dele às amigas; ao contrário, tachava de beatas as que eram só religiosas. Algum tempo desconfiei que havia nela certo vexame de crer, e que a sua religião era uma espécie de camisa de flanela preservativa e clandestina; mas evidentemente era engano meu.

Di pari, come buoi, che vanno a giogo – Emparelhados, como bois, que vão em jugo (na canga).

velhaco – esperto.

procurador – aquele que tem procuração para tratar dos negócios de outrem.

tribuna – lugar elevado e reservado, com janela ou varanda, nas igrejas, de onde se podia assistir às cerimônias religiosas.

resmoneava – resmungava.

obra de talha – trabalho em relevo, feito por entalhadores.

camisa – antigo vestuário feminino, decotado e sem mangas; espécie de combinação.

C (LVII): Continua a ideia do capítulo anterior: o amor determinado pelo destino.

Capítulo LVIII
Confidência

Lobo Neves, a princípio, metia-me grandes sustos. Pura ilusão! Como adorasse a mulher, não se vexava de mo dizer muitas vezes; achava que Virgília era a perfeição mesma, um conjunto de qualidades sólidas e finas, amorável, elegante, austera, um modelo. E a confiança não parava aí. De fresta que era, chegou a porta escancarada. Um dia confessou-me que trazia uma triste carcoma na existência; faltava-lhe a glória pública. Animei-o; disse-lhe muitas cousas bonitas, que ele ouviu com aquela unção religiosa de um desejo que não quer acabar de morrer; então compreendi que a ambição dele andava cansada de bater as asas, sem poder abrir o voo. Dias depois disse-me todos os seus tédios e desfalecimentos, as amarguras engolidas, as raivas sopitadas; contou-me que a vida política era um tecido de invejas, despeitos, intrigas, perfídias, interesses, vaidades. Evidentemente havia aí uma crise de melancolia; tratei de combatê-la.

— Sei o que lhe digo, replicou-me com tristeza. Não pode imaginar o que tenho passado. Entrei na política por gosto, por família, por ambição, e um pouco por vaidade. Já vê que reuni em mim só todos os motivos que levam o homem à vida pública; faltou-me só o interesse de outra natureza. Vira o teatro pelo lado da plateia; e, palavra, que era bonito! Soberbo cenário, vida, movimento e graça na representação. Escriturei-me; deram-me um papel que... Mas para que o estou a fatigar com isto? Deixe-me ficar com as minhas amofinações. Creia que tenho passado horas e dias... Não há constância de sentimentos, não há gratidão, não há nada... nada... nada...

Calou-se, profundamente abatido, com os olhos no ar, parecendo não ouvir cousa nenhuma, a não ser o eco de seus próprios pensamentos. Após alguns instantes, ergueu-se e estendeu-me a mão: — O senhor há de rir-se de mim, disse ele; mas desculpe

---

carcoma - caruncho.

unção - devoção.

sopitadas - acalmadas.

Escriturei-me - Contratei-me (para o teatro).

amofinações - desgraças, infelicidades.

aquele desabafo; tinha um negócio, que me mordia o espírito. E ria, de um jeito sombrio e triste; depois pediu-me que não referisse a ninguém o que se passara entre nós; ponderei-lhe que a rigor não se passara nada. Entraram dous deputados e um chefe político da paróquia. Lobo Neves recebeu-os com alegria, a princípio um tanto postiça, mas logo depois natural. No fim de meia hora, ninguém diria que ele não era o mais afortunado dos homens; conversava, chasqueava, e ria, e riam todos.

Capítulo LIX

Um encontro

Deve ser um vinho enérgico a política, dizia eu comigo, ao sair da casa de Lobo Neves; e fui andando, fui andando, até que na rua dos Barbonos vi uma sege, e dentro um dos ministros, meu antigo companheiro de colégio. Cortejámo-nos afectuosamente, a sege seguiu, e eu fui andando... andando... andando...

— Porque não serei eu ministro?

Esta ideia, rútila e grande, — trajada ao bizarro, como diria o padre Bernardes, — esta ideia começou uma vertigem de cabriolas e eu deixei-me estar com os olhos nela, a achar-lhe graça. Não pensei mais na tristeza de Lobo Neves; senti a atração do abismo. Recordei aquele companheiro de colégio, as correrias nos morros, as alegrias e travessuras, e comparei o menino com o homem, e perguntei a mim mesmo porque não seria eu como ele. Entrava então no Passeio Público, e tudo me parecia dizer a mesma cousa. — Porque não serás ministro, Cubas? — Cubas, porque não

---

chasqueava - zombava.

C (LVIII): Brás tem um comportamento hipócrita diante do rival insatisfeito com as atividades políticas.

rua dos Barbonos - atual rua Evaristo da Veiga, no centro do Rio de Janeiro.

rútila - brilhante.

ao bizarro - com elegância.

padre Bernardes - Manuel Bernardes (1644-1710), escritor português, autor de *Nova floresta*.

Passeio Público - parque ajardinado no centro do Rio de Janeiro.

serás ministro de Estado? Ao ouvi-lo, uma deliciosa sensação me refrescava todo o organismo. Entrei, fui sentar-me num banco, a remoer aquela ideia. E Virgília que havia de gostar! Alguns minutos depois vejo encaminhar-se para mim uma cara, que me não pareceu desconhecida. Conhecia-a, fosse donde fosse.

Imaginem um homem de trinta e oito a quarenta anos, alto, magro e pálido. As roupas, salvo o feitio, pareciam ter escapado ao cativeiro de Babilônia; o chapéu era contemporâneo do de Gessler. Imaginem agora uma sobrecasaca mais larga do que pediam as carnes, — ou, literalmente, os ossos da pessoa; a cor preta ia cedendo o passo a um amarelo sem brilho; o pelo desaparecia aos poucos; dos oito primitivos botões restavam três. As calças, de brim pardo, tinham duas fortes joelheiras, enquanto as bainhas eram roídas pelo tacão de um botim sem misericórdia nem graxa. Ao pescoço flutuavam as pontas de uma gravata de duas cores, ambas desmaiadas, apertando um colarinho de oito dias. Creio que trazia também colete, um colete de seda escura, roto a espaços, e desabotoado.

— Aposto que me não conhece, Senhor Doutor Cubas? disse ele.

— Não me lembra...

— Sou o Borba, o Quincas Borba.

Recuei espantado... Quem me dera agora o verbo solene de um Bossuet ou de Vieira, para contar tamanha desolação! Era

---

cativeiro de Babilônia – período (597- 538 a.C.) durante o qual os judeus permaneceram cativos na Babilônia, para aonde Nabucodonosor os transportara, e de onde Ciro os libertou, para levá-los de volta a Jerusalém. O povo passou muitas privações. A referência de Machado remete, irônica e hiperbolicamente, à velhice das roupas da personagem.

Gessler – magistrado de Alberto I, duque da Áustria e Imperador do Ocidente de 1298 a 1308. Colocou um chapéu do duque no topo de uma árvore para obrigar, ditatorialmente, os suíços a reverenciá-lo. Com isso o narrador quer dizer que o chapéu de Quincas era velhíssimo.

tacão – salto.

colarinho de oito dias – os colarinhos das camisas da época não eram costurados nelas, podendo, assim, ser substituídos separadamente.

roto – rasgado.

verbo – capacidade de bem escrever.

Bossuet – (1607-1704), sacerdote, escritor e orador sacro francês, famoso pela qualidade de seus sermões.

Vieira – padre Antônio Vieira (1608-1697), escritor luso-brasileiro, famoso orador sacro.

o Quincas Borba, o gracioso menino de outro tempo, o meu companheiro de colégio, tão inteligente e abastado. Quincas Borba! Não; impossível; não pode ser. Não podia acabar de crer que essa figura esquálida, essa barba pintada de branco, esse maltrapilho avelhentado, que toda essa ruína fosse o Quincas Borba. Mas era. Os olhos tinham um resto da expressão de outro tempo, e o sorriso não perdera certo ar escarninho, que lhe era peculiar. Entretanto, ele suportava com firmeza o meu espanto. No fim de algum tempo arredei os olhos; se a figura repelia, a comparação acabrunhava.

— Não é preciso contar-lhe nada, disse ele enfim; o senhor adivinha tudo. Uma vida de misérias, de atribulações e de lutas. Lembra-se das nossas festas, em que eu figurava de rei? Que trambolhão! Acabo mendigo...

E alçando a mão direita e os ombros, com um ar de indiferença, parecia resignado aos golpes da fortuna, e não sei até se contente. Talvez contente. Com certeza, impassível. Não havia nele a resignação cristã, nem a conformidade filosófica. Parece que a miséria lhe calejara a alma, a ponto de lhe tirar a sensação de lama. Arrastava os andrajos, como outrora a púrpura: com certa graça indolente.

— Procure-me, disse eu, poderei arranjar-lhe alguma cousa.

Um sorriso magnífico lhe abriu os lábios. — Não é o primeiro que me promete alguma cousa, replicou, e não sei se será o último que não me fará nada. E para que? Eu nada peço, a não ser dinheiro; dinheiro sim, porque é necessário comer, e as casas de pasto não fiam. Nem as quitandeiras. Uma cousa de nada, uns dous vinténs de angu, nem isso fiam as malditas quitandeiras. ....

---

esquálida – sórdida, descorada e fraca.

maltrapilho avelhentado – esmolambado de aspecto envelhecido.

atribulações – sofrimentos.

Que trambolhão! – Que decadência!

fortuna – sorte; no caso, má.

andrajos – farrapos.

púrpura – traje de reis.

casas de pasto – designação antiga para "restaurantes".

fiam – vendem fiado.

Um inferno, meu... ia dizer meu amigo.... Um inferno! o diabo! todos os diabos! Olhe, ainda hoje não almocei.

— Não?

— Não; saí muito cedo de casa. Sabe onde moro? No terceiro degrau das escadas de São Francisco, à esquerda de quem sobe; não precisa bater na porta. Casa fresca, extremamente fresca. Pois saí cedo, e ainda não comi...

Tirei a carteira, escolhi uma nota de cinco mil-réis, — a menos limpa, — e dei-lha. Ele recebeu-ma com os olhos cintilantes de cobiça. Levantou a nota ao ar, e agitou-a entusiasmado.

— *In hoc signo vinces*! bradou.

E depois beijou-a, com muitos ademanes de ternura, e tão ruidosa expansão, que me produziu um sentimento misto de nojo e lástima. Ele, que era arguto, entendeu-me; ficou sério, grotescamente sério, e pediu-me desculpa da alegria, dizendo que era alegria de pobre que não via, desde muitos anos, uma nota de cinco mil-réis.

— Pois está em suas mãos ver outras muitas, disse eu.

— Sim? acudiu ele, dando um bote para mim.

— Trabalhando, concluí eu.

Fez um gesto de desdém; calou-se alguns instantes; depois disse-me positivamente que não queria trabalhar. Eu estava enjoado dessa abjecção tão cômica e tão triste, e preparei-me para sair.

— Não vá sem eu lhe ensinar a minha filosofia da miséria, disse ele, escarranchando-se diante de mim.

---

escadas de São Francisco – escadas da igreja de São Francisco. À época, havia duas igrejas de São Francisco no Rio de Janeiro: igreja de São Francisco de Paula, no Largo de São Francisco, e igreja da Ordem Terceira de São Francisco da Penitência, no Morro de Santo Antônio. Não temos registro de que ambas tinham escadas.

In hoc signo vinces! – frase latina, cunhada nas moedas de prata do Império Brasileiro: "Vencerás com este signo." A frase teria sido mostrada nos céus, com uma cruz, ao imperador Constantino (274-337), antes de uma batalha, e então o imperador mandou pintá-los em seu estandarte. A frase é empregada para designar aquilo ou aquele que nos fará superar dificuldades. No caso, o dinheiro permitiria ao Quincas matar a fome. A frase aparece também no romance *Dom Casmurro*.

expansão – expansividade.

escarranchando-se – abrindo muito as pernas, como quem monta a cavalo.

C (LIX): Encontra-se aqui uma situação semelhante à de Marcela: contrapõe-se um passado de glórias a um presente de decadência.

Capítulo LX

O abraço

Cuidei que o pobre diabo estivesse doudo, e ia afastar-me, quando ele me pegou no pulso, e olhou alguns instantes para o brilhante que eu trazia no dedo. Senti-lhe na mão uns estremeções de cobiça, uns pruridos de posse.

— Magnífico! disse ele.

Depois começou a andar à roda de mim e a examinar-me muito.

— O senhor trata-se, disse ele. Joias, roupa fina, elegante e... Compare esses sapatos aos meus; que diferença! Pudera não! Digo-lhe que se trata. E moças? Como vão elas? Está casado?

— Não...

— Nem eu.

— Moro na rua...

— Não quero saber onde mora, atalhou Quincas Borba. Se alguma vez nos virmos, dê-me outra nota de cinco mil-réis; mas permita-me que não a vá buscar à sua casa. É uma espécie de orgulho... Agora, adeus; vejo que está impaciente.

— Adeus!

— E obrigado. Deixa-me agradecer-lhe de mais perto?

E dizendo isto abraçou-me com tal ímpeto, que não pude evitá-lo. Separámo-nos finalmente, eu a passo largo, com a camisa amarrotada do abraço, enfadado e triste. Já não dominava em mim a parte simpática da sensação, mas a outra. Quisera ver-lhe a miséria digna. Contudo, não pude deixar de comparar outra vez o homem de agora com o de outrora, entristecer-me e encarar o abismo que separa as esperanças de um tempo da realidade de outro tempo...

— Ora adeus! Vamos jantar, disse comigo.

Meto a mão no colete e não acho o relógio. Última desilusão! o Borba furtara-mo no abraço.

C (LX): Repete-se uma situação semelhante a situações anteriores: o colega rico do passado é um ladrão do colega hoje.

Capítulo LXI

Um projeto

Jantei triste. Não era a falta do relógio que me pungia, era a imagem do autor do furto, e as reminiscências de criança, e outra vez a comparação, e a conclusão... Desde a sopa, começou a abrir em mim a flor amarela e mórbida do capítulo XXV, e então jantei depressa, para correr à casa de Virgília. Virgília era o presente; eu queria refugiar-me nele, para escapar às opressões do passado, porque o encontro do Quincas Borba tornara-me aos olhos o passado, não qual fora deveras, mas um passado roto, abjecto, mendigo e gatuno.

Saí de casa, mas era cedo; iria achá-los à mesa. Outra vez pensei no Quincas Borba, e tive então um desejo de tornar ao Passeio Público, a ver se o achava; a ideia de o regenerar surgiu-me como uma forte necessidade. Fui; mas já não o achei. Indaguei do guarda; disse-me que efetivamente "esse sujeito" ia por ali às vezes.

— A que horas?

— Não tem hora certa.

Não era impossível encontrá-lo noutra ocasião; prometi a mim mesmo lá voltar. A necessidade de o regenerar, de o trazer ao trabalho e ao respeito de sua pessoa enchia-me o coração; eu começava a sentir um bem-estar, uma elevação, uma admiração de mim próprio... Nisto caía a noite; fui ter com Virgília.

Capítulo LXII

O travesseiro

Fui ter com Virgília; bem depressa esqueci o Quincas Borba. Virgília era o travesseiro do meu espírito, um travesseiro mole, tépido, aromático, enfronhado em cambraia e bruxelas. Era ali que ele costumava repousar de todas as sensações más, simplesmente enfadonhas, ou até dolorosas. E, bem pesadas as cousas, não era

---

C (LXI): Brás pretende resgatar o passado numa tentativa de recuperar o antigo amigo.

bruxelas – rendas e similares originários da cidade de Bruxelas, capital da Bélgica.

outra a razão da existência de Virgília; não podia ser. Cinco minutos bastaram para olvidar inteiramente o Quincas Borba; cinco minutos de uma contemplação mútua, com as mãos presas umas nas outras; cinco minutos e um beijo. E lá se foi a lembrança do Quincas Borba... Escrófula da vida, andrajo do passado, que me importa que existas, que molestes os olhos dos outros, se eu tenho dous palmos de um travesseiro divino, para fechar os olhos e dormir?

Capítulo LXIII
Fujamos!

Ai! nem sempre dormir. Três semanas depois, indo à casa de Virgília, — eram quatro horas da tarde, — achei-a triste e abatida. Não me quis dizer o que era; mas, como eu instasse muito:

— Creio que o Damião desconfia alguma cousa. Noto agora umas esquisitices nele... Não sei... Trata-me bem, não há dúvida; mas o olhar parece que não é o mesmo. Durmo mal; ainda esta noite acordei, aterrada; estava sonhando que ele me ia matar. Talvez seja ilusão, mas eu penso que ele desconfia...

Tranquilizei-a como pude; disse que podiam ser cuidados políticos. Virgília concordou que seriam, mas ficou ainda muito excitada e nervosa. Estávamos na sala de visitas, que dava justamente para a chácara, onde trocáramos o beijo inicial. Uma janela aberta deixava entrar o vento, que sacudia frouxamente as cortinas, e eu fiquei a olhar para as cortinas, sem as ver. Empunhara o binóculo da imaginação; lobrigava, ao longe, uma casa nossa, uma vida nossa, um mundo nosso, em que não havia Lobo Neves, nem casamento, nem moral, nem nenhum outro liame, que nos tolhesse a expansão da vontade. Esta ideia embriagou-me; eliminados assim o mundo, a moral e o marido, bastava penetrar naquela habitação dos anjos.

Escrófula – tipo de tuberculose.

C (LXII): O projeto do resgate esboroa-se, diante da presença da felicidade com a amada.

cuidados – preocupações.

lobrigava – via indistintamente, entrevia.

liame – ligação.

— Virgília, disse, eu proponho-te uma cousa.

— Que é?

— Amas-me?

— Oh! suspirou ela, cingindo-me os braços ao pescoço.

Virgília amava-me com fúria; aquela resposta era a verdade patente. Com os braços ao meu pescoço, calada, respirando muito, deixou-se ficar a olhar para mim, com os seus grandes e belos olhos, que davam uma sensação singular de luz úmida; eu deixei-me estar a vê-los, a namorar-lhe a boca, fresca como a madrugada, e insaciável como a morte. A beleza de Virgília tinha agora um tom grandioso, que não possuíra antes de casar. Era dessas figuras talhadas em pentélico, de um lavor nobre, rasgado e puro, tranquilamente bela, como as estátuas, mas não apática nem fria. Ao contrário, tinha o aspecto das naturezas cálidas, e podia-se dizer, que, na realidade, resumia todo o amor. Resumia-o sobretudo naquela ocasião, em que exprimia mudamente tudo quanto pode dizer a pupila humana. Mas o tempo urgia; deslacei-lhe as mãos, peguei-lhe nos pulsos, e, fito nela, perguntei-lhe se tinha coragem.

— De que?

— De fugir. Iremos para onde nos for mais cômodo, uma casa grande ou pequena, à tua vontade, na roça ou na cidade, ou na Europa, onde te parecer, onde ninguém nos aborreça, e não haja perigos para ti, onde vivamos um para o outro... Sim? fujamos. Tarde ou cedo, ele pode descobrir alguma cousa, e estarás perdida... ouves? perdida... morta... e ele também, porque eu o matarei, juro-te.

Interrompi-me; Virgília empalidecera muito, deixou cair os braços e sentou-se no canapé. Esteve assim alguns instantes, sem me dizer palavra, não sei se vacilante na escolha, se aterrada com a ideia da descoberta e da morte. Fui-me a ela, insisti na proposta, disse-lhe todas as vantagens de uma vida a sós, sem zelos, nem terrores, nem aflições. Virgília ouvia-me calada; depois disse:

— Não escaparíamos talvez; ele iria ter comigo e matava-me do mesmo modo.

---

pentélico – mármore do Monte Pentélico, em Atenas, muito apreciada pelos escultores.

rasgado – muito livre.

urgia – não permitia demora.

Mostrei-lhe que não. O mundo era assaz vasto, e eu tinha os meios de viver onde quer que houvesse ar puro e muito sol; ele não chegaria até lá; só as grandes paixões são capazes de grandes ações, e ele não a amava tanto que pudesse ir buscá-la, se ela estivesse longe. Virgília fez um gesto de espanto e quase indignação; murmurou que o marido gostava muito dela.

— Pode ser, respondi eu; pode ser que sim...

Fui até a janela, e comecei a rufar com os dedos no peitoril. Virgília chamou-me; deixei-me estar, a remoer os meus zelos, a desejar estrangular o marido, se o tivesse ali à mão... Justamente, nesse instante, apareceu na chácara o Lobo Neves. Não tremas assim, leitora pálida; descansa, que não hei de rubricar esta lauda com um pingo de sangue. Logo que apareceu na chácara, fiz-lhe um gesto amigo, acompanhado de uma palavra graciosa; Virgília retirou-se apressadamente da sala, onde ele entrou daí a três minutos.

— Está cá há muito tempo? disse-me ele.

— Não.

Entrara sério, pesado, derramando os olhos de um modo distraído, costume seu, que trocou logo por uma verdadeira expansão de jovialidade, quando viu chegar o filho, o nhonhô, o futuro bacharel do capítulo VI; tomou-o nos braços, levantou-o ao ar, beijou-o muitas vezes. Eu, que tinha ódio ao menino, afastei-me de ambos. Virgília tornou à sala.

— Ah! respirou Lobo Neves, sentando-se preguiçosamente no sofá.

— Cansado? perguntei eu.

— Muito; aturei duas maçadas de primeira ordem, uma na câmara e outra na rua. E ainda temos terceira, acrescentou, olhando para a mulher.

— Que é? perguntou Virgília.

— Um... Adivinha!

Virgília sentara-se ao lado dele, pegou-lhe numa das mãos, compôs-lhe a gravata, e tornou a perguntar o que era.

— Nada menos que um camarote.

— Para a Candiani?

---

maçadas – chateações.

Candiani – Augusta Candiani (1820-1890), cantora lírica italiana.

— Para a Candiani.

Virgília bateu palmas, levantou-se, deu um beijo no filho, com um ar de alegria pueril, que destoava muito da figura; depois perguntou se o camarote era de boca ou do centro, consultou o marido, em voz baixa, acerca da *toilette* que faria, da ópera que se cantava, e de não sei que outras cousas.

— Você janta conosco, doutor, disse-me Lobo Neves.

— Veio para isso mesmo, confirmou a mulher; diz que você possui o melhor vinho do Rio de Janeiro.

— Nem por isso bebe muito.

Ao jantar, desmenti-o; bebi mais do que costumava; ainda assim, menos do que era preciso para perder a razão. Já estava excitado, fiquei um pouco mais. Era a primeira grande cólera que eu sentia contra Virgília. Não olhei uma só vez para ela durante o jantar; falei de política, da imprensa, do ministério, creio que falaria de teologia, se a soubesse, ou se me lembrasse. Lobo Neves acompanhava-me com muita placidez e dignidade, e até com certa benevolência superior; e tudo aquilo me irritava também, e me tornava mais amargo e longo o jantar. Despedi-me apenas nos levantámos da mesa.

— Até logo, não? perguntou Lobo Neves.

— Pode ser.

E saí.

Capítulo LXIV
A transação

Vaguei pelas ruas e recolhi-me às nove horas. Não podendo dormir, atirei-me a ler e escrever. Às onze horas estava arrependido

---

de boca – na parte anterior do palco, próxima da plateia.

toilette – roupa de festa.

placidez – tranquilidade.

C (LXIII): Observe a oposição entre a cena tipicamente romântica dos amantes discutindo a fuga, e a cena realista de Virgília tratando o marido normalmente, provocando assim a cólera de Brás.

transação – ato de se chegar a um acordo.

de não ter ido ao teatro, consultei o relógio, quis vestir-me, e sair. Julguei, porém, que chegaria tarde; demais, era dar prova de fraqueza. Evidentemente, Virgília começava a aborrecer-se de mim, pensava eu. E esta ideia fez-me sucessivamente desesperado e frio, disposto a esquecê-la e a matá-la. Via-a dali mesmo, reclinada no camarote, com os seus magníficos braços nus, — os braços que eram meus, só meus, — fascinando os olhos de todos, com o vestido soberbo que havia de ter, o colo de leite, os cabelos postos em bandós, à maneira do tempo, e os brilhantes, menos luzidios que os olhos dela... Via-a assim, e doía-me que a vissem outros. Depois, começava a despi-la, a pôr de lado as joias e sedas, a despenteá-la com as minhas mãos sôfregas e lascivas, a torná-la, — não sei se mais bela, se mais natural, — a torná-la minha, somente minha, unicamente minha.

No dia seguinte, não me pude ter; fui cedo à casa de Virgília; achei-a com os olhos vermelhos de chorar.

— Que houve? perguntei.

— Você não me ama, foi a sua resposta; nunca me teve a menor soma de amor. Tratou-me ontem como se me tivesse ódio. Se eu ao menos soubesse o que é que fiz! Mas não sei. Não me dirá o que foi?

— Que foi o que? Creio que não houve nada.

— Nada? Tratou-me como não se trata um cachorro...

A esta palavra, peguei-lhe nas mãos, beijei-as, e duas lágrimas rebentaram-lhe dos olhos.

— Acabou, acabou, disse eu.

Não tive ânimo de arguir, e, aliás, arguí-la de que? Não era culpa dela se o marido a amava. Disse-lhe que não me fizera cousa nenhuma, que eu tinha necessariamente ciúmes do outro, que nem sempre o podia suportar de cara alegre; acrescentei que talvez houvesse nele muita dissimulação, e que o melhor meio de fechar a porta aos sustos e às dissensões era aceitar a minha ideia da véspera.

— Pensei nisso, acudiu Virgília; uma casinha só nossa, solitária, metida num jardim, em alguma rua escondida, não é? Acho a ideia boa; mas para que fugir?

---

bandós – partes do cabelo que, no penteado, assentam de cada lado da testa.
dissensões – desavenças.

Disse isto com o tom ingênuo e preguiçoso de quem não cuida em mal, e o sorriso que lhe derreava os cantos da boca trazia a mesma expressão de candidez. Então, afastando-me, respondi:

— Você é que nunca me teve amor.

— Eu?

— Sim, é uma egoísta! prefere ver-me padecer todos os dias... é uma egoísta sem nome!

Virgília desatou a chorar, e para não atrair gente, metia o lenço na boca, recalcava os soluços; explosão que me desconcertou. Se alguém a ouvisse, perdia-se tudo. Inclinei-me para ela, travei-lhe dos pulsos, sussurrei-lhe os nomes mais doces da nossa intimidade; mostrei-lhe o perigo; o terror apaziguou-a.

— Não posso, disse ela daí a alguns instantes; não deixo meu filho; se o levar, estou certa de que *ele* me irá buscar ao fim do mundo. Não posso; mate-me você, se o quiser, ou deixe-me morrer... Ah! meu Deus! meu Deus!

— Sossegue; olhe que podem ouvi-la.

— Que ouçam! Não me importa.

Estava ainda excitada; pedi-lhe que esquecesse tudo, que me perdoasse, que eu era um doudo, mas que a minha insânia provinha dela e com ela acabaria. Virgília enxugou os olhos e estendeu-me a mão. Sorrimos ambos; minutos depois, tornávamos ao assunto da casinha solitária, em alguma rua escusa...

Capítulo LXV
Olheiros e escutas

Interrompeu-nos o rumor de um carro na chácara. Veio um escravo dizer que era a baronesa X. Virgília consultou-me com os olhos.

---

derreava - vergava.

insânia - loucura.

escusa - escondida.

C (**LXIV**): Virgília é caracterizada, a essa altura do enredo, pela sensualidade, incrementando o desejo do amante, e pela insegurança de sair do casamento, frustrando os crescentes prazeres que Brás espera ter dela.

— Se a senhora está assim com dor de cabeça, disse eu, parece que o melhor é não receber.

— Já se apeou? perguntou Virgília ao escravo.

— Já se apeou; diz que precisa muito de falar com sinhá!

— Que entre!

A baronesa entrou daí a pouco. Não sei se contava comigo na sala; mas era impossível mostrar maior alvoroço.

— Bons olhos o vejam! exclamou. Onde se mete o senhor que não aparece em parte nenhuma? Pois olhe, ontem admirou-me não o ver no teatro. A Candiani esteve deliciosa. Que mulher! Gosta da Candiani? É natural. Os senhores são todos os mesmos. O barão dizia ontem, no camarote, que uma só italiana vale por cinco brasileiras. Que desaforo! e desaforo de velho, que é pior. Mas porque é que o senhor não foi ontem ao teatro?

— Uma enxaqueca.

— Qual! Algum namoro; não acha, Virgília? Pois, meu amigo, apresse-se, porque o senhor deve estar com quarenta anos... ou perto disso... Não tem quarenta anos?

— Não lhe posso dizer com certeza, respondi eu; mas se me dá licença, vou consultar a certidão de batismo.

— Vá, vá... E estendendo-me a mão: — Até quando? Sábado ficamos em casa; o barão está com umas saudades suas...

Chegando à rua, arrependi-me de ter saído. A baronesa era uma das pessoas que mais desconfiavam de nós. Cinquenta e cinco anos, que pareciam quarenta, macia, risonha, vestígios de beleza, porte elegante e maneiras finas. Não falava muito nem sempre; possuía a grande arte de escutar os outros, espiando-os; reclinava-se então na cadeira, desembainhava um olhar afiado e comprido, e deixava-se estar. Os outros, não sabendo o que era, falavam, olhavam, gesticulavam, ao tempo que ela olhava só, ora fixa, ora móbil, levando a astúcia ao ponto de olhar às vezes para dentro de si, porque deixava cair as pálpebras; mas, como as pestanas eram rótulas, o olhar continuava o seu ofício, remexendo a alma e a vida dos outros.

---

desembainhava - lançava.

rótulas - grades de madeira feitas com pedaços de madeira compridos e estreitos cruzados intervaladamente, que ocupam o vão de uma janela; gelosias.

A segunda pessoa era um parente de Virgília, o Viegas, um cangalho de setenta invernos, chupado e amarelado, que padecia de um reumatismo teimoso, de uma asma não menos teimosa e de uma lesão de coração: era um hospital concentrado. Os olhos porém luziam de muita vida e saúde. Virgília, nas primeiras semanas, não lhe tinha medo nenhum; dizia-me que, quando o Viegas parecia espreitar, com o olhar fixo, estava simplesmente contando dinheiro. Com efeito, era um grande avaro.

Havia ainda o primo de Virgília, o Luís Dutra, que eu agora desarmava à força de lhe falar nos versos e prosas, e de o apresentar aos conhecidos. Quando estes, ligando o nome à pessoa, se mostravam contentes da apresentação, não há dúvida que Luís Dutra exultava de felicidade; mas eu curava-me da felicidade com a esperança de que ele nos não denunciasse nunca. Havia, enfim, umas duas ou três senhoras, vários gamenhos, e os fâmulos, que naturalmente se desforravam assim da condição servil, e tudo isso constituía uma verdadeira floresta de olheiros e escutas, por entre os quais tínhamos de resvalar com a tática e maciez das cobras.

Capítulo LXVI
As pernas

Ora, enquanto eu pensava naquela gente, iam-me as pernas levando, ruas abaixo, de modo que insensivelmente me achei à porta do Hotel Pharoux. De costume jantava aí; mas, não tendo deliberadamente andado, nenhum merecimento da ação me cabe, e sim às pernas, que a fizeram. Abençoadas pernas! E há quem vos trate com desdém ou indiferença. Eu mesmo, até então, tinha-vos em má conta, zangava-me quando vos fatigáveis, quando não podíeis

---

cangalho – pessoa velha.

gamenhos – indivíduos que se vestem com apuro exagerado.

fâmulos – criados.

C (LXV): O romance caminha para um desfecho perigoso: o desmascaramento dos amantes.

Hotel Pharoux – fundado em 1838 e localizado na atual Praça XV, foi um dos melhores do Rio de Janeiro.

ir além de certo ponto, e me deixáveis com o desejo a avoaçar, à semelhança de galinha atada pelos pés.

Aquele caso, porém, foi um raio de luz. Sim, pernas amigas, vós deixastes à minha cabeça o trabalho de pensar em Virgília, e dissestes uma à outra: — Ele precisa comer, são horas de jantar, vamos levá-lo ao Pharoux; dividamos a consciência dele, uma parte fique lá com a dama, tomemos nós a outra, para que ele vá direito, não abalroe as gentes e as carroças, tire o chapéu aos conhecidos, e finalmente chegue são e salvo ao hotel. E cumpristes à risca o vosso propósito, amáveis pernas, o que me obriga a imortalizar-vos nesta página.

Capítulo LXVII
A casinha

Jantei e fui a casa. Lá achei uma caixa de charutos, que me mandara o Lobo Neves, embrulhada em papel de seda, e ornada de fitinhas cor de rosa. Entendi, abri-a, e tirei este bilhete:

> "Meu B...
>
> "Desconfiam de nós; tudo está perdido; esqueça-me para sempre. Não nos veremos mais. Adeus; esqueça-se da infeliz
>
> V... a."

Foi um golpe esta carta; não obstante, apenas fechou a noite, corri à casa de Virgília. Era tempo; estava arrependida. Ao vão de uma janela, contou-me o que se passara com a baronesa. A baronesa disse-lhe francamente que se falara muito, no teatro, na noite anterior, a propósito da minha ausência do camarote do Lobo Neves; tinham comentado as minhas relações na casa; em suma, éramos objeto da suspeita pública. Concluiu dizendo que não sabia que fazer.

---

avoaçar – bater as asas com força; esvoaçar.

C (**LXVI**): A questão das pernas é colocada de tal forma que o leitor pode divisar um Brás dividido entre uma vida própria e sua vida com a amante.

— O melhor é fugirmos, insinuei.

— Nunca, respondeu ela abanando a cabeça.

Vi que era impossível separar duas cousas que no espírito dela estavam inteiramente ligadas: o nosso amor e a consideração pública. Virgília era capaz de iguais e grandes sacrifícios para conservar ambas as vantagens, e a fuga só lhe deixava uma. Talvez senti alguma cousa semelhante a despeito; mas as comoções daqueles dous dias eram já muitas, e o despeito morreu depressa. Vá lá; arranjemos a casinha.

Com efeito, achei-a, dias depois, expressamente feita, em um recanto da Gamboa. Um brinco! Nova, caiada de fresco, com quatro janelas na frente e duas de cada lado, — todas com venezianas cor de tijolo, — trepadeira nos cantos, jardim na frente; mistério e solidão. Um brinco!

Convencionamos que iria morar ali uma mulher, conhecida de Virgília, em cuja casa fora costureira e agregada. Virgília exercia sobre ela verdadeira fascinação. Não se lhe diria tudo; ela aceitaria facilmente o resto.

Para mim era aquilo uma situação nova do nosso amor, uma aparência de posse exclusiva, de domínio absoluto, alguma cousa que me faria adormecer a consciência e resguardar o decoro. Já estava cansado das cortinas do outro, das cadeiras, do tapete, do canapé, de todas essas cousas, que me traziam aos olhos constantemente a nossa duplicidade. Agora podia evitar os jantares frequentes, o chá de todas as noites, enfim a presença do filho deles, meu cúmplice e meu inimigo. A casa resgatava-me tudo; o mundo vulgar terminaria à porta; — dali para dentro era o infinito, um mundo eterno, superior, excepcional, nosso, somente nosso, sem leis, sem instituições, sem baronesas, sem olheiros, sem escutas, — um só mundo, um só casal, uma só vida, uma só vontade, uma só afeição, — a unidade moral de todas as cousas pela exclusão das que me eram contrárias.

Gamboa – bairro do Rio de Janeiro.

agregada – aquela que vive numa família como pessoa da casa.

C (LXVII) Virgília se submete ao "olhar agudo da opinião": não consegue separar o impulso amoroso da consideração pública.

Capítulo LXVIII

O vergalho

Tais eram as reflexões que eu vinha fazendo, por aquele Valongo fora, logo depois de ver e ajustar a casa. Interrompeu-mas um ajuntamento; era um preto que vergalhava outro na praça. O outro não se atrevia a fugir; gemia somente estas únicas palavras: — "Não, perdão, meu senhor; meu senhor, perdão!" Mas o primeiro não fazia caso, e, a cada súplica, respondia com uma vergalhada nova.

— Toma, diabo! dizia ele; toma mais perdão, bêbado!

— Meu senhor! gemia o outro.

— Cala a boca, besta! replicava o vergalho.

Parei, olhei... Justos céus! Quem havia de ser o do vergalho? Nada menos que o meu moleque Prudêncio, — o que meu pai libertara alguns anos antes. Cheguei-me; ele deteve-se logo e pediu-me a bênção; perguntei-lhe se aquele preto era escravo dele.

— É, sim, nhonhô.

— Fez-te alguma cousa?

— É um vadio e um bêbado muito grande. Ainda hoje deixei ele na quitanda, enquanto eu ia lá embaixo na cidade, e ele deixou a quitanda para ir na venda beber.

— Está bom, perdoa-lhe, disse eu.

— Pois não, nhonhô. Nhonhô manda, não pede. Entra para casa, bêbado!

Saí do grupo, que me olhava espantado e cochichava as suas conjecturas. Segui caminho, a desfiar uma infinidade de reflexões, que sinto haver inteiramente perdido; aliás, seria matéria para um bom capítulo, e talvez alegre. Eu gosto dos capítulos alegres; é o meu fraco. Exteriormente, era torvo o episódio do Valongo; mas só exteriormente. Logo que meti mais dentro a faca do raciocínio achei-lhe

---

vergalho – chicote; aquele que chicoteia.

Valongo – zona portuária do Rio de Janeiro, onde se incluía a praia, o cais, o porto e o mercado de negros. Com o aterro do porto, parte dele está sob a atual praça da Harmonia, no bairro da Saúde. A rua Sacadura Cabral pertence ao conjunto.

conjecturas – suposições.

torvo – sinistro.

um miolo gaiato, fino e até profundo. Era um modo que o Prudêncio tinha de se desfazer das pancadas recebidas, — transmitindo-as a outro. Eu, em criança, montava-o, punha-lhe um freio na boca, e desancava-o sem compaixão; ele gemia e sofria. Agora, porém, que era livre, dispunha de si mesmo, dos braços, das pernas, podia trabalhar, folgar, dormir, desagrilhoado da antiga condição, agora é que ele se desbancava: comprou um escravo, e ia-lhe pagando, com alto juro, as quantias que de mim recebera. Vejam as subtilezas do maroto!

Capítulo LXIX
Um grão de sandice

Este caso faz-me lembrar um doudo que conheci. Chamava-se Romualdo e dizia ser Tamerlão. Era a sua grande e única mania, e tinha uma curiosa maneira de a explicar.

— Eu sou o ilustre Tamerlão, dizia ele. Outrora fui Romualdo, mas adoeci, e tomei tanto tártaro, tanto tártaro, tanto tártaro, que fiquei Tártaro, e até rei dos Tártaros. O tártaro tem a virtude de fazer Tártaros.

Pobre Romualdo! A gente ria da resposta, mas é provável que o leitor não se ria, e com razão; eu não lhe acho graça nenhuma. Ouvida, tinha algum chiste; mas assim contada, no papel, e a propósito de um vergalho recebido e transferido, força é confessar que é muito melhor voltar à casinha da Gamboa; deixemos os Romualdos e Prudêncios.

---

gaiato - malicioso, cômico.

desagrilhoado - desacorrentado.

desbancava - levava vantagem, vencia.

maroto - malandro, esperto.

C (**LXVIII**): Vingar-se da própria vida é um ingrediente da condição humana: o escravo que sofreu violência física, depois de obter a liberdade desconta em outro escravo.

Tamerlão - (1333-1405), fundador do Segundo Império Mongol, tendo morrido quando marchava para a conquista da China.

tártaro - tártaro emético: vomitório.

Tártaro - povo que habitava a Tartária, região da Ásia, ao Sul da Sibéria. Atualmente é uma república autônoma da Rússia. A capital é Qazan.

chiste - graça.

C (**LXIX**): A repetição trágica do capítulo anterior forma um contraponto com a repetição cômica deste.

Capítulo LXX

Dona Plácida

Voltemos à casinha. Não serias capaz de lá entrar hoje, curioso leitor; envelheceu, enegreceu, apodreceu, e o proprietário deitou-a abaixo para substituí-la por outra, três vezes maior, mas juro-te que muito menor que a primeira. O mundo era estreito para Alexandre; um desvão de telhado é o infinito para as andorinhas.

Vê agora a neutralidade deste globo, que nos leva, através dos espaços, como uma lancha de náufragos, que vai dar à costa: dorme hoje um casal de virtudes no mesmo espaço de chão que sofreu um casal de pecados. Amanhã pode lá dormir um eclesiástico, depois um assassino, depois um ferreiro, depois um poeta, e todos abençoarão esse canto de terra, que lhes deu algumas ilusões.

Virgília fez daquilo um brinco; designou as alfaias mais idôneas, e dispô-las com a intuição estética da mulher elegante; eu levei para lá alguns livros, e tudo ficou sob a guarda de Dona Plácida, suposta, e, a certos respeitos, verdadeira dona da casa.

Custou-lhe muito a aceitar a casa; farejara a intenção, e doía-lhe o ofício; mas afinal cedeu. Creio que chorava, a princípio: tinha nojo de si mesma. Ao menos, é certo que não levantou os olhos para mim durante os primeiros dous meses; falava-me com eles baixos, séria, carrancuda, às vezes triste. Eu queria angariá-la, e não me dava por ofendido, tratava-a com carinho e respeito; forcejava por obter-lhe a benevolência, depois a confiança. Quando obtive a confiança, imaginei uma história patética dos meus amores com Virgília, um caso anterior ao casamento, a resistência do pai, a dureza do marido, e não sei que outros toques de novela. Dona Plácida não rejeitou uma só página da novela;

Alexandre – Alexandre, o Grande (365-323 a.C.), rei da Macedônia, conquistador da Grécia, do Egito e de boa parte do mundo antigo.

desvão – espaço entre o telhado e o forro de uma casa antiga.

idôneas – adequadas.

angariá-la – atraí-la.

novela – narrativa curta, maior do que o conto.

aceitou-as todas. Era uma necessidade da consciência. Ao cabo de seis meses quem nos visse a todos três juntos diria que Dona Plácida era minha sogra.

Não fui ingrato; fiz-lhe um pecúlio de cinco contos, — os cinco contos achados em Botafogo, — como um pão para a velhice. Dona Plácida agradeceu-me com lágrimas nos olhos, e nunca mais deixou de rezar por mim, todas as noites, diante de uma imagem da Virgem, que tinha no quarto. Foi assim que lhe acabou o nojo.

Capítulo LXXI
O senão do livro

Começo a arrepender-me deste livro. Não que ele me canse; eu não tenho que fazer; e, realmente, expedir alguns magros capítulos para esse mundo sempre é tarefa que distrai um pouco da eternidade. Mas o livro é enfadonho, cheira a sepulcro, traz certa contração cadavérica; vício grave, e aliás ínfimo, porque o maior defeito deste livro és tu, leitor. Tu tens pressa de envelhecer, e o livro anda devagar; tu amas a narração direita e nutrida, o estilo regular e fluente, e este livro e o meu estilo são como os ébrios, guinam à direita e à esquerda, andam e param, resmungam, urram, gargalham, ameaçam o céu, escorregam e caem...

E caem! — Folhas misérrimas do meu cipreste, heis de cair, como quaisquer outras belas e vistosas; e, se eu tivesse olhos, dar-vos-ia uma lágrima de saudade. Esta é a grande vantagem da morte, que, se não deixa boca para rir, também não deixa olhos para chorar... Heis de cair.

---

pecúlio – reserva de dinheiro.

C (**LXX**): Dona Plácida vende a consciência, ao fazer desaparecer o nojo inicial diante do pecúlio.

direita e nutrida – direta e forte.

meu cipreste – o cipreste era a árvore-símbolo da morte e que se plantava à beira das sepulturas.

C (**LXXI**): Os desencontros são a tônica do romance: eles existem até na forma de escrever do narrador, em oposição ao gosto do leitor.

Capítulo LXXII

O bibliômano

Talvez suprima o capítulo anterior; entre outros motivos, há aí, nas últimas linhas, uma frase muito parecida com despropósito, e eu não quero dar pasto à crítica do futuro.

Olhai: daqui a setenta anos, um sujeito magro, amarelo, grisalho, que não ama nenhuma outra cousa além dos livros, inclina-se sobre a página anterior, a ver se lhe descobre o despropósito; lê, relê, treslê, desengonça as palavras, saca uma sílaba, depois outra, mais outra, e as restantes, examina-as por dentro e por fora, por todos os lados, contra a luz, espaneja-as, esfrega-as no joelho, lava-as, e nada; não acha despropósito.

É um bibliômano. Não conhece o autor; este nome de Brás Cubas não vem nos seus dicionários biográficos. Achou o volume, por acaso, no pardieiro de um alfarrabista. Comprou-o por duzentos réis. Indagou, pesquisou, esgaravatou, e veio a descobrir que era um exemplar único... Único! Vós, que não só amais os livros, senão que padeceis a mania deles, vós sabeis mui bem o valor desta palavra, e adivinhais, portanto, as delícias de meu bibliômano. Ele rejeitaria a coroa das Índias, o papado, todos os museus da Itália e da Holanda, se os houvesse de trocar por esse único exemplar; e não porque seja o das minhas *Memórias*; faria a mesma cousa com o *Almanaque* de Laemmert, uma vez que fosse único.

O pior é o despropósito. Lá continua o homem inclinado sobre a página, com uma lente no olho direito, todo entregue à nobre e áspera função de decifrar o despropósito. Já prometeu a si mesmo escrever uma breve memória, na qual relate o achado do livro e a descoberta da sublimidade, se a houver por baixo daquela frase

---

bibliômano – aquele que tem mania de livros.

saca – tira.

pardieiro – casa velha.

alfarrabista – aquele que comercia com livros de segunda mão ou antigos.

Almanaque de Laemmert – obra de variedades, publicada anualmente no Rio de Janeiro a partir de 1844, pelos Irmãos Laemmert.

memória – narração.

obscura. Ao cabo, não descobre nada e contenta-se com a posse. Fecha o livro, mira-o, remira-o, chega-se à janela e mostra-o ao sol. Um exemplar único! Nesse momento passa-lhe por baixo da janela um César ou um Cromwell, a caminho do poder. Ele dá de ombros, fecha a janela, estira-se na rede e folheia o livro de vagar, com amor, aos goles... Um exemplar único!

Capítulo LXXIII
O *luncheon*

O despropósito fez-me perder outro capítulo. Que melhor não era dizer as cousas lisamente, sem todos estes solavancos! Já comparei o meu estilo ao andar dos ébrios. Se a ideia vos parece indecorosa, direi que ele é o que eram as minhas refeições com Virgília, na casinha da Gamboa, onde às vezes fazíamos a nossa patuscada, o nosso *luncheon*. Vinho, fruta, compotas. Comíamos, é verdade, mas era um comer virgulado de palavrinhas doces, de olhares ternos, de criancices, uma infinidade desses apartes do coração, aliás o verdadeiro, o ininterrupto discurso do amor. Às vezes vinha o arrufo temperar o nímio adocicado da situação. Ela deixava-me, refugiava-se num canto do canapé, ou ia para o interior ouvir as denguices de Dona Plácida. Cinco ou dez minutos depois, reatávamos a palestra, como eu reato a narração, para desatá-la outra vez. Note-se que, longe de termos horror ao método, era nosso costume convidá-lo, na pessoa de Dona Plácida, a sentar-se conosco à mesa; mas Dona Plácida não aceitava nunca.

C (LXXII): Machado é mestre em brincar com a linguagem. Veja como a sofreguidão do bibliômano é retratada através de expressões e frases curtas, em sucessão obsessiva.

luncheon - vocábulo inglês, variante de "*lunch*" - "almoço"; em português, "lanche" = refeição ligeira. Este último é o sentido do texto.

patuscada - farra.

arrufo - ressentimento passageiro, amuo.

nímio - demasiado.

denguices - maneiras afetadas com o objetivo de agradar.

— Você parece que não gosta mais de mim, disse-lhe um dia Virgília.

— Virgem Nossa Senhora! exclamou a boa dama alçando as mãos para o tecto. Não gosto de Iaiá! Mas então de quem é que eu gostaria neste mundo?

E, pegando-lhe nas mãos, olhou-a fixamente, fixamente, fixamente, até molharem-se-lhe os olhos, de tão fixo que era. Virgília acariciou-a muito; eu deixei-lhe uma pratinha na algibeira do vestido.

Capítulo LXXIV
História de Dona Plácida

Não te arrependas de ser generoso; a pratinha rendeu-me uma confidência de Dona Plácida, e conseguintemente este capítulo. Dias depois, como eu a achasse só em casa, travámos palestra, e ela contou-me em breves termos a sua história. Era filha natural de um sacristão da Sé e de uma mulher que fazia doces para fora. Perdeu o pai aos dez anos. Já então ralava coco e fazia não sei que outros trabalhos de doceira, compatíveis com a idade. Aos quinze ou dezesseis casou com um alfaiate, que morreu tísico algum tempo depois, deixando-lhe uma filha. Viúva e moça, ficaram a seu cargo a filha, com dous anos, e a mãe, cansada de trabalhar. Tinha de sustentar a três pessoas. Fazia doces, que era o seu ofício, mas cosia também, de dia e de noite, com afinco, para três ou quatro lojas, e ensinava algumas crianças do bairro, a dez tostões por mês. Com isto iam-se passando os anos, não a beleza, porque não a tivera nunca. Apareceram-lhe alguns namoros, propostas, seduções, a que resistia.

— Se eu pudesse encontrar outro marido, disse-me ela, creia que me teria casado; mas ninguém queria casar comigo.

Um dos pretendentes conseguiu fazer-se aceito; não sendo, porém, mais delicado que os outros, Dona Plácida despediu-o do mesmo modo, e, depois de o despedir, chorou muito. Continuou

---

Iaiá – tratamento familiar dado às meninas e às jovens no tempo da escravidão.

C (LXXIII): O capítulo marca o ponto alto do relacionamento amoroso dos amantes para, em seguida, o desgaste ir instalando-se gradativamente.

a coser para fora e a escumar os tachos. A mãe tinha a rabugem do temperamento, dos anos e da necessidade; mortificava a filha para que tomasse um dos maridos de empréstimo e de ocasião que lha pediam. E bradava:

— Queres ser melhor do que eu? Não sei donde te vem essas fidúcias de pessoa rica. Minha camarada, a vida não se arranja à toa; não se come vento. Ora esta! Moços tão bons como o Policarpo da venda, coitado... Esperas algum fidalgo, não é?

Dona Plácida jurou-me que não esperava fidalgo nenhum. Era gênio. Queria ser casada. Sabia muito bem que a mãe o não fora, e conhecia algumas que tinham só o seu moço delas; mas era gênio e queria ser casada. Não queria também que a filha fosse outra cousa. Trabalhava muito, queimando os dedos ao fogão, e os olhos ao candeeiro, para comer e não cair. Emagreceu, adoeceu, perdeu a mãe, enterrou-a por subscrição, e continuou a trabalhar. A filha estava com quatorze anos; mas era muito fraquinha, e não fazia nada, a não ser namorar os capadócios que lhe rondavam a rótula. Dona Plácida vivia com imensos cuidados, levando-a consigo, quando tinha de ir entregar costuras. A gente das lojas arregalava e piscava os olhos, convencida de que ela a levava para colher marido ou outra cousa. Alguns diziam graçolas, faziam cumprimentos; a mãe chegou a receber propostas de dinheiro...

Interrompeu-se um instante, e continuou logo:

— Minha filha fugiu-me; foi com um sujeito, nem quero saber... Deixou-me só, mas tão triste, tão triste, que pensei morrer. Não tinha ninguém mais no mundo e estava quase velha e doente. Foi por esse tempo que conheci a família de Iaiá: boa gente, que me deu que fazer, e até chegou a me dar casa. Estive lá muitos meses, um ano, mais de um ano, agregada, costurando. Saí quando Iaiá casou. Depois vivi como Deus foi servido. Olhe os meus dedos, olhe estas mãos... E mostrou-me as mãos grossas e gretadas, as pontas dos dedos picadas

---

escumar – variante de "espumar": há certos doces que, no ato da feitura, criam uma espécie de espuma ao ferverem.

fidúcias – audácias, atrevimentos.

moço – amante. Observe novamente o reforço pronominal e enfático (seu moço delas).

por subscrição – com dinheiro arrecadado mediante lista de contribuição passada entre pessoas.

gretadas – com pequenas rachaduras.

da agulha. — Não se cria isto à toa, meu senhor; Deus sabe como é que isto se cria... Felizmente, Iaiá me protegeu, e o senhor doutor também... Eu tinha um medo de acabar na rua, pedindo esmola...

Ao soltar a última frase, Dona Plácida teve um calafrio. Depois, como se tornasse a si, pareceu atentar na inconveniência daquela confissão ao amante de uma mulher casada, e começou a rir, a desdizer-se, a chamar-se tola, "cheia de fidúcias", como lhe dizia a mãe; enfim, cansada do meu silêncio, retirou-se da sala. Eu fiquei a olhar para a ponta do botim.

Capítulo LXXV
Comigo

Podendo acontecer que algum dos meus leitores tenha pulado o capítulo anterior, observo que é preciso lê-lo para entender o que eu disse comigo, logo depois que Dona Plácida saiu da sala. O que eu disse foi isto:

— Assim, pois, o sacristão da Sé, um dia, ajudando à missa, viu entrar a dama, que devia ser sua colaboradora na vida de Dona Plácida. Viu-a outros dias, durante semanas inteiras, gostou, disse-lhe alguma graça, pisou-lhe o pé, ao acender os altares, nos dias de festa. Ela gostou dele, acercaram-se, amaram-se. Dessa conjunção de luxúrias vadias brotou Dona Plácida. É de crer que Dona Plácida não falasse ainda quando nasceu, mas se falasse podia dizer aos autores de seus dias: — Aqui estou. Para que me chamastes? E o sacristão e a sacristã naturalmente lhe responderiam: — Chamámos-te para queimar os dedos nos tachos, os olhos na costura, comer mal, ou não comer, andar de um lado para outro, na faina, adoecendo e sarando, com o fim de tornar a adoecer e sarar outra vez, triste agora, logo desesperada, amanhã resignada, mas sempre com as mãos no tacho e os olhos na costura, até acabar um dia na lama ou no hospital; foi para isso que te chamámos, num momento de simpatia.

C (LXXIV): Dona Plácida é um retrato vivo do ser humano marcado pela miséria e que se corrompe moralmente para evitar a mendicância.

faina – qualquer trabalho ininterrupto, azáfama.

C (LXXV): Esse é um momento de extremo pessimismo machadiano: a vida vista como um pecúlio de misérias.

Capítulo LXXVI
O estrume

Súbito deu-me a consciência um repelão, acusou-me de ter feito capitular a probidade de Dona Plácida, obrigando-a a um papel torpe, depois de uma longa vida de trabalho e privações. Medianeira não era melhor que concubina, e eu tinha-a baixado a esse ofício, à custa de obséquios e dinheiros. Foi o que me disse a consciência; fiquei uns dez minutos sem saber que lhe replicasse. Ela acrescentou que eu me aproveitara da fascinação exercida por Virgília sobre a ex-costureira, da gratidão desta, enfim da necessidade. Notou a resistência de Dona Plácida, as lágrimas dos primeiros dias, as caras feias, os silêncios, os olhos baixos, e a minha arte em suportar tudo isso, até vencê-la. E repuxou-me outra vez de um modo irritado e nervoso.

Concordei que assim era, mas aleguei que a velhice de Dona Plácida estava agora ao abrigo da mendicidade: era uma compensação. Se não fossem os meus amores, provavelmente Dona Plácida acabaria como tantas outras criaturas humanas; donde se poderia deduzir que o vício é muitas vezes o estrume da virtude. O que não impede que a virtude seja uma flor cheirosa e sã. A consciência concordou, e eu fui abrir a porta a Virgília.

Capítulo LXXVII
Entrevista

Virgília entrou risonha e sossegada. Os tempos tinham levado os sustos e vexames. Que doce que era vê-la chegar, nos primeiros dias, envergonhada e trêmula! Ia de sege, velado o rosto, envolvida numa espécie de mantéu, que lhe disfarçava as ondulações do talhe.

---

capitular – render, entregar.

mendicidade – mendicância.

C (LXXVI): Brás reflete sobre a corrupção como um caminho de mão dupla: o corruptor e o corrompido.

mantéu – capa com colarinho, geralmente usada por frades.

Da primeira vez deixou-se cair no canapé, ofegante, escarlate, com os olhos no chão; e, palavra! em nenhuma outra ocasião a achei tão bela, talvez porque nunca me senti mais lisonjeado.

Agora, porém, como eu dizia, tinham acabado os sustos e vexames; as entrevistas entravam no período cronométrico. A intensidade do amor era a mesma; a diferença é que a chama perdera o tresloucado dos primeiros dias para constituir-se um simples feixe de raios, tranquilo e constante, como nos casamentos.

— Estou muito zangada com você, disse ela sentando-se.

— Porque?

— Porque não foi lá ontem, como me tinha dito. O Damião perguntou muitas vezes se você não iria, ao menos, tomar chá. Porque é que não foi?

Com efeito, eu havia faltado à palavra que dera, e a culpa era toda de Virgília. Questão de ciúmes. Essa mulher esplêndida sabia que o era, e gostava de o ouvir dizer, fosse em voz alta ou baixa. Na antevéspera, em casa da baronesa, valsara duas vezes com o mesmo peralta, depois de lhe escutar as cortesanices, ao canto de uma janela. Estava tão alegre! tão derramada! tão cheia de si! Quando descobriu, entre as minhas sobrancelhas, a ruga interrogativa e ameaçadora, não teve nenhum sobressalto, nem ficou subitamente séria; mas deitou ao mar o peralta e as cortesanices. Veio depois a mim, tomou-me o braço, e levou-me a outra sala, menos povoada, onde se me queixou de cansaço, e disse muitas outras cousas, com o ar pueril que costumava ter, em certas ocasiões, e eu ouvi-a quase sem responder nada.

Agora mesmo, custava-me responder alguma cousa, mas enfim contei-lhe o motivo da minha ausência... Não, eternas estrelas, nunca vi olhos mais pasmados. A boca semiaberta, as sobrancelhas arqueadas, uma estupefacção visível, tangível, que se não podia negar, tal foi a primeira réplica de Virgília; abanou a cabeça com um sorriso de piedade e ternura, que inteiramente me confundiu.

---

escarlate – muito vermelha.

tresloucado – desvairado, louco.

peralta – homem afetado nas maneiras ou no vestir; janota.

cortesanices – fingimentos de cortesia, com intenções sedutoras.

derramada – derretida, solta.

deitou – arremessou.

— Ora você!

E foi tirar o chapéu, lépida, jovial, como a menina que torna do colégio; depois veio a mim, que estava sentado, deu-me pancadinhas na testa, com um só dedo, a repetir: — Isto, isto; — e eu não tive remédio senão rir também, e tudo acabou em galhofa. Era claro que me enganara.

Capítulo LXXVIII
A presidência

Certo dia, meses depois, entrou Lobo Neves em casa, dizendo que iria talvez ocupar uma presidência de província. Olhei para Virgília, que empalideceu; ele, que a viu empalidecer, perguntou-lhe:

— A modo que não gostaste, Virgília?

Virgília abanou a cabeça.

— Não me agrada muito, foi a sua resposta.

Não se disse mais nada; mas de noite Lobo Neves insistiu no projeto, um pouco mais resolutamente do que de tarde; dous dias depois declarou à mulher que a presidência era cousa definitiva. Virgília não pôde dissimular a repugnância que isto lhe causava. O marido respondia a tudo com as necessidades políticas.

— Não posso recusar o que me pedem; é até conveniência nossa, do nosso futuro, dos teus brasões, meu amor, por que eu prometi que serias marquesa, e nem baronesa estás. Dirás que sou ambicioso? Sou-o deveras, mas é preciso que me não ponhas um peso nas asas da ambição.

Virgília ficou desorientada. No dia seguinte achei-a triste, na casa da Gamboa, à minha espera; tinha dito tudo a Dona Plácida, que buscava consolá-la como podia. Não fiquei menos abatido.

— Você há de ir conosco, disse-me Virgília.

— Está douda? Seria uma insensatez.

— Mas então...?

C (LXXVII): O desgaste da relação dá um aviso de chegada: Virgília já não tem olhos somente para Brás.

presidência de província - no Império, as províncias (hoje estados) eram governadas por presidentes nomeados pelo imperador.

A modo que - Parece que.

— Então, é preciso desfazer o projeto.

— É impossível.

— Já aceitou?

— Parece que sim.

Levantei-me, atirei o chapéu a uma cadeira, e entrei a passear de um lado para outro, sem saber o que faria. Cogitei largamente, e não achei nada. Enfim, cheguei-me a Virgília, que estava sentada, e travei-lhe da mão; Dona Plácida foi à janela.

— Nesta pequenina mão está toda a minha existência, disse eu; você é responsável por ela; faça o que lhe parecer.

Virgília teve um gesto aflitivo; eu fui encostar-me ao consolo fronteiro. Decorreram alguns instantes de silêncio; ouvíamos somente o latir de um cão, e não sei se o rumor da água, que morria na praia. Vendo que não falava, olhei para ela. Virgília tinha os olhos no chão, parados, sem luz, as mãos deixadas sobre os joelhos, com os dedos cruzados, na atitude de suprema desesperança. Noutra ocasião, por diferente motivo, é certo que eu me lançaria aos pés dela, e a ampararia com a minha razão e a minha ternura; agora, porém, era preciso compeli-la ao esforço de si mesma, ao sacrifício, à responsabilidade da nossa vida comum, e conseguintemente desampará-la, deixá-la, e sair; foi o que fiz.

— Repito, a minha felicidade está nas tuas mãos, disse eu.

Virgília quis agarrar-me, mas eu já estava fora da porta. Cheguei a ouvir um prorromper de lágrimas, e digo-lhes que estive a ponto de voltar, para as enxugar com um beijo; mas subjuguei-me e saí.

Capítulo LXXIX
Compromisso

Não acabaria se houvesse de contar pelo miúdo o que padeci nas primeiras horas. Vacilava entre um querer e um não querer,

---

compeli-la – forçá-la.

C (**LXXVIII**): Observe como o narrador vem preparando lentamente a separação dos amantes, desde capítulos anteriores. Analise o pensamento de Brás a partir de "Noutra ocasião [...]".

pelo miúdo – com minúcias.

entre a piedade que me empuxava à casa de Virgília e outro sentimento, — egoísmo, suponhamos, — que me dizia: — Fica; deixa-a a sós com o problema, deixa-a que ela o resolverá no sentido do amor. Creio que essas duas forças tinham igual intensidade, investiam e resistiam ao mesmo tempo, com ardor, com tenacidade, e nenhuma cedia definitivamente. Às vezes sentia um dentezinho de remorso; parecia-me que abusava da fraqueza de uma mulher amante e culpada, sem nada sacrificar nem arriscar de mim próprio; e, quando ia a capitular, vinha outra vez o amor, e me repetia o conselho egoísta, e eu ficava irresoluto e inquieto, desejoso de a ver, e receoso de que a vista me levasse a compartir a responsabilidade da solução.

Por fim interveio um compromisso entre o egoísmo e a piedade; eu iria vê-la em casa, e só em casa, em presença do marido, para lhe não dizer nada, à espera do efeito da minha intimação. Deste modo poderia conciliar as duas forças. Agora, que isto escrevo, quer-me parecer que o compromisso era uma burla, que essa piedade era ainda uma forma de egoísmo, e que a resolução de ir consolar Virgília não passava de uma sugestão de meu próprio padecimento.

Capítulo LXXX
De secretário

Na noite seguinte fui efetivamente à casa do Lobo Neves; estavam ambos, Virgília muito triste, ele muito jovial. Juro que ela sentiu certo alívio, quando os nossos olhos se encontraram, cheios de curiosidade e ternura. Lobo Neves contou-me os planos que levava para a presidência, as dificuldades locais, as esperanças, as resoluções; estava tão contente! tão esperançado! Virgília, ao pé da mesa, fingia ler um livro, mas por cima da página olhava-me de quando em quando, interrogativa e ansiosa.

---

empuxava - empurrava.

irresoluto - indeciso.

burla - zombaria, escárnio.

C (LXXIX): A hesitação do narrador parece ser não somente um ato simultâneo de piedade e egoísmo, mas também de sinalização de fim de caso.

— O pior, disse-me de repente o Lobo Neves, é que ainda não achei secretário.

— Não?

— Não, e tenho uma ideia.

— Ah!

— Uma ideia... Quer você dar um passeio ao Norte?

Não sei o que lhe disse.

— Você é rico, continuou ele, não precisa de um magro ordenado; mas se quisesse obsequiar-me, ia de secretário comigo.

Meu espírito deu um salto para trás, como se descobrisse uma serpente diante de si. Encarei o Lobo Neves, fixamente, imperiosamente, a ver se lhe apanhava algum pensamento oculto... Nem sombra disso; o olhar vinha direito e franco, a placidez do rosto era natural, não violenta, uma placidez salpicada de alegria. Respirei, e não tive ânimo de olhar para Virgília; senti por cima da página o olhar dela, que me pedia também a mesma cousa, e disse que sim, que iria. Na verdade, um presidente, uma presidenta, um secretário, era resolver as cousas de um modo administrativo.

Capítulo LXXXI
A reconciliação

Contudo, ao sair de lá, tive umas sombras de dúvida; cogitei se não ia expor insanamente a reputação de Virgília, se não haveria outro meio razoável de combinar o Estado e a Gamboa. Não achei nada. No dia seguinte, ao levantar-me da cama, trazia o espírito feito e resoluto a aceitar a nomeação. Ao meio dia, veio o criado dizer-me que estava na sala uma senhora, coberta com um véu. Corro; era minha irmã Sabina.

— Isto não pode continuar assim, disse ela; é preciso que, de uma vez por todas, façamos as pazes. Nossa família está acabando; não havemos de ficar como dous inimigos.

C (LXXX): Brás dá a impressão de certa falta de entusiasmo diante da solução encontrada e fecha ironicamente o capítulo.

— Mas se eu não te peço outra cousa, mana! bradei estendendo-lhe os braços.

Sentei-a ao pé de mim, falei-lhe do marido, da filha, dos negócios, de tudo. Tudo ia bem; a filha estava linda como os amores. O marido viria mostrar-ma, se eu consentisse.

— Ora essa! irei eu mesmo vê-la.

— Sim?

— Palavra.

— Tanto melhor! respirou Sabina. É tempo de acabar com isto.

Achei-a mais gorda, e talvez mais moça. Parecia ter vinte anos, e contava mais de trinta. Graciosa, afável, nenhum acanhamento, nenhum ressentimento. Olhávamos um para o outro, com as mãos seguras, falando de tudo e de nada, como dous namorados. Era a minha infância que ressurgia, fresca, travessa e loura; os anos iam caindo como as fileiras de cartas de jogar encurvadas, com que eu brincava em pequeno, e deixavam-me ver a nossa casa, a nossa família, as nossas festas. Suportei a recordação com algum esforço; mas um barbeiro da vizinhança lembrou-se de zangarrear na clássica rabeca, e essa voz — porque até então a recordação era muda — essa voz do passado, fanhosa e saudosa, a tal ponto me comoveu, que...

Os olhos dela estavam secos. Sabina não herdara a flor amarela e mórbida. Que importa? Era minha irmã, meu sangue, um pedaço de minha mãe, e eu disse-lho com ternura, com sinceridade... Súbito, ouço bater à porta da sala; vou abrir; era um anjinho de cinco anos.

— Entra, Sara, disse Sabina.

Era minha sobrinha. Apanhei-a do chão, beijei-a muitas vezes; a pequena, espantada, empurrava-me o ombro com a mãozinha, quebrando o corpo para descer... Nisto, aparece-me à porta um chapéu, e logo um homem, o Cotrim, nada menos que o Cotrim. Eu estava tão comovido, que deixei a filha e lancei-me aos braços do pai. Talvez essa efusão o desconcertou um pouco; é certo que

---

loura – dourada, isto é, feliz.

zangarrear na clássica rabeca – tocar no violino de modo desafinado, marcando sempre o mesmo ritmo e acordes.

quebrando – dobrando, torcendo.

efusão – demonstração clara e sincera de sentimentos íntimos.

me pareceu acanhado. Simples prólogo. Daí a pouco falávamos como bons amigos velhos. Nenhuma alusão ao passado, muitos planos de futuro, promessa de jantarmos em casa um do outro. Não deixei de dizer que essa troca de jantares podia ser que tivesse uma curta interrupção, porque eu andava com ideias de uma viagem ao Norte. Sabina olhou para o Cotrim, o Cotrim para Sabina; ambos concordaram que essas ideias não tinham senso comum. Que diacho podia eu achar no Norte? Pois não era na corte, em plena corte, que devia continuar a luzir, a meter num chinelo os rapazes do tempo? Que, na verdade, nenhum havia que se me comparasse; ele, Cotrim, acompanhava-me de longe, e, não obstante uma briga ridícula, teve sempre interesse, orgulho, vaidade nos meus triunfos. Ouvia o que se dizia a meu respeito, nas ruas e nas salas; era um concerto de louvores e admirações. E deixa-se isso para ir passar alguns meses na província, sem necessidade, sem motivo sério? A menos que não fosse política...

— Justamente política, disse eu.

— Nem assim, replicou ele daí a um instante. — E depois de outro silêncio: — Seja como for, venha jantar hoje conosco.

— Certamente que vou; mas, amanhã ou depois, hão de vir jantar comigo.

— Não sei, não sei, objetou Sabina; casa de homem solteiro... Você precisa casar, mano. Também eu quero uma sobrinha, ouviu?

Cotrim reprimiu-a com um gesto, que não entendi bem. Não importa; a reconciliação de uma família vale bem um gesto enigmático.

Capítulo LXXXII
Questão de botânica

Digam o que quiserem dizer os hipocondríacos: a vida é uma cousa doce. Foi o que eu pensei comigo, ao ver Sabina, o marido

---

meter num chinelo - suplantar, levar vantagem sobre.

C (LXXXI): As relações familiares parecem falsas e forçadas, apesar de a sobrinha de Brás levar-lhe de volta à infância. O gesto enigmático da última frase do capítulo aponta para o conhecimento dos amores.

e a filha descerem de tropel as escadas, dizendo muitas palavras afectuosas para cima, onde eu ficava — no patamar, — a dizer-lhes outras tantas para baixo. Continuei a pensar que, na verdade, era feliz. Amava-me uma mulher, tinha a confiança do marido, ia por secretário de ambos, e reconciliava-me com os meus. Que podia desejar mais, em vinte e quatro horas?

Nesse mesmo dia, tratando de aparelhar os ânimos, comecei a espalhar que talvez fosse para o Norte como secretário de província, afim de realizar certos desígnios políticos, que me eram pessoais. Disse-o na rua do Ouvidor, repeti-o no dia seguinte, no Pharoux e no teatro. Alguns, ligando a minha nomeação à do Lobo Neves, que já andava em boatos, sorriam maliciosamente, outros batiam-me no ombro. No teatro disse-me uma senhora que era levar muito longe o amor da escultura. Referia-se às belas formas de Virgília.

Mas a alusão mais rasgada que me fizeram foi em casa de Sabina, três dias depois. Fê-la um certo Garcez, velho cirurgião, pequenino, trivial e grulha, que podia chegar aos setenta, aos oitenta, aos noventa anos, sem adquirir jamais aquela compostura austera, que é a gentileza do ancião. A velhice ridícula é, porventura, a mais triste e derradeira surpresa da natureza humana.

— Já sei, desta vez vai ler Cícero, disse-me ele, ao saber da viagem.

— Cícero! exclamou Sabina.

— Pois então? Seu mano é um grande latinista. Traduz Virgílio de relance. Olhe que é Virgílio e não Virgília... não confunda...

E ria, de um riso grosso, rasteiro e frívolo. Sabina olhou para mim, receosa de alguma réplica; mas sorriu, quando me viu sorrir, e voltou o rosto para disfarçá-lo. As outras pessoas olhavam-me com um ar de curiosidade, indulgência e simpatia; era transparente que não acabavam de ouvir nenhuma novidade. O caso dos meus amores andava mais público do que eu podia supor.

---

de tropel – ruidosamente.

trivial e grulha – vulgar e tagarela.

Cícero – (106-43 a.C.), famoso orador e escritor romano, autor de *Catilinárias.*

grosso, rasteiro e frívolo – abundante, ordinário e inútil.

indulgência – tolerância.

Entretanto sorri, um sorriso curto, fugitivo e guloso, — palreiro como as pegas de Sintra. Virgília era um belo erro, e é tão fácil confessar um belo erro! Costumava ficar carrancudo, a princípio, quando ouvia alguma alusão aos nossos amores; mas, palavra de honra! sentia cá dentro uma impressão suave e lisonjeira. Uma vez, porém, aconteceu-me sorrir, e continuei a fazê-lo das outras vezes. Não sei se há aí alguém que explique o fenômeno. Eu explico-o assim: a princípio, o contentamento, sendo interior, era por assim dizer o mesmo sorriso, mas abotoado; andando o tempo, desabotoou-se em flor, e apareceu aos olhos do próximo. Simples questão de botânica.

Capítulo LXXXIII

13

Cotrim tirou-me daquele gozo, levando-me à janela. — Você quer que lhe diga uma cousa? perguntou ele; — não faça essa viagem; é insensata, é perigosa.

— Porque?

— Você bem sabe porque, tornou ele: é, sobretudo, perigosa, muito perigosa. Aqui na corte, um caso desses perde-se na multidão da gente e dos interesses; mas na província muda de figura; e tratando-se de personagens políticos, é realmente insensatez. As gazetas de oposição, logo que farejarem o negócio, passam a

---

guloso - ansioso, sôfrego.

palreiro - chilreador.

pegas - (ê) aves que, como o papagaio, têm a facilidade de imitar a voz humana.

Sintra - pequena cidade de Portugal, onde há um palácio. "palreiro como as pegas de Sintra" é referência a uma lenda portuguesa, poetizada por Almeida Garrett: num passeio pelo jardim do palácio, o rei colhe uma rosa e presenteia com ela a uma bela dama da corte. Uma pega que ela trazia nos ombros toma-a e voa levando-a no bico, como a denunciar o fato, e na presença da rainha. A pega é vista como mexeriqueira.

abotoado - inibido.

C (**LXXXII**): O aumento das desconfianças dos outros já faz com que Brás considere Virgília "um belo erro".

gazetas - jornais.

imprimi-lo com todas as letras, e aí virão as chufas, os remoques, as alcunhas...

— Mas não entendo...

— Entende, entende. Em verdade, seria bem pouco amigo nosso, se me negasse o que toda a gente sabe. Eu sei disso há longos meses. Repito, não faça semelhante viagem; suporte a ausência, que é melhor, e evite algum grande escândalo e maior desgosto...

Disse isto, e foi para dentro. Eu deixei-me estar com os olhos no lampião da esquina, — um antigo lampião de azeite, — triste, obscuro e recurvado, como um ponto de interrogação. Que me cumpria fazer? Era o caso de Hamlet: ou dobrar-me à fortuna, ou lutar com ela e subjugá-la. Por outros termos: embarcar ou não embarcar. Esta era a questão. O lampião não me dizia nada. As palavras do Cotrim ressoavam-me aos ouvidos da memória, de um modo mui diverso do das palavras do Garcez. Talvez Cotrim tivesse razão; mas podia eu separar-me de Virgília?

Sabina veio ter comigo, e perguntou-me em que estava pensando. Respondi que em cousa nenhuma, que tinha sono e ia para casa. Sabina esteve um instante calada. — O que você precisa, sei eu; é uma noiva. Deixe, que eu ainda arranjo uma noiva para você. Saí de lá opresso, desorientado. Tudo pronto para embarcar, — espírito e coração, — e eis aí me surge esse porteiro das conveniências, que me pede o cartão de ingresso. Dei ao diabo as conveniências, e com elas a constituição, o corpo legislativo, o ministério, tudo.

No dia seguinte, abro uma folha política e leio a notícia de que, por decreto de 13, tínhamos sido nomeados presidente e secretário da província de *** o Lobo Neves e eu. Escrevi imediatamente a Virgília, e segui duas horas depois para a Gamboa. Coitada de Dona Plácida! Estava cada vez mais aflita; perguntou-me se esqueceríamos a nossa velha, se a ausência era grande e se a província ficava longe. Consolei-a; mas eu próprio precisava de consolações; a objecção de

---

remoques – insinuações indiretas e maliciosas.

embarcar ou não embarcar. Esta era a questão. – Apropriação de um verso famoso de Hamlet, no trecho referido no Capítulo Primeiro: "Ser ou não ser, eis a questão."

opresso – oprimido.

Dei – Mandei.

Cotrim afligia-me. Virgília chegou daí a pouco, lépida como uma andorinha; mas, ao ver-me triste, ficou muito séria.

— Que aconteceu?

— Vacilo, disse eu; não sei se devo aceitar...

Virgília deixou-se cair, no canapé, a rir. — Porque? disse ela.

— Não é conveniente, dá muito na vista...

— Mas nós já não vamos.

— Como assim?

Contou-me que o marido ia recusar a nomeação, e por motivo que só lhe disse, a ela, pedindo-lhe o maior segredo; não podia confessá-lo a ninguém mais. — É pueril, observou ele, é ridículo; mas em suma, é um motivo poderoso para mim. Referiu-lhe que o decreto trazia a data de 13, e que esse número significava para ele uma recordação fúnebre. O pai morreu num dia 13, treze dias depois de um jantar em que havia treze pessoas. A casa em que morrera a mãe tinha o nº 13. *Et caetera*. Era um algarismo fatídico. Não podia alegar semelhante cousa ao ministro; dir-lhe-ia que tinha razões particulares para não aceitar. Eu fiquei como há de estar o leitor, — um pouco assombrado com esse sacrifício a um número; mas, sendo ele ambicioso, o sacrifício devia ser sincero...

Capítulo LXXXIV
O conflito

Número fatídico, lembras-te que te abençoei muitas vezes? Assim também as virgens ruivas de Tebas deviam abençoar a égua, de ruiva crina, que as substituiu no sacrifício de Pelópidas, — uma donosa égua, que lá morreu, coberta de flores, sem que ninguém lhe desse nunca uma palavra de saudade. Pois dou-ta eu, égua piedosa,

---

Et caetera – expressão latina, geralmente usada abreviadamente: Etc.(e outras coisas).

C (**LXXXIII**): No capítulo fica patente que os olheiros e escutas são, na verdade, uma desculpa de Brás para pôr fim ao caso amoroso: ao saber-se nomeado secretário do Neves, vacila em aceitar o cargo, declara estar precisando ser consolado e acaba sendo salvo pela superstição do outro.

Início do capítulo – Referência a um episódio da vida de Pelópidas, general grego de Tebas, que contribuiu com a expulsão dos espartanos da cidade, em 378 a.C.

não só pela morte havida, como porque, entre as donzelas escapas, não é impossível que figurasse uma avó dos Cubas... Número fatídico, tu foste a nossa salvação. Não me confessou o marido a causa da recusa; disse-me também que eram negócios particulares, e o rosto sério, convencido, com que eu o escutei, fez honra à dissimulação humana. Ele é que mal podia encobrir a tristeza profunda que o minava; falava pouco, absorvia-se, metia-se em casa, a ler. Outras vezes recebia, e então conversava e ria muito, com estrépito e afectação. Oprimiam-no duas cousas, — a ambição, que um escrúpulo desasara, e logo depois a dúvida, e talvez o arrependimento, — mas um arrependimento, que viria outra vez, se se repetisse a hipótese, porque o fundo supersticioso existia. Duvidava da superstição, sem chegar a rejeitá-la. Essa persistência de um sentimento, que repugna ao mesmo indivíduo, era um fenômeno digno de alguma atenção. Mas eu preferia a pura ingenuidade de Dona Plácida, quando confessava não poder ver um sapato voltado para o ar.

— Que tem isso? perguntava-lhe eu.

— Faz mal, era a sua resposta.

Isto somente, esta única resposta, que valia para ela o livro dos sete selos. Faz mal. Disseram-lhe isso em criança, sem outra explicação, e ela contentava-se com a certeza do mal. Já não acontecia a mesma cousa quando se falava de apontar uma estrela com o dedo; aí sabia perfeitamente que era caso de criar uma verruga.

Segundo uma lenda, para obter a vitória o general precisaria sacrificar aos deuses uma virgem ruiva. Quando se discutia a questão, argumentando-se que as divindades não deveriam aceitar o sacrifício de um ser humano, surgiu no local uma égua de crina ruiva. Foi tida como enviada pelos deuses e foi sacrificada no lugar de uma mulher virgem.

escapas – que escaparam.

absorvia-se – recolhia-se.

recebia – acolhia visitas ou dava recepções.

estrépito – ruído, algazarra.

desasara – partira as asas. Há edições em que se lê "desazara" – tratar impropriamente. No contexto cabem ambos os vocábulos.

voltado para o ar – com a sola virada para cima.

livro dos sete selos – referência ao *Apocalipse* (II, 5-6), parte relativa às preliminares do Juízo Final: Deus traz na mão direita um livro de profecias lacrado com sete sinetes, os quais puderam ser rompidos por um cordeiro, único ser considerado digno para a tarefa. Cada sinete era uma profecia.

Ou verruga ou outra cousa, que valia isso, para quem não perde uma presidência de província? Tolera-se uma superstição gratuita ou barata; é insuportável a que leva uma parte da vida. Este era o caso do Lobo Neves com o acréscimo da dúvida e do terror de haver sido ridículo. E mais este outro acréscimo, que o ministro não acreditou nos motivos particulares; atribuiu a recusa do Lobo Neves a manejos políticos, ilusão complicada de algumas aparências; tratou-o mal, comunicou a desconfiança aos colegas; sobrevieram incidentes; enfim, com o tempo, o presidente resignatário foi para a oposição.

Capítulo LXXXV
O cimo da montanha

Quem escapa a um perigo ama a vida com outra intensidade. Entrei a amar Virgília com muito mais ardor, depois que estive a pique de a perder, e a mesma cousa lhe aconteceu a ela. Assim, a presidência não fez mais do que avivar a afeição primitiva; foi a droga com que tornámos mais saboroso o nosso amor, e mais prezado também. Nos primeiros dias, depois daquele incidente, folgávamos de imaginar a dor da separação, se houvesse separação, a tristeza de um e de outro, à proporção que o mar, como uma toalha elástica, se fosse dilatando entre nós; e, semelhantes às crianças, que se achegam ao regaço das mães, para fugir a uma simples careta, fugíamos do suposto perigo, apertando-nos com abraços.

— Minha boa Virgília!

— Meu amor!

— Tu és minha, não?

— Tua, tua...

E assim reatámos o fio da aventura, como a sultana Scheherazade o dos seus contos. Esse foi, cuido eu, o ponto máximo do nosso amor, o cimo da montanha, donde por algum tempo divisámos

---

resignatário – renunciante.

C (LXXXIV): A primeira frase do capítulo reforça a ideia dos anteriores, no que tange à separação.

folgávamos de – divertiamo-nos em.

sultana Scheherazade – rainha narradora de *As mil e uma noites*, que cada noite tinha de contar uma história, sob pena de morrer se não o fizesse.

os vales de leste e de oeste, e por cima de nós o céu tranquilo e azul. Repousado esse tempo, começámos a descer a encosta, com as mãos presas ou soltas, mas a descer, a descer...

Capítulo LXXXVI
O mistério

Serra abaixo, como eu a visse um pouco diferente, não sei se abatida ou outra cousa, perguntei-lhe o que tinha; calou-se, fez um gesto de enfado, de mal-estar, de fadiga; ateimei, ela disse-me que... Um fluido subtil percorreu todo o meu corpo; sensação forte, rápida, singular, que eu não chegarei jamais a fixar no papel. Travei-lhe das mãos, puxei-a levemente a mim, e beijei-a na testa, com uma delicadeza de zéfiro e uma gravidade de Abraão. Ela estremeceu, colheu-me a cabeça entre as palmas, fitou-me os olhos, depois afagou-me com um gesto maternal... Eis aí um mistério; deixemos ao leitor o tempo de decifrar este mistério.

Capítulo LXXXVII
Geologia

Sucedeu por esse tempo um desastre: a morte do Viegas. O Viegas passou aí de relance, com os seus setenta anos, abafados de asma, desconjuntados de reumatismo, e uma lesão de coração por quebra. Foi um dos finos espreitadores da nossa aventura. Virgília nutria grandes esperanças em que esse velho parente, avaro como

---

C (LXXXV): A volubilidade de Brás leva-o a reacender a chama do amor após o risco da separação. No entanto, a metáfora dominante no capítulo revela o encaminhamento do caso para seu final.

ateimei – variante de "teimei".

zéfiro – vento fraco, aragem.

C (LXXXVI): Eis um belo exemplo de síntese expressiva da escrita machadiana: a comunicação da gravidez é feita através de gestos e de silêncios, negando, assim, seu caráter de mistério para o leitor.

de relance – rapidamente.

por quebra – de quebra, a mais.

um sepulcro, lhe amparasse o futuro do filho, com algum legado; e, se o marido tinha iguais pensamentos, encobria-os ou estrangulava-os. Tudo se deve dizer: havia no Lobo Neves certa dignidade fundamental, uma camada de rocha, que resistia ao comércio dos homens. As outras, as camadas de cima, terra solta e areia, levou-lhas a vida, que é um enxurro perpétuo. Se o leitor ainda se lembra do capítulo XXIII, observará que é agora a segunda vez que eu comparo a vida a um enxurro; mas também há de reparar que desta vez acrescento-lhe um adjetivo — perpétuo. E Deus sabe a força de um adjetivo, principalmente em países novos e cálidos.

O que é novo neste livro é a geologia moral do Lobo Neves, e provavelmente a do cavalheiro, que me está lendo. Sim, essas camadas de caráter, que a vida altera, conserva ou dissolve, conforme a resistência delas, essas camadas mereceriam um capítulo, que eu não escrevo, por não alongar a narração. Digo apenas que o homem mais probo que conheci em minha vida foi um certo Jacob Medeiros ou Jacob Valadares, não me recorda bem o nome. Talvez fosse Jacob Rodrigues; em suma, Jacob. Era a probidade em pessoa; podia ser rico, violentando um pequenino escrúpulo, e não quis; deixou ir pelas mãos fora nada menos de uns quatrocentos contos; tinha a probidade tão exemplar, que chegava a ser miúda e cansativa. Um dia, como nos achássemos, a sós, em casa dele, em boa palestra, vieram dizer que o procurava o Doutor B., um sujeito enfadonho. Jacob mandou dizer que não estava em casa.

— Não pega, bradou uma voz do corredor; cá estou de dentro.

E, com efeito, era o Doutor B., que apareceu logo à porta da sala. Jacob foi recebê-lo, afirmando que cuidava ser outra pessoa, e não ele, e acrescentando que tinha muito prazer com a visita, o que nos rendeu hora e meia de enfado mortal, e isto mesmo, porque Jacob tirou o relógio; o Doutor B. perguntou-lhe então se ia sair.

— Com minha mulher, disse Jacob.

Retirou-se o Doutor B. e respirámos. Uma vez respirados, disse eu ao Jacob que ele acabava de mentir quatro vezes, em menos de duas horas: a primeira, negando-se; a segunda, alegrando-se com a presença do importuno; a terceira, dizendo que ia sair; a quarta, acrescentando que com a mulher. Jacob refletiu um instante, depois

---

probo – honesto.

confessou a justeza da minha observação, mas desculpou-se dizendo que a veracidade absoluta era incompatível com um estado social adiantado, e que a paz das cidades só se podia obter à custa de embaçadelas recíprocas... Ah! lembra-me agora: chamava-se Jacob Tavares.

Capítulo LXXXVIII
O enfermo

Não é preciso dizer que refutei tão perniciosa doutrina, com os mais elementares argumentos; mas ele estava tão vexado do meu reparo, que resistiu até o fim, mostrando certo calor fictício, talvez para atordoar a consciência.

O caso de Virgília tinha alguma gravidade mais. Ela era menos escrupulosa que o marido; manifestava claramente as esperanças que trazia no legado, cumulava o parente de todas as cortesias, atenções e afagos que poderiam render, pelo menos, um codicilo. Propriamente, adulava-o; mas eu observei que a adulação das mulheres não é a mesma cousa que a dos homens. Esta orça pela servilidade; a outra confunde-se com a afeição. As formas graciosamente curvas, a palavra doce, a mesma fraqueza física dão à ação lisonjeira da mulher, uma cor local, um aspecto legítimo. Não importa a idade do adulado; a mulher há de ter sempre para ele uns ares de mãe ou de irmã, — ou ainda de enfermeira, outro ofício feminil, em que o mais hábil dos homens carecerá sempre de um *quid*, um fluido, alguma cousa.

---

embaçadelas - enganos.

C (**LXXXVII**): A palavra do título, aplicada à dignidade do rival - "uma camada de rocha, que resistia ao comércio dos homens" - indicia a visão distanciada do defunto autor no outro mundo.

refutei - contestei.

perniciosa - maléfica.

codicilo - alteração ou anulação de um testamento, por disposições adicionais a ele, (para beneficiar o nhonhô).

orça pela - aproxima-se da.

cor local - conjunto de características exteriores com que se assinala uma pessoa.

quid - vocábulo latino: quê.

fluido - suavidade.

Era o que eu pensava comigo, quando Virgília se desfazia toda em afagos ao velho parente. Ela ia recebê-lo à porta, falando e rindo, tirava-lhe o chapéu e a bengala, dava-lhe o braço e levava-o a uma cadeira, ou à cadeira, porque havia lá em casa a "cadeira do Viegas", obra especial, conchegada, feita para gente enferma ou anciã. Ia fechar a janela próxima, se havia alguma brisa, ou abri-la, se estava calor, mas com cuidado, combinando de modo que lhe não desse um golpe de ar.

— Então? hoje está mais fortezinho...

Qual! Passei mal a noite; o diabo da asma não me deixa.

E bufava o homem, repousando a pouco e pouco do cansaço da entrada e da subida, não do caminho, porque ia sempre de sege. Ao lado, um pouco mais para a frente, sentava-se Virgília, numa banquinha, com as mãos nos joelhos do enfermo. Entretanto, o nhonhô chegava à sala, sem os pulos do costume, mas discreto, meigo, sério. Viegas gostava muito dele.

— Vem cá, nhonhô, dizia-lhe; e a custo introduzia a mão na ampla algibeira, tirava uma caixinha de pastilhas, metia uma na boca e dava outra ao pequeno. Pastilhas antiasmáticas. O pequeno dizia que eram muito boas.

Repetia-se isto, com variantes. Como o Viegas gostasse de jogar damas, Virgília cumpria-lhe o desejo, aturando-o por largo tempo, a mover as pedras com a mão frouxa e tarda. Outras vezes, desciam a passear na chácara, dando-lhe ela o braço, que ele nem sempre aceitava, por dizer-se rijo e capaz de andar uma légua. Iam, sentavam-se, tornavam a ir, a falar de cousas várias, ora de um negócio de família, ora de uma bisbilhotice de sala, ora enfim de uma casa que ele meditava construir, para residência própria, casa de feitio moderno, porque a dele era das antigas, contemporânea de el-rei Dom João VI, à maneira de algumas que ainda hoje (creio eu) se podem ver no bairro do São Cristóvão, com as suas grossas colunas na frente. Parecia-lhe que o casarão em que morava podia ser substituído, e já tinha encomendado o risco a um pedreiro de

---

conchegada - variante de "aconchegada": confortável.

bisbilhotice de sala - mexerico, fofoca ingênua.

risco - projeto arquitetônico.

pedreiro - arquiteto prático, geralmente estrangeiro, especializado em construções de pedra e de alvenaria.

fama. Ah! então sim, então é que Virgília chegaria a ver o que era um velho de gosto.

Falava, como se pode supor, lentamente e a custo, intervalado de uma arfagem incômoda para ele e para os outros. De quando em quando, vinha um acesso de tosse; curvo, gemendo, levava o lenço à boca, e investigava-o; passado o acesso, tornava ao plano da casa, que devia ter tais e tais quartos, um terraço, cocheira, um primor.

Capítulo LXXXIX
In extremis

— Amanhã vou passar o dia em casa do Viegas, disse-me ela uma vez. Coitado! não tem ninguém...

Viegas caíra na cama, definitivamente; a filha, casada, adoecera justamente agora, e não podia fazer-lhe companhia. Virgília ia lá de quando em quando. Eu aproveitei a circunstância para passar todo aquele dia ao pé dela. Eram duas horas da tarde quando cheguei. Viegas tossia com tal força que me fazia arder o peito; no intervalo dos acessos debatia o preço de uma casa, com um sujeito magro. O sujeito oferecia trinta contos, Viegas exigia quarenta. O comprador instava como quem receia perder o trem da estrada de ferro, mas Viegas não cedia; recusou primeiramente os trinta contos, depois mais dous, depois mais três, enfim teve um forte acesso, que lhe tolheu a fala durante quinze minutos. O comprador acarinhou-o muito, arranjou-lhe os travesseiros, ofereceu-lhe trinta e seis contos.

— Nunca! gemeu o enfermo.

Mandou buscar um maço de papéis à escrivaninha; não tendo forças para tirar a fita de borracha que prendia os papéis, pediu-me que os deslaçasse: fi-lo. Eram as contas das despesas com a construção da casa: contas de pedreiro, de carpinteiro, de pintor;

---

arfagem – respiração difícil.

C (LXXXVIII): As relações pessoais a que subjazem interesses financeiros, como se viu no caso de Marcela, retornam aqui.

In extremis – expressão latina que significa "No último momento" (de vida).

contas do papel da sala de visitas, da sala de jantar, das alcovas, dos gabinetes; contas das ferragens; custo do terreno. Ele abria-as, uma por uma, com a mão trêmula, e pedia-me que as lesse, e eu lia-as.

— Veja; mil e duzentos, papel de mil e duzentos a peça. Dobradiças francesas... Veja, e de graça, concluiu ele depois de lida a última conta.

— Pois bem... mas...

— Quarenta contos; não lhe dou por menos. Só os juros... faça a conta dos juros...

Vinham tossidas estas palavras, às golfadas, às sílabas, como se fossem migalhas de um pulmão desfeito. Nas órbitas fundas rolavam os olhos lampejantes, que me faziam lembrar a lamparina da madrugada. Sob o lençol desenhava-se a estrutura óssea do corpo, pontudo em dous lugares, nos joelhos e nos pés; a pele amarelada, bamba, rugosa, revestia apenas a caveira de um rosto sem expressão; uma carapuça de algodão branco cobria-lhe o crânio rapado pelo tempo.

— Então? disse o sujeito magro.

Fiz-lhe sinal para que não insistisse, e ele calou-se por alguns instantes. O doente ficou a olhar para o tecto, calado, a arfar muito: Virgília empalideceu, levantou-se, foi até à janela. Suspeitara a morte e tinha medo. Eu procurei falar de outras cousas. O sujeito magro contou uma anedota, e tornou a tratar da casa, alteando a proposta.

— Trinta e oito contos, disse ele.

— Am?... gemeu o enfermo.

O sujeito magro aproximou-se da cama, pegou-lhe na mão, e sentiu-a fria. Eu acheguei-me ao doente, perguntei-lhe se sentia alguma cousa, se queria tomar um cálice de vinho.

— Não... não... quar... quaren... quar... quar...

Teve um acesso de tosse, e foi o último; daí a pouco expirava ele, com grande consternação do sujeito magro, que me confessou depois a disposição em que estava de oferecer os quarenta contos; mas era tarde.

---

papel da sala de visitas [...] gabinetes – os cômodos das casas do século XIX costumavam ser forrados com papel de parede, ao invés de ser pintados.

C (LXXXIX): A extrema avareza do Viegas é a outra face da adulação de Virgília a ele.

Capítulo XC
O velho colóquio de Adão e Caim

Nada. Nenhuma lembrança testamentária, uma pastilha que fosse, com que do todo em todo não parecesse ingrato ou esquecido. Nada. Virgília tragou raivosa esse malogro, e disse-mo com certa cautela, não pela cousa em si, senão porque entendia com o filho, de quem sabia que eu não gostava muito, nem pouco. Insinuei-lhe que não devia pensar mais em semelhante negócio. O melhor de tudo era esquecer o defunto, um lorpa, um cainho sem nome, e tratar de cousas alegres; o nosso filho por exemplo...

Lá me escapou a decifração do mistério, esse doce mistério de algumas semanas antes, quando Virgília me pareceu um pouco diferente do que era. Um filho! Um ser tirado do meu ser! Esta era a minha preocupação exclusiva daquele tempo. Olhos do mundo, zelos do marido, morte do Viegas, nada me interessava por então, nem conflitos políticos, nem revoluções, nem terremotos, nem nada. Eu só pensava naquele embrião anônimo, de obscura paternidade, e uma voz secreta me dizia: é teu filho. Meu filho! E repetia estas duas palavras, com certa voluptuosidade indefinível, e não sei que assomos do orgulho. Sentia-me homem.

O melhor é que conversávamos os dous, o embrião e eu, falávamos de cousas presentes e futuras. O maroto amava-me, era um pelintra gracioso, dava-me pancadinhas na cara com as mãozinhas gordas, ou então traçava a beca de bacharel, porque ele havia de ser bacharel e fazia um discurso na câmara dos deputados. E o pai a ouvi-lo de uma tribuna, com os olhos rasos de lágrimas. De bacharel passava outra vez à escola, pequenino, lousa e livros

---

O velho colóquio de Adão e Caim – metáfora de "conversa entre pai e filho".

do todo em todo – o mesmo que "de todo": completamente.

malogro – fracasso.

entendia – relacionava-se.

lorpa – tolo, grosseiro.

cainho – pão-duro.

traçava a beca de bacharel – desenhava a veste longa e preta dos advogados ou magistrados.

lousa – pequeno quadro-negro, particular, que os estudantes de antigamente levavam para a escola.

debaixo do braço, ou então caía no berço para tornar a erguer-se homem. Em vão buscava fixar no espírito uma idade, uma atitude: esse embrião tinha a meus olhos todos os tamanhos e gestos: ele mamava, ele escrevia, ele valsava, ele era o interminável nos limites de um quarto de hora, — *baby* e deputado, colegial e pintalegrete. Às vezes, ao pé de Virgília, esquecia-me dela e de tudo; Virgília sacudia-me, reprochava-me o silêncio; dizia que eu já lhe não queria nada. A verdade é que estava em diálogo com o embrião; era o velho colóquio de Adão e Caim, uma conversa sem palavras entre a vida e a vida, o mistério e o mistério.

Capítulo XCI
Uma carta extraordinária

Por esse tempo recebi uma carta extraordinária, acompanhada de um objeto não menos extraordinário. Eis o que a carta dizia:

"Meu caro Brás Cubas,

"Há tempos, no Passeio Público, tomei-lhe de empréstimo um relógio. Tenho a satisfação de restituir-lho com esta carta. A diferença é que não é o mesmo, porém outro, não digo superior, mas igual ao primeiro. *Que voulez-vous, monseigneur*, — como dizia Fígaro, — *c'est la misère*. Muitas cousas se deram depois do nosso encontro; irei contá-las pelo miúdo, se me não fechar a porta. Saiba que já não trago aquelas botas caducas, nem envergo uma famosa sobrecasaca cujas abas se perdiam na noite dos tempos. Cedi o meu degrau da escada de São Francisco; finalmente, almoço.

"Dito isto, peço licença para ir um dia destes expor-lhe um trabalho, fruto de longo estudo, um novo sistema de filosofia, que

---

reprochava-me - repreendia-me.

C (XC): A raiva de Virgília, por não ter herdado nada, é compensada, de alguma forma, pela chegada de um herdeiro, tratada por Brás com vaidade e orgulho.

Fígaro - personagem do escritor francês Beaumarchais (1732-1799), presente nas comédias *O barbeiro de Sevilha* e *Casamento de Fígaro.*

Que voulez-vous, monseigneur, c'est la misère - frase em francês: *O que quereis, senhor? é a miséria.*

caducas - velhíssimas.

não só explica e descreve a origem e a consumação das cousas, como faz dar um grande passo adiante de Zenon e Sêneca, cujo estoicismo era um verdadeiro brinco de crianças ao pé da minha receita moral. É singularmente espantoso este meu sistema; retifica o espírito humano, suprime a dor, assegura a felicidade, e enche de imensa glória o nosso país. Chamo-lhe Humanitismo, de Humanitas, princípio das cousas. Minha primeira ideia revelava uma grande enfatuação; era chamar-lhe borbismo, de Borba; denominação vaidosa, além de rude e molesta. E com certeza exprimia menos. Verá, meu caro Brás Cubas, verá que é deveras um monumento; e se alguma cousa há que possa fazer-me esquecer as amarguras da vida, é o gosto de haver enfim apanhado a verdade e a felicidade. Ei-las na minha mão, essas duas esquivas; após tantos séculos de lutas, pesquisas, descobertas, sistemas e quedas, ei-las nas mãos do homem. Até breve, meu caro Brás Cubas. Saudades do

Velho amigo
JOAQUIM BORBA DOS SANTOS."

Li esta carta sem entendê-la. Vinha com ela uma boceta contendo um bonito relógio com as minhas iniciais gravadas, e esta frase: *Lembrança do velho Quincas*. Voltei à carta, reli-a com pausa, com atenção. A restituição do relógio excluía toda a ideia de burla; a lucidez, a serenidade, a convicção, — um pouco jactanciosa, é certo, — pareciam excluir a suspeita de insensatez. Naturalmente o Quincas Borba herdara de algum dos seus parentes de Minas, e a abastança devolvera-lhe a primitiva dignidade. Não digo tanto; há cousas que se não podem reaver integralmente; mas enfim a regeneração não era impossível. Guardei a carta e o relógio, e esperei a filosofia.

Zenon - Zenão de Cício (340-264 a.C.), filósofo grego, fundador do estoicismo. Esta doutrina é caracterizada sobretudo pela consideração do problema moral, constituindo a imperturbabilidade o ideal do sábio.

brinco - brincadeira.

enfatuação - vaidade.

boceta - caixinha redonda, oval ou oblonga. O vocábulo não era usado, na época, no sentido de "vulva".

jactanciosa - vaidosa.

Capítulo XCII

Um homem extraordinário

Já agora acabo com as cousas extraordinárias. Vinha de guardar a carta e o relógio, quando me procurou um homem magro e meão, com um bilhete do Cotrim, convidando-me para jantar. O portador era casado com uma irmã do Cotrim, chegara poucos dias antes do Norte, chamava-se Damasceno, e fizera a revolução de 1831. Foi ele mesmo que me disse isto, no espaço de cinco minutos. Saíra do Rio de Janeiro, por desacordo com o Regente, que era um asno, pouco menos asno do que os ministros que serviram com ele. De resto, a revolução estava outra vez às portas. Neste ponto, conquanto trouxesse as ideias políticas um pouco baralhadas, consegui organizar e formular o governo de suas preferências: era um despotismo temperado, — não por cantigas, como dizem alhures, — mas por penachos da guarda nacional. Só não pude alcançar se ele queria o despotismo de um, de três, de trinta ou de trezentos. Opinava por várias cousas, entre outras, o desenvolvimento do tráfico dos africanos e a expulsão dos ingleses. Gostava muito de

---

C (XCI): Esboça-se o princípio teórico do Humanitismo, filosofia inventada pelo colega de infância, que prega a retificação do espírito humano, a supressão da dor, a garantia de felicidade e a glorificação do país. A tentativa de invenção do emplasto pode ser lida como a aplicação prática dessa filosofia.

meão - de estatura mediana.

revolução de 1831 - referência a uma das várias perturbações da ordem pública no Norte do País, em decorrência da renúncia de Pedro I ao trono, em favor do filho Pedro II.

Regente - parece tratar-se de referência ao presidente da Regência Trina Permanente, instalada em 17 de junho de 1831 e composta por José da Costa Carvalho, João Bráulio Muniz e Francisco de Lima e Silva.

despotismo - tirania.

expulsão dos ingleses - a Inglaterra se intrometia nos negócios do Império, especialmente no que se referia ao comércio e à pressão para se pôr fim ao tráfico de escravos, desagradando os negociantes ou proprietários destes. Revoltados com essa intromissão, defendiam a expulsão dos ingleses que viviam no Brasil, tal como aconteceu na cidade portuguesa do Porto, por questões políticas.

teatro; logo que chegou foi ao teatro de São Pedro, onde viu um drama soberbo, a *Maria Joana*, e uma comédia muito interessante, *Kettly ou a volta à Suíça*. Também gostara muito da Deperini, na *Safo*, ou na *Ana Bolena*, não se lembrava bem. Mas a Candiani! sim, senhor, era papa-fina. Agora queria ouvir o *Ernani*, que a filha dele cantava em casa, ao piano: *Ernani, Ernani, involami*... — E dizia isto levantando-se e cantarolando a meia voz. — No Norte essas cousas chegavam como um eco. A filha morria por ouvir todas as óperas. Tinha uma voz muito mimosa a filha. E gosto, muito gosto. Ah! ele estava ansioso por voltar ao Rio de Janeiro. Já havia corrido a cidade toda, com umas saudades... Palavra! em alguns lugares teve vontade de chorar. Mas não embarcaria mais. Enjoara muito a bordo, como todos os outros passageiros, exceto um inglês... Que os levasse o diabo os ingleses! Isto não ficava direito sem irem todos eles barra fora. Que é que a Inglaterra podia fazer-nos? Se ele encontrasse algumas pessoas de boa vontade, era obra de uma noite a expulsão dos tais *godemes*... Graças a Deus, tinha patriotismo,— e batia no peito, — o que não admirava porque era de família; descendia de um antigo capitão-mor muito patriota. Sim, não era nenhum pé-rapado. Viesse a ocasião, e ele havia de mostrar de que pau era a canoa... Mas fazia-se tarde, ia dizer que eu não faltaria ao jantar, e lá me esperava para maior palestra. — Levei-o até à porta da sala; ele parou dizendo que simpatizava muito comigo. Quando casara, estava eu na Europa. Conheceu meu pai, um homem às direitas,

---

teatro de São Pedro [...] Suíça – fundado em 1813, passou por vários nomes e reconstituições de incêndios. Foi demolido em 1928. Não conseguimos identificar os autores das mencionadas peças.

Deperini – à época, eram cantoras Margarida Deperini e sua filha América Deperini.

Safo – ópera de 1840, do italiano Giovanni Pacini (1796-1867), com libreto de Salvadore Cammarano.

Ana Bolena – ópera de 1830, do italiano Gaetano Donizetti (1797-1847), com libreto de Felice Romani.

Ernani – ópera de 1844, do italiano Giuseppe Verdi (1813-1901), com libreto de Francisco Maria Piave.

involami – italiano: sequestre-me.

godemes – apelido pitoresco dado, à época, aos ingleses; de "God damn" (Praga de Deus).

com quem dançara num célebre baile da Praia Grande... Coisas! coisas! Falaria depois, fazia-se tarde, tinha de ir levar a resposta ao Cotrim. Saiu; fechei-lhe a porta...

Capítulo XCIII
O jantar

Que suplício que foi o jantar! Felizmente, Sabina fez-me sentar ao pé da filha do Damasceno, uma Dona Eulália, ou mais familiarmente Nhã-loló, moça graciosa, um tanto acanhada a princípio, mas só a princípio. Faltava-lhe elegância, mas compensava-a com os olhos, que eram soberbos e só tinham o defeito de se não arrancarem de mim, exceto quando desciam ao prato; mas Nhã-loló comia tão pouco, que quase não olhava para o prato. De noite cantou; a voz era como dizia o pai, "muito mimosa". Não obstante, esquivei-me. Sabina veio até à porta, e perguntou-me que tal achara a filha do Damasceno.

— Assim, assim.

— Muito simpática, não é? acudiu ela; falta-lhe um pouco mais de corte. Mas que coração! é uma pérola. Bem boa noiva para você.

— Não gosto de pérolas.

— Casmurro! Para quando é que você se guarda? para quando estiver a cair de maduro, já sei. Pois, meu rico, quer você queira quer não, há de casar com Nhã-loló.

E dizia isto a bater-me na face com os dedos, meiga como uma pomba, e ao mesmo tempo intimativa e resoluta. Santo Deus! seria esse o motivo da reconciliação? Fiquei um pouco desconsolado

---

Praia Grande – parece tratar-se da Vila Real da Praia Grande, que, em 1834, se tornou a capital da província do Rio de Janeiro. É a atual Niterói.

C (XCII): Brás considera extraordinário, ainda que ironicamente, um homem que tem posições políticas firmes, aprecia o teatro e não gosta dos ingleses.

Assim, assim – Mais ou menos.

corte (ô) – refinamento.

Casmurro – implicante, triste, ensimesmado.

meu rico – meu muito querido.

com a ideia, mas uma voz misteriosa chamava-me à casa do Lobo Neves; disse adeus a Sabina e às suas ameaças.

Capítulo XCIV
A causa secreta

— Como está a minha querida mamãe?

A esta palavra, Virgília amuou-se, como sempre. Estava ao canto de uma janela, sozinha, a olhar para a lua, e recebeu-me alegremente; mas quando lhe falei no nosso filho amuou-se. Não gostava de semelhante alusão, aborreciam-lhe as minhas antecipadas carícias paternais. Eu, para quem ela era já uma pessoa sagrada, uma âmbula divina, deixava-a estar quieta. Supus a princípio que o embrião, esse perfil do incógnito, projetando-se na nossa aventura, lhe restituíra a consciência do mal. Enganava-me. Nunca Virgília me parecera mais expansiva, mais sem reservas, menos preocupada dos outros e do marido. Não eram remorsos. Imaginei também que a concepção seria um puro invento, um modo de prender-me a ela, recurso sem longa eficácia, que talvez começava de oprimi-la. Não era absurda esta hipótese; a minha doce Virgília mentia às vezes, com tanta graça!

Naquela noite descobri a causa verdadeira. Era medo do parto e vexame da gravidez. Padecera muito quando lhe nasceu o primeiro filho; e essa hora, feita de minutos de vida e minutos de morte, dava-lhe já imaginariamente os calafrios do patíbulo. Quanto ao vexame, complicava-se ainda da forçada privação de certos hábitos da vida elegante. Com certeza, era isso mesmo; dei-lho a entender, repreendendo-a, um pouco em nome dos meus direitos de pai. Virgília fitou-me; em seguida desviou os olhos e sorriu de um jeito incrédulo.

C (XCIII): A intromissão de Sabina ao arranjar noiva para Brás é um despiste para afastá-lo de Virgília.

âmbula – pequeno vaso onde se guardam os santos óleos para uso nos rituais da igreja católica.

patíbulo – estrado ou lugar onde os condenados sofrem a pena capital.

C (XCIV): O desgaste do relacionamento estampa-se cada vez mais em Virgília, aqui parecendo descontente com a gravidez.

Capítulo XCV
Flores de antanho

Onde estão elas, as flores de antanho? Uma tarde, após algumas semanas de gestação, esboroou-se todo o edifício das minhas quimeras paternais. Foi-se o embrião, naquele ponto em que se não distingue Laplace de uma tartaruga. Tive a notícia por boca do Lobo Neves, que me deixou na sala, e acompanhou o médico à alcova da frustrada mãe. Eu encostei-me à janela, a olhar para a chácara, onde verdejavam as laranjeiras sem flores. Onde iam elas as flores de antanho?

Capítulo XCVI
A carta anônima

Senti tocar-me no ombro; era Lobo Neves. Encarámo-nos alguns instantes, mudos, inconsoláveis. Indaguei de Virgília, depois ficámos a conversar uma meia hora. No fim desse tempo, vieram trazer-lhe uma carta; ele leu-a, empalideceu muito, e fechou-a com a mão trêmula. Creio que lhe vi fazer um gesto, como se quisesse atirar-se sobre mim; mas não me lembra bem. O que me lembra claramente é que durante os dias seguintes recebeu-me frio e taciturno. Enfim, Virgília contou-me tudo, daí a dias na Gamboa.

O marido mostrou-lhe a carta, logo que ela se restabeleceu. Era anônima e denunciava-nos. Não dizia tudo; não falava, por exemplo, das nossas entrevistas externas; limitava-se a precavê-lo contra a minha intimidade, e acrescentava que a suspeita era

---

Flores de antanho – apropriação de um verso do poeta francês Villon (1431-1463): "onde estão elas, as neves de outrora?" "Neves" pode ser lido como metáfora de "extrema brancura", "cabelos brancos". "Flores de antanho": flores de outrora, dos tempos antigos. No caso, pode ser metáfora de "expectativa da paternidade".

Laplace – (1749-1827), matemático e astrônomo francês.

C (**XCV**): A perda da criança é resumida na apropriação de um verso, quando o narrador observa uma laranjeira sem flores – símbolo da natureza não fecundada e também do fim de um relacionamento.

taciturno – calado.

pública. Virgília leu a carta e disse com indignação que era uma calúnia infame.

— Calúnia? perguntou Lobo Neves.

— Infame.

O marido respirou; mas, tornando à carta, parece que cada palavra dela lhe fazia com o dedo um sinal negativo, cada letra bradava contra a indignação da mulher. Esse homem, aliás intrépido, era agora a mais frágil das criaturas. Talvez a imaginação lhe mostrou, ao longe, o famoso olho da opinião, a fitá-lo sarcasticamente, com um ar de pulha; talvez uma boca invisível lhe repetiu ao ouvido as chufas que ele escutara ou dissera outrora. Instou com a mulher que lhe confessasse tudo, porque tudo lhe perdoaria. Virgília compreendeu que estava salva; mostrou-se irritada com a insistência, jurou que da minha parte só ouvira palavras de gracejo e cortesia. A carta havia de ser de algum namorado sem ventura. E citou alguns, — um que a galanteara francamente, durante três semanas, outro que lhe escrevera uma carta, e ainda outros e outros. Citava-os pelo nome, com circunstâncias, estudando os olhos do marido, e concluiu dizendo que, para não dar margem à calúnia, tratar-me-ia de maneira que eu não voltaria lá.

Ouvi tudo isto um pouco turbado, não pelo acréscimo de dissimulação que era preciso empregar de ora em diante, até afastar-me inteiramente da casa do Lobo Neves, mas pela tranquilidade moral de Virgília, pela falta de comoção, de susto, de saudades, e até de remorsos. Virgília notou a minha preocupação, levantou-me a cabeça, porque eu olhava então para o soalho, e disse-me com certa amargura:

— Você não merece os sacrifícios que lhe faço.

Não lhe disse nada; era ocioso ponderar-lhe que um pouco de desespero e terror daria à nossa situação o sabor cáustico dos

---

intrépido – corajoso.

sarcasticamente – zombeteiramente.

de pulha – desprezível.

namorado – enamorado, apaixonado.

turbado – perturbado.

soalho – variante de "assoalho".

cáustico – fervente, que queima.

primeiros dias; mas se lho dissesse, não é impossível que ela chegasse lenta e artificiosamente até esse pouco de desespero e terror. Não lhe disse nada. Ela batia nervosamente com a ponta do pé no chão; aproximei-me e beijei-a na testa. Virgília recuou, como se fosse um beijo de defunto.

Capítulo XCVII
Entre a boca e a testa

Sinto que o leitor estremeceu, — ou devia estremecer. Naturalmente a última palavra sugeriu-lhe três ou quatro reflexões. Veja bem o quadro: numa casinha da Gamboa, duas pessoas que se amam há muito tempo, uma inclinada para a outra, a dar-lhe um beijo na testa, e a outra a recuar, como se sentisse o contacto de uma boca de cadáver. Há aí, no breve intervalo, entre a boca e a testa, antes do beijo e depois do beijo, há aí largo espaço para muita cousa, — a contração de um ressentimento, — a ruga da desconfiança, — ou enfim o nariz pálido e sonolento da saciedade...

Capítulo XCVIII
Suprimido

Separámo-nos alegremente. Jantei reconciliado com a situação. A carta anônima restituía à nossa aventura o sal do mistério e a pimenta do perigo; e afinal foi bem bom que Virgília não perdesse naquela crise a posse de si mesma. De noite fui ao teatro de São Pedro; representava-se uma grande peça, em que a Estela arrancava lágrimas. Entro; corro os olhos pelos camarotes; vejo em um

---

C (XCVI): A carta anônima é o ingrediente que faltava para o fim do relacionamento. Ela justifica a verbalização de um sentimento em "Você não merece os sacrifícios que lhe faço;[...] beijo de defunto".

C (XCVII): Ressentimento, desconfiança e saciedade constituem o tripé justificador do fim do amor.

Estela – parece tratar-se da atriz e bailarina Estela Sezefreda, esposa do grande ator João Caetano.

deles Damasceno e a família. Trajava a filha com outra elegância e certo apuro, cousa difícil de explicar, porque o pai ganhava apenas o necessário para endividar-se; e daí, talvez fosse por isso mesmo.

No intervalo fui visitá-los. Damasceno recebeu-me com muitas palavras, a mulher com muitos sorrisos. Quanto a Nhã-loló, não tirou mais os olhos de mim. Parecia-me agora mais bonita que no dia do jantar. Achei-lhe certa suavidade etérea casada ao polido das formas terrenas: — expressão vaga, e condigna de um capítulo em que tudo há de ser vago. Realmente, não sei como lhes diga que não me senti mal, ao pé da moça, trajando garridamente um vestido fino, um vestido que me dava cócegas de Tartufo. Ao contemplá-lo, cobrindo casta e redondamente o joelho, foi que eu fiz uma descoberta subtil, a saber, que a natureza previu a vestidura humana, condição necessária ao desenvolvimento da nossa espécie. A nudez habitual, dada a multiplicação das obras e dos cuidados do indivíduo, tenderia a embotar os sentidos e a retardar os sexos, ao passo que o vestuário, negaceando a natureza, aguça e atrai as vontades, ativa-as, reprodu-las, e conseguintemente faz andar a civilização. Abençoado uso que nos deu *Otelo* e os paquetes transatlânticos!

Estou com vontade de suprimir este capítulo. O declive é perigoso. Mas enfim eu escrevo as minhas memórias e não as tuas, leitor pacato. Ao pé da graciosa donzela, parecia-me tomado de uma sensação dupla e indefinível. Ela exprimia inteiramente a dualidade de Pascal, *l'ange et la bête*, com a diferença que o jansenista

---

etérea – pura, sublime.

condigna – proporcional ao valor.

garridamente – elegantemente, vistosamente.

cócegas de Tartufo – tentação de ser hipócrita, tal como a personagem de Molière.

negaceando – enganando.

Otelo – o narrador pode estar referindo-se tanto a uma representação de *Otelo*, peça de Shakespeare, como à da ópera italiana *Otelo*, nela baseada, com libreto de Berio e música de Rossini. Ambas eram levadas no Rio de Janeiro da época; os trajes dos atores eram muito apreciados e imitados.

paquetes – navios.

l'ange et la bête – expressão em francês: "o anjo e a besta", as duas faces opostas do ser humano.

o jansenista – Pascal, adepto do jansenismo, doutrina de Jansênio, teólogo holandês (1585-1638), sobre a graça e a predestinação e sobre a capacidade

não admitia a simultaneidade das duas naturezas, ao passo que elas aí estavam bem juntinhas, — *l'ange*, que dizia algumas cousas do céu, — e *la bête*, que... Não; decididamente suprimo este capítulo.

Capítulo XCIX
Na plateia

Na plateia achei Lobo Neves, de conversa com alguns amigos; falámos por alto, a frio, constrangidos um e outro. Mas no intervalo seguinte, prestes a levantar o pano, encontrámo-nos num dos corredores, em que não havia ninguém. Ele veio a mim, com muita afabilidade e riso, puxou-me a um dos óculos do teatro, e falámos muito, principalmente ele, que parecia o mais tranquilo dos homens. Cheguei a perguntar-lhe pela mulher; respondeu que estava boa, mas torceu logo a conversação para assuntos gerais, expansivo, quase risonho. Adivinhe quem quiser a causa da diferença; eu fujo ao Damasceno que me espreita ali da porta do camarote.

Não ouvi nada do seguinte ato, nem as palavras dos atores, nem as palmas do público. Reclinado na cadeira, apanhava de memória os retalhos da conversação do Lobo Neves, refazia as maneiras dele, e concluía que era muito melhor a nova situação. Bastava-nos a Gamboa. A frequência da outra casa aguçaria as invejas. Rigorosamente podíamos dispensar-nos de falar todos os dias; era até melhor, metia a saudade de permeio nos amores. Ao demais, eu galgara os quarenta anos, e não era nada, nem simples eleitor de paróquia. Urgia fazer alguma cousa, ainda por amor de Virgília, que havia de ufanar-se quando visse luzir o meu nome...

---

moral do homem presente. Foi adotada por várias correntes espirituais com tendência ao rigorismo moral.

C (XCVIII): Começa nova etapa da vida amorosa de Brás, ao divisar em Nhã-loló o espírito e a carne.

prestes a - quase a

afabilidade - cortesia.

óculos - janelas circulares ou elípticas, não raro decorativas, destinadas à passagem do ar e da luz.

ufanar-se - orgulhar-se.

Creio que nessa ocasião houve grandes aplausos, mas não juro; eu pensava em outra cousa.

Multidão, cujo amor cobicei até à morte, era assim que eu me vingava às vezes de ti; deixava borborinhar em volta do meu corpo a gente humana, sem a ouvir, como o Prometeu de Ésquilo fazia aos seus verdugos. Ah! tu cuidavas encadear-me ao rochedo da tua frivolidade, da tua indiferença, ou da tua agitação? Frágeis cadeias, amiga minha; eu rompia-as de um gesto de Gulliver. Vulgar cousa é ir considerar no ermo. O voluptuoso, o esquisito, é insular-se o homem no meio de um mar de gestos e palavras, de nervos e paixões, decretar-se alheado, inaccessível, ausente. O mais que podem dizer, quando ele torna a si, — isto é, quando torna aos outros, — é que baixa do mundo da lua; mas o mundo da lua, esse desvão luminoso e recatado do cérebro, que outra cousa é senão a afirmação desdenhosa da nossa liberdade espiritual? Vive Deus! eis um bom fecho de capítulo.

Capítulo C
O caso provável

Se esse mundo não fosse uma região de espíritos desatentos, era escusado lembrar ao leitor que eu só afirmo certas leis, quando as possuo deveras; em relação a outras restrinjo-me à admissão da probabilidade. Um exemplo da segunda classe constitui o presente

---

borborinhar – variante de "burburinhar": fazer borborinho, sons confusos de muitas vozes.

o Prometeu de Ésquilo – referência à tragédia fortemente lírica *Prometeu acorrentado*, do teatrólogo grego Ésquilo (525-456 a.C.), baseada no mito do deus Prometeu, iniciador da civilização humana. O deus roubou o fogo do céu para dá-lo aos homens e, como castigo ordenado por Zeus, foi acorrentado no monte Cáucaso, onde um abutre roía o seu fígado.

verdugos – carrascos. No caso, Zeus e o abutre.

Gulliver – personagem do livro *Viagens de Gulliver*, do irlandês Swift (1667-1745). Gulliver se liberta facilmente das correntes com que é aprisionado no país de Liliput, cujos habitantes eram humanos minúsculos.

considerar no ermo – meditar no deserto.

C (XCIX): Evoque capítulos anteriores e veja como se tece, aos poucos, o desenlace do caso amoroso: aqui a carta anônima serve de desculpa para que os amantes não mais se vejam todos os dias.

capítulo, cuja leitura recomendo a todas as pessoas que amam o estudo dos fenômenos sociais. Segundo parece, e não é improvável, existe entre os factos da vida pública e os da vida particular uma certa ação recíproca, regular, e talvez periódica, — ou, para usar de uma imagem, há alguma cousa semelhante às marés da praia do Flamengo e de outras igualmente marulhosas. Com efeito, quando a onda investe a praia, alaga-a muitos palmos a dentro; mas essa mesma água torna ao mar, com variável força, e vai engrossar a onda que há de vir, e que terá de tornar como a primeira. Esta é a imagem; vejamos a aplicação.

Deixei dito noutra página que o Lobo Neves, nomeado presidente de província, recusou a nomeação por motivo da data do decreto, que era 13; ato grave, cuja consequência foi separar do ministério o marido de Virgília. Assim, o facto particular da ojeriza de um número produziu o fenômeno da dissidência política. Resta ver como, tempos depois, um ato político determinou na vida particular uma cessação de movimento. Não convindo ao método deste livro descrever imediatamente esse outro fenômeno, limito-me a dizer por ora que o Lobo Neves, quatro meses depois de nosso encontro no teatro, reconciliou-se com o ministério; facto que o leitor não deve perder de vista, se quiser penetrar a subtileza do meu pensamento.

Capítulo CI
A revolução dálmata

Foi Virgília quem me deu notícia da viravolta política do marido, certa manhã de outubro, entre onze e meio-dia; falou-me de reuniões, de conversas, de um discurso...

---

praia do Flamengo – praia do Rio de Janeiro.

marulhosas – (de ondas) agitadas.

ojeriza – antipatia.

C (C): O núcleo do capítulo está na aproximação da vida com as marés: fatos e ondas vão e vêm.

revolução dálmata – a Dalmácia é um território que pertenceu a diversos estados em sua história, tendo sido envolvida em vários conflitos, sendo um deles em 1859, ao qual Machado parece referir-se. Atualmente é uma região da Croácia.

viravolta – variante de "reviravolta"; mudança de situação.

— De maneira que desta vez fica você baronesa, interrompi eu.

Ela derreou os cantos da boca, e moveu a cabeça a um e outro lado; mas esse gesto de indiferença era desmentido por alguma cousa menos definível, menos clara, uma expressão de gosto e de esperança. E não sei por que, imaginei que a carta imperial da nomeação podia atraí-la à virtude, não digo pela virtude em si mesma, mas por gratidão ao marido. Que ela amava cordialmente a nobreza. Um dos maiores desgostos de nossa vida foi o aparecimento de certo pelintra de legação, — da legação da Dalmácia, suponhamos, — o conde B. V., que a namorou durante três meses. Esse homem, vero fidalgo de raça, transtornara um pouco a cabeça de Virgília, que, além do mais, possuía a vocação diplomática. Não chego a alcançar o que seria de mim, se não rebentasse na Dalmácia uma revolução, que derrocou o governo e purificou as embaixadas. Foi sangrenta a revolução, dolorosa, formidável; os jornais, a cada navio que chegava da Europa, transcreviam os horrores, mediam o sangue, contavam as cabeças; toda a gente fremia de indignação e piedade... Eu não; eu abençoava interiormente essa tragédia, que me tirara uma pedrinha do sapato. E depois a Dalmácia era tão longe!

Capítulo CII
De repouso

Mas este mesmo homem, que se alegrou com a partida do outro, praticou daí a tempos... Não, não hei de contá-lo nesta página; fique esse capítulo para repouso do meu vexame. Uma ação

---

carta - diploma, documento oficial de nomeação para um cargo ou função.

legação - missão diplomática de caráter permanente e imediatamente inferior a embaixada.

namorou - procurou conquistar.

vero - verdadeiro.

fremia - tremia.

C (CI): O leitor se surpreende com a infidelidade de Virgília ao amante, tratada ironicamente: o amor dela à nobreza, isto é, a um conde - "pedrinha no sapato" de Brás.

grosseira, baixa, sem explicação possível... Repito, não contarei o caso nesta página.

Capítulo CIII

Distração

— Não, senhor doutor, isto não se faz. Perdoe-me, isto não se faz.

Tinha razão Dona Plácida. Nenhum cavalheiro chega uma hora mais tarde ao lugar em que o espera a sua dama. Entrei esbaforido; Virgília tinha ido embora. Dona Plácida contou-me que ela esperara muito, que se irritara, que chorara, que jurara votar-me ao desprezo, e outras mais cousas que a nossa caseira dizia com lágrimas na voz, pedindo-me que não desamparasse Iaiá, que era ser muito injusto com uma moça que me sacrificara tudo. Expliquei-lhe então que um equívoco... E não era; cuido que foi simples distração. Um dito, uma conversa, uma anedota, qualquer cousa; simples distração.

Coitada de Dona Plácida! Estava aflita deveras. Andava de um lado para outro, abanando a cabeça, suspirando com estrépito, espiando pela rótula. Coitada de Dona Plácida! Com que arte conchegava as roupas, bafejava as faces, acalentava as manhas do nosso amor! que imaginação fértil em tornar as horas mais aprazíveis e breves! Flores, doces, — os bons doces de outros dias, — e muito riso, muito afago, riso e afago que cresciam com o tempo, como se ela quisesse fixar a nossa aventura, ou restituir-lhe a primeira flor. Nada esquecia a nossa confidente e caseira; nada, nem a mentira, porque a um e outro referia suspiros e saudades que não presenciara; nada, nem a calúnia, porque uma vez chegou a atribuir-me uma paixão nova. — Você sabe que não posso gostar de outra mulher, foi a minha resposta, quando Virgília me falou em semelhante cousa. E esta só palavra, sem nenhum protesto ou admoestação, dissipou o aleive de Dona Plácida, que ficou triste.

C (CII): Repare a pesada autocrítica do defunto autor, que se enxerga "do outro lado da vida".

esbaforido - apressado.

bafejava - abanava.

admoestação - repreensão.

aleive - calúnia.

— Está bem, disse-lhe eu, depois de um quarto de hora; Virgília há de reconhecer que não tive culpa nenhuma... Quer você levar-lhe uma carta agora mesmo?

— Ela há de estar bem triste, coitadinha! Olhe, eu não desejo a morte de ninguém; mas, se o senhor doutor algum dia chegar a casar com Iaiá, então sim, é que há de ver o anjo que ela é!

Lembra-me que desviei o rosto e baixei os olhos ao chão. Recomendo este gesto às pessoas que não tiverem uma palavra pronta para responder, ou ainda às que recearem encarar a pupila de outros olhos. Em tais casos, alguns preferem recitar uma oitava dos *Lusíadas,* outros adoptam o recurso de assobiar a *Norma*; eu atenho-me ao gesto indicado; é mais simples, exige menos esforço.

Três dias depois, estava tudo explicado. Suponho que Virgília ficou um pouco admirada, quando lhe pedi desculpa das lágrimas que derramara naquela triste ocasião. Nem me lembra se interiormente as atribuí a Dona Plácida. Com efeito, podia acontecer que Dona Plácida chorasse, ao vê-la desapontada, e, por um fenômeno da visão, as lágrimas que tinha nos próprios olhos lhe parecessem cair dos olhos de Virgília. Fosse como fosse, tudo estava explicado, mas não perdoado, e menos ainda esquecido. Virgília dizia-me uma porção de cousas duras, ameaçava-me com a separação, enfim louvava o marido. Esse sim, era um homem digno, muito superior a mim, delicado, um primor de cortesia e afeição; é o que ela dizia, enquanto eu, sentado, com os braços fincados nos joelhos, olhava para o chão, onde uma mosca arrastava uma formiga que lhe mordia o pé. Pobre mosca! pobre formiga!

— Mas você não diz nada, nada? perguntou Virgília, parando diante de mim.

— Que hei de dizer? Já expliquei tudo; você teima em zangar-se; que hei de dizer? Sabe o que me parece? Parece-me que você está enfastiada, que se aborrece, que quer acabar...

— Justamente!

Foi dali pôr o chapéu, com a mão trêmula, raivosa... — Adeus, Dona Plácida, bradou ela para dentro. Depois foi até à porta, correu o fecho, ia sair; agarrei-a pela cintura. — Está bom, está

---

oitava – estrofe de oito versos. Todas as estrofes do poema têm esse número de versos.
Norma – ópera do italiano Bellini (1801-1835).

bom, disse-lhe. Virgília ainda forcejou por sair. Eu retive-a, pedi-lhe que ficasse, que esquecesse; ela afastou-se da porta e foi cair no canapé. Sentei-me ao pé dela, disse-lhe muitas cousas meigas, outras humildes, outras graciosas. Não afirmo se os nossos lábios chegaram à distância de um fio de cambraia ou ainda menos; é matéria controversa. Lembra-me, sim, que na agitação caiu um brinco de Virgília, que eu inclinei-me a apanhá-lo, e que a mosca de há pouco trepou ao brinco, levando sempre a formiga no pé. Então eu, com a delicadeza nativa de um homem do nosso século, pus na palma da mão aquele casal de mortificados; calculei toda a distância que ia da minha mão ao planeta Saturno, e perguntei a mim mesmo que interesse podia haver num episódio tão mofino. Se concluis daí que eu era um bárbaro, enganas-te, porque eu pedi um grampo a Virgília, afim de separar os dous insectos; mas a mosca farejou a minha intenção, abriu as asas e foi-se embora. Pobre mosca! pobre formiga! E Deus viu que isto era bom, como se diz na Escriptura.

Capítulo CIV
Era ele!

Restituí o grampo a Virgília, que o repregou nos cabelos, e preparou-se para sair. Era tarde; tinham dado três horas. Tudo estava esquecido e perdoado. Dona Plácida, que espreitava a ocasião idônea para a saída, fecha subitamente a janela e exclama:

— Virgem Nossa Senhora! aí vem o marido de Iaiá!

O momento de terror foi curto, mas completo. Virgília fez-se da cor das rendas do vestido, correu até a porta da alcova; Dona Plácida, que fechara a rótula, queria fechar também a porta de dentro; eu dispus-me a esperar o Lobo Neves. Esse curto instante passou. Virgília tornou a si, empurrou-me para a alcova, disse a Dona Plácida que voltasse à janela; a confidente obedeceu.

---

mofino - insignificante.

E Deus viu que isto era bom - apropriação do *Gênesis* (I,1): depois de criar a luz, "Deus viu que a luz era boa e separou a luz e as trevas."

C (CIII): A gradação para se chegar ao rompimento dos amantes continua elevando-se: Brás falta sem motivo a um encontro, o casal discute e fala em pôr fim à relação.

Era ele. Dona Plácida abriu-lhe a porta com muitas exclamações de pasmo: — O senhor por aqui! honrando a casa de sua velha! Entre, faça favor. Adivinhe quem está cá... Não tem que adivinhar, não veio por outra cousa... Apareça, Iaiá.

Virgília, que estava a um canto, atirou-se ao marido. Eu espreitava-os pelo buraco da fechadura. O Lobo Neves entrou lentamente, pálido, frio, quieto, sem explosão, sem arrebatamento, e circulou um olhar em volta da sala.

— Que é isto? exclamou Virgília. Você por aqui?

— Ia passando, vi Dona Plácida à janela, e vim cumprimentá-la.

— Muito obrigada, acudiu esta. E digam que as velhas não valem alguma cousa... Olhai, gentes! Iaiá parece estar com ciúmes. E acariciando-a muito: — Este anjinho é que nunca se esqueceu da velha Plácida. Coitadinha! é mesmo a cara da mãe... Sente-se, senhor doutor...

— Não me demoro.

— Você vai para casa? disse Virgília. Vamos juntos.

— Vou.

— Dê cá o meu chapéu, Dona Plácida.

— Está aqui.

Dona Plácida foi buscar um espelho, abriu-o diante dela. Virgília punha o chapéu, atava as fitas, arranjava os cabelos, falando ao marido, que não respondia nada. A nossa boa velha tagarelava de mais; era um modo de disfarçar as tremuras do corpo. Virgília, dominado o primeiro instante, tornara à posse de si mesma.

— Pronta! disse ela. Adeus, Dona Plácida; não se esqueça de aparecer, ouviu? A outra prometeu que sim, e abriu-lhes a porta.

Capítulo CV

Equivalência das janelas

Dona Plácida fechou a porta e caiu numa cadeira. Eu deixei imediatamente a alcova, e dei dous passos para sair à rua, com o fim de arrancar Virgília ao marido; foi o que disse,

---

C (CIV): Note a perfeita representação teatral da alcoviteira, agradecida pelo pecúlio.

e em bem que o disse, porque Dona Plácida deteve-me por um braço. Tempo houve em que cheguei a supor que não dissera aquilo senão para que ela me detivesse; mas a simples reflexão basta para mostrar que, depois dos dez minutos da alcova, o gesto mais genuíno e cordial não podia ser senão esse. E isto por aquela famosa lei da equivalência das janelas, que eu tive a satisfação de descobrir e formular, no capítulo LI. Era preciso arejar a consciência. A alcova foi uma janela fechada; eu abri outra com o gesto de sair, e respirei.

Capítulo CVI
Jogo perigoso

Respirei e sentei-me. Dona Plácida atroava a sala com exclamações e lástimas. Eu ouvia, sem lhe dizer cousa nenhuma; refletia comigo se não era melhor ter fechado Virgília na alcova e ficado na sala; mas adverti logo que seria pior; confirmaria a suspeita, chegaria o fogo à pólvora, e uma cena de sangue... Foi muito melhor assim. Mas depois? que ia acontecer em casa de Virgília? matá-la-ia o marido? espancá-la-ia? encerrá-la-ia? expulsá-la-ia? Estas interrogações percorriam lentamente o meu cérebro, como os pontinhos e vírgulas escuras percorrem o campo visual dos olhos enfermos ou cansados. Iam e vinham, com o seu aspecto seco e trágico, e eu não podia agarrar um deles e dizer: és tu, tu e não outro.

De repente vejo um vulto negro; era Dona Plácida, que fora dentro, enfiara a mantilha, e vinha oferecer-se-me para à ir casa do Lobo Neves. Ponderei-lhe que era arriscado, porque ele desconfiaria da visita tão próxima.

— Sossegue, interrompeu ela; eu saberei arranjar as cousas. Se ele estiver em casa não entro.

Saiu; eu fiquei a ruminar o sucesso e as consequências possíveis. Ao cabo, parecia-me jogar um jogo perigoso, e perguntava a

---

C (CV): Veja como Brás joga com uma decisão não convincente e com o alívio externo de socorro.

atroava – fazia retumbar.

mim mesmo se não era tempo de levantar e espairecer. Sentia-me tomado de uma saudade do casamento, de um desejo de canalizar a vida. Por que não? Meu coração tinha ainda que explorar; não me sentia incapaz de um amor casto, severo e puro. Em verdade, as aventuras são a parte torrencial e vertiginosa da vida, isto é, a exceção; eu estava enfarado delas; não sei até se me pungia algum remorso. Mal pensei naquilo, deixei-me ir atrás da imaginação; vi-me logo casado, ao pé de uma mulher adorável, diante de um *baby*, que dormia no regaço da ama, todos nós no fundo de uma chácara sombria e verde, a espiarmos através das árvores uma nesga do céu azul, extremamente azul...

Capítulo CVII
Bilhete

"Não houve nada, mas ele suspeita alguma cousa; está muito sério e não fala; agora saiu. Sorriu uma vez somente, para nhonhô, depois de o fitar muito tempo, carrancudo. Não me tratou mal nem bem. Não sei o que vai acontecer; Deus queira que isto passe. Muita cautela, por ora, muita cautela."

Capítulo CVIII
Que se não entende

Eis aí o drama, eis aí a ponta da orelha trágica de Shakespeare. Esse retalhinho de papel, garatujado em partes, machucado das mãos, era um documento de análise, que eu não farei neste capítulo, nem no outro, nem talvez em todo o resto do livro. Poderia eu tirar ao leitor o gosto de notar por si mesmo a frieza, a perspicácia e o ânimo dessas poucas linhas traçadas à pressa; e por trás delas

---

C (CVI): Enquanto Dona Plácida, agradecida, continua desempenhando seu papel, Brás já pensa abertamente em casar, pois se acha enjoado de aventuras – que constituem a exceção da vida.

C (CVII): Observe a neutralidade fria do bilhete de Virgília.

garatujado – rabiscado, escrito às pressas.

a tempestade de outro cérebro, a raiva dissimulada, o desespero que se constrange e medita, porque tem de resolver-se na lama, ou no sangue, ou nas lágrimas?

Quanto a mim, se vos disser que li o bilhete três ou quatro vezes, naquele dia, acreditai-o, que é verdade; se vos disser mais que o reli no dia seguinte, antes e depois do almoço, podeis crê-lo, é a realidade pura. Mas se vos disser a comoção que tive, duvidai um pouco da asserção, e não a aceiteis sem provas. Nem então, nem ainda agora cheguei a discernir o que experimentei. Era medo, e não era medo; era dó e não era dó; era vaidade e não era vaidade; enfim, era amor sem amor, isto é, sem delírio; e tudo isso dava uma combinação assaz complexa e vaga, uma cousa que não podereis entender, como eu não entendi. Suponhamos que não disse nada.

Capítulo CIX
O filósofo

Sabido que reli a carta, antes e depois do almoço, sabido fica que almocei, e só resta dizer que essa refeição foi das mais parcas da minha vida: um ovo, uma fatia de pão, uma xícara de chá. Não me esqueceu esta circunstância mínima; no meio de tanta cousa importante obliterada escapou esse almoço. A razão principal poderia ser justamente o meu desastre; mas não foi; a principal razão foi a reflexão que me fez o Quincas Borba, cuja visita recebi naquele dia. Disse-me ele que a frugalidade não era necessária para entender o Humanitismo, e menos ainda praticá-lo; que esta filosofia acomodava-se facilmente com os prazeres da vida, inclusive a mesa, o espetáculo e os amores; e que, ao contrário,

---

asserção – afirmativa.

C (CVIII): Diante do bilhete, Brás está dividido entre sentimentos opostos, que culminam em amor sem amor, isto é, sem delírio.

parcas – simples.

obliterada – esquecida.

frugalidade – ação de se contentar com pouco na refeição.

espetáculo – teatro.

a frugalidade podia indicar certa tendência para o ascetismo, o qual era a expressão acabada da tolice humana.

— Veja São João, continuou ele; mantinha-se de gafanhotos, no deserto, em vez de engordar tranquilamente na cidade, e fazer emagrecer o farisaísmo na sinagoga.

Deus me livre de contar a história do Quincas Borba, que aliás ouvi toda naquela triste ocasião, uma história longa, complicada, mas interessante. E se não conto a história, dispenso-me outrossim de descrever-lhe a figura, aliás mui diversa da que me apareceu no Passeio Público. Calo-me; digo somente que se o principal característico do homem não são as feições, mas o vestuário, ele não era o Quincas Borba; era um desembargador sem beca, um general sem farda, um negociante sem *deficit*. Notei-lhe a perfeição da sobrecasaca, a alvura da camisa, o asseio das botas. A mesma voz, roufenha outrora, parecia restituída à primitiva sonoridade. Quanto à gesticulação, sem que houvesse perdido a viveza de outro tempo, não tinha já a desordem, sujeitava-se a um certo método. Mas eu não quero descrevê-lo. Se falasse, por exemplo, no botão de ouro que trazia ao peito, e na qualidade do couro das botas, iniciaria uma descrição, que omito por brevidade. Contentem-se de saber que as botas eram de verniz. Saibam mais que ele herdara alguns pares de contos de réis de um velho tio de Barbacena.

Meu espírito (permitam-me aqui uma comparação de criança!) meu espírito era naquela ocasião uma espécie de peteca. A narração do Quincas Borba dava-lhe uma palmada, ele subia; quando ia a cair, o bilhete de Virgília dava-lhe outra palmada, e ele era de novo arremessado aos ares; descia, e o episódio do Passeio Público recebia-o com outra palmada, igualmente rija e eficaz. Cuido que não nasci para situações complexas. Esse puxar e empuxar de cousas opostas, desequilibrava-me; tinha vontade de embrulhar o Quincas Borba, o Lobo Neves e o bilhete de Virgília na mesma filosofia, e mandá-los de presente a Aristóteles. Contudo,

---

ascetismo – moral que desvaloriza os aspectos corpóreos e sensíveis do homem.
farisaísmo – hipocrisia, fingimento.
deficit – vocábulo latino: dívida.
roufenha – fanhosa.
Barbacena – cidade do estado de Minas Gerais.

era instrutiva a narração do nosso filósofo; admirava-lhe sobretudo o talento de observação com que descrevia a gestação e o crescimento do vício, as lutas interiores, as capitulações vagarosas, o uso da lama.

— Olhe, observou ele; a primeira noite que passei, na escada de São Francisco, dormi-a inteira, como se fosse a mais fina pluma. Porque? Porque fui gradualmente da cama de esteira ao catre de pau, do quarto próprio ao corpo da guarda, do corpo da guarda à rua...

Quis expor-me finalmente a filosofia; pedi-lhe que não. — Estou muito preocupado hoje e não poderia atendê-lo; venha depois; estou sempre em casa. Quincas Borba sorriu de um modo malicioso; talvez soubesse da minha aventura, mas não acrescentou nada. Só me disse estas últimas palavras à porta:

— Venha para o Humanitismo; ele é o grande regaço dos espíritos, o mar eterno em que mergulhei para arrancar de lá a verdade. Os gregos faziam-na sair de um poço. Que concepção mesquinha! Um poço! Mas é por isso mesmo que nunca atinaram com ela. Gregos, subgregos, antigregos, toda a longa série dos homens tem-se debruçado sobre o poço, para ver sair a verdade, que não está lá. Gastaram cordas e caçambas; alguns mais afoutos desceram ao fundo e trouxeram um sapo. Eu fui diretamente ao mar. Venha para o Humanitismo.

Capítulo CX

31

Uma semana depois, Lobo Neves foi nomeado presidente de província. Agarrei-me à esperança da recusa, se o decreto viesse

---

capitulações - acordos entre partes em litígio, rendições.

catre - cama pobre.

corpo da guarda - o lugar onde a guarda fica alojada.

caçambas - recipientes amarrados a corda, para tirar água de poço.

afoutos - corajosos.

C (CIX): O reaparecimento do filósofo, completamente mudado mas ainda filosofando, acontece num momento complicado para Brás, em novas divisões: o bilhete, o rival e o Humanitismo.

outra vez datado de 13; trouxe, porém, a data de 31, e esta simples transposição de algarismos eliminou deles a substância diabólica. Que profundas que são as molas da vida!

Capítulo CXI

O muro

Não sendo meu costume dissimular ou esconder nada, contarei nesta página o caso do muro. Eles estavam prestes a embarcar. Entrando em casa de Dona Plácida, vi um papelinho dobrado sobre a mesa; era um bilhete de Virgília; dizia que me esperava à noite, na chácara, sem falta. E concluía: "O muro é baixo do lado do beco."

Fiz um gesto de desagrado. A carta pareceu-me descomunalmente audaciosa, mal pensada e até ridícula. Não era só convidar o escândalo, era convidá-lo de parceria com a risota. Imaginei-me a saltar o muro, embora baixo e do lado do beco; e, quando ia a galgá-lo, via-me agarrado por um pedestre de polícia, que me levava ao corpo da guarda. O muro é baixo! E que tinha que fosse baixo? Naturalmente Virgília não soube o que fez; era possível que já estivesse arrependida. Olhei para o papel, um pedaço de papel amarrotado, mas inflexível. Tive comichões de o rasgar, em trinta mil pedaços, e atirá-los ao vento, como o último despojo da minha aventura; mas recuei a tempo; o amor-próprio, o vexame da fuga, a ideia do medo... Não havia remédio senão ir.

— Diga-lhe que vou.

— Aonde? perguntou Dona Plácida.

— Onde ela disse que me espera.

— Não me disse nada.

— Neste papel.

Dona Plácida arregalou os olhos: — Mas esse papel, achei-o hoje de manhã, nesta sua gaveta, e pensei que...

C (CX): Tal como numa loteria, o destino de Brás foi decidido através de uma simples troca de algarismos.

descomunalmente - exageradamente.

pedestre - soldado do Rio de Janeiro antigo.

comichões - fortes desejos.

Tive uma sensação esquisita. Reli o papel, mirei-o, remirei-o; era, em verdade, um antigo bilhete de Virgília, recebido no começo dos nossos amores, uma certa entrevista na chácara, que me levou efetivamente a saltar o muro, um muro baixo e discreto. Guardei o papel e... Tive uma sensação esquisita.

Capítulo CXII

A opinião

Mas estava escrito que esse dia devia ser o dos lances dúbios. Poucas horas depois, encontrei Lobo Neves, na rua do Ouvidor; e falámos da presidência e da política. Ele aproveitou o primeiro conhecido que nos passou à ilharga, e deixou-me, depois de muitos cumprimentos. Lembra-me que estava retraído, mas de um retraimento que forcejava por dissimular. Pareceu-me então (e peço perdão à critica, se este meu juízo for temerário!) pareceu-me que ele tinha medo — não medo de mim, nem de si, nem do código, nem da consciência; tinha medo da opinião. Supus que esse tribunal anônimo e invisível, em que cada membro acusa e julga, era o limite posto à vontade do Lobo Neves. Talvez já não amasse a mulher; e, assim, pode ser que o coração fosse estranho à indulgência dos seus últimos atos. Cuido (e de novo insto pela boa vontade da crítica!) cuido que ele estaria pronto a separar-se da mulher, como o leitor se terá separado de muitas relações pessoais; mas a opinião, essa opinião que lhe arrastaria a vida por todas as ruas, que abriria minucioso inquérito acerca do caso, que coligiria uma a uma todas as circunstâncias, antecedências, induções, provas, que as relataria na palestra das chaçaras desocupadas, essa terrível opinião, tão

---

C (CXI): Um escrito do passado lido como do presente revela a profunda mudança de sentimentos operada em Brás: o amor de outrora *versus* o desamor de agora.

dúbios - duvidosos.

à ilharga - ao lado.

código - norma, regra.

induções - deduções.

palestra das chaçaras desocupadas - *palestra* = conversação; sobre *chaçaras* = sobre assuntos grosseiros e de mau gosto; *desocupadas* = livres. As edições

curiosa das alcovas, obstou à dispersão da família. Ao mesmo tempo tornou impossível o desforço que seria a divulgação. Ele não podia mostrar-se ressentido comigo, sem igualmente buscar a separação conjugal; teve então de simular a mesma ignorância de outrora, e, por dedução, iguais sentimentos.

Que lhe custasse creio; naqueles dias, principalmente, vi-o de modo que devia custar-lhe muito. Mas o tempo (e é outro ponto em que eu espero a indulgência dos homens pensadores!), o tempo caleja a sensibilidade, e oblitera a memória das cousas; era de supor que os anos lhe despontassem os espinhos, que a distância dos factos apagasse os respectivos contornos, que uma sombra de dúvida retrospectiva cobrisse a nudez da realidade; enfim, que a opinião se ocupasse um pouco com outras aventuras. O filho, crescendo, buscaria satisfazer as ambições do pai; seria o herdeiro de todos os seus afectos. Isso, e a atividade externa, e o prestígio público, e a velhice depois, a doença, o declínio, a morte, um responso, uma notícia biográfica, e estava fechado o livro da vida, sem nenhuma página de sangue.

Capítulo CXIII
A solda

A conclusão, se há alguma no capítulo anterior, é que a opinião é uma boa solda das instituições domésticas. Não é impossível que eu desenvolva este pensamento, antes de acabar o livro; mas também não é impossível que o deixe como está.

---

que consultamos registram "chácaras" ao invés de "chaçaras", o que não faz sentido no texto.

obstou – impediu.

desforço – desentendimento, disputa.

despontassem os espinhos – gastassem a ponta dos espinhos.

responso – trecho bíblico que se canta ou se reza em rituais litúrgicos católicos; no caso, ao morto.

C (CXII): O afastamento de Brás acarreta a reorganização da família Neves. O papel da opinião pública é insistido mais uma vez pelo narrador, como sendo fundamental nas relações sociais.

De um ou de outro modo, é uma boa solda a opinião, e tanto na ordem doméstica, como na política. Alguns metafísicos biliosos têm chegado ao extremo de a darem como simples produto da gente chocha ou medíocre; mas é evidente que, ainda quando um conceito tão extremado não trouxesse em si mesmo a resposta, bastava considerar os efeitos salutares da opinião, para concluir que ela é a obra superfina da flor dos homens, a saber, do maior número.

Capítulo CXIV
Fim de um diálogo

— Sim, é amanhã. Você vai a bordo?

— Está douda? É impossível.

— Então, adeus!

— Adeus!

— Não se esqueça de Dona Plácida. Vá vê-la algumas vezes. Coitada! Foi ontem despedir-se de nós; chorou muito, disse que eu não a veria mais... É uma boa criatura, não é?

— Certamente.

— Se tivermos de escrever, ela receberá as cartas. Agora até daqui a...

— Talvez dous anos?

— Qual! ele diz que é só até fazer as eleições.

— Sim? então até breve. Olhe que estão olhando para nós.

— Quem?

— Ali do sofá. Separemo-nos.

— Custa-me muito.

— Mas é preciso; adeus, Virgília!

— Até breve. Adeus!

---

biliosos – enraivecidos.

salutares – saudáveis.

C (**CXIII**): O narrador teoriza sobre a opinião, em continuidade ao capítulo anterior.

C (**CXIV**): Compare esse diálogo com o de Adão e Eva (capítulo LX): os silêncios de quem ama *versus* a indiferença "monossilábica" na separação de quem se amou.

Capítulo CXV
O almoço

Não a vi partir; mas à hora marcada senti alguma cousa que não era dor nem prazer, uma cousa mista, alívio e saudade, tudo misturado, em iguais doses. Não se irrite o leitor com esta confissão. Eu bem sei que, para titilar-lhe os nervos da fantasia, devia padecer um grande desespero, derramar algumas lágrimas, e não almoçar. Seria romanesco; mas não seria biográfico. A realidade pura é que eu almocei, como nos demais dias, acudindo ao coração com as lembranças da minha aventura, e ao estômago com os acepipes de M. Prudhon...

...Velhos do meu tempo, acaso vos lembrais desse mestre cozinheiro do hotel Pharoux, um sujeito que, segundo dizia o dono da casa, havia servido nos famosos Véry e Véfour, de Paris, e mais nos palácios do conde Molé e do duque de la Rochefoucauld? Era insigne. Entrou no Rio de Janeiro com a polca... A polca, M. Prudhon, o Tivoli, o baile dos estrangeiros, o Casino, eis algumas das melhores recordações daquele tempo; mas sobretudo os acepipes do mestre eram deliciosos.

Eram, e naquela manhã parece que o diabo do homem adivinhara a nossa catástrofe. Jamais o engenho e a arte lhe foram tão propícios. Que requinte de temperos! que tenrura de carnes! que rebuscado de formas! Comia-se com a boca, com os olhos, com o nariz. Não guardei a conta desse dia; do contrário, é mui provável que a deixasse nestas páginas; sei que foi cara. Ai dor! era-me preciso enterrar magnificamente os meus amores. Eles lá iam, mar em fora, no espaço e no tempo, e eu ficava-me ali numa

---

titilar-lhe – agradar-lhe, satisfazer-lhe.

Véry e *Vefour* – restaurantes do século XIX, vizinhos, ao lado do Museu do Louvre. Em 1869 o Véry foi absorvido pelo Véfour.

conde Molé – (1781-1855), político francês e ministro do rei Luís Filipe I.

duque de la Rochefoucauld – La Rochefoucauld-Doudeauville (1765-1841), político francês e ministro do rei Charles X.

Tivoli – teatro do Rio de Janeiro, fundado em 1847, hoje desaparecido.

Casino – Teatro Casino, fundado em 1845 e já demolido; ficava dentro do Passeio Público.

engenho – talento.

tenrura – maciez.

ponta de mesa, com os meus quarenta e tantos anos, tão vadios e tão vazios; ficava-me para os não ver nunca mais, porque ela poderia tornar e tornou, mas o eflúvio da manhã quem é que o pediu ao crepúsculo da tarde?

Capítulo CXVI
Filosofia das folhas velhas

Fiquei tão triste com o fim do último capítulo que estava capaz de não escrever este, descansar um pouco, purgar o espírito da melancolia que a empacha, e continuar depois. Mas não, não quero perder tempo.

A partida de Virgília deu-me uma amostra da viuvez. Nos primeiros dias meti-me em casa, a fisgar moscas, como Domiciano, se não mente o Suetônio, mas a fisgá-las de um modo particular: com os olhos. Fisgava-as uma a uma, no fundo de uma sala grande, estirado na rede, com um livro aberto entre as mãos. Era tudo: saudades, ambições, um pouco de tédio, e muito devaneio solto. Meu tio cônego morreu nesse intervalo; item, dous primos. Não me dei por abalado; levei-os ao cemitério, como quem leva dinheiro a um banco. Que digo? como quem leva cartas ao correio: selei as cartas, meti-as na caixinha, e deixei ao carteiro o cuidado de as entregar em mão própria. Foi também por esse tempo que nasceu minha sobrinha Venância, filha do Cotrim. Morriam uns, nasciam outros: eu continuava às moscas.

Outras vezes agitava-me. Ia às gavetas, entornava as cartas antigas, dos amigos, dos parentes, das namoradas (até as de Marcela), e abria-as todas, li-as uma a uma, e recompunha o pretérito... Leitor

---

eflúvio – aroma.

C (CXV): Brás encara a separação com realismo, dividindo-se mais uma vez a si mesmo: no coração – sentimentos misturados de alívio e de saudade; no estômago – os deliciosos quitutes do Hotel Pharoux.

empacha – abarrota.

Domiciano – (51-96), o 12º César, assassinado por um escravo com a cumplicidade da esposa. Na *Biografia dos 12 Césares*, Suetônio diz que o imperador tinha o hábito de pegar e trespassar moscas.

ignaro, se não guardas as cartas da juventude, não conhecerás um dia a filosofia das folhas velhas, não gostarás o prazer de ver-te, ao longe, na penumbra, com um chapéu de três bicos, botas de sete léguas e longas barbas assírias, a bailar ao som de uma gaita anacreôntica. Guarda as tuas cartas da juventude!

Ou, se te não apraz o chapéu de três bicos, empregarei a locução de um velho marujo, familiar da casa de Cotrim; direi que, se guardares as cartas da juventude, acharás ocasião de "cantar uma saudade". Parece que os nossos marujos dão este nome às cantigas de terra, entoadas no alto-mar. Como expressão poética, é o que se pode exigir mais triste.

Capítulo CXVII
O Humanitismo

Duas forças, porém, além de uma terceira, compeliam-me a tornar à vida agitada do costume: Sabina e Quincas Borba. Minha irmã encaminhou a candidatura conjugal de Nhã-loló de um modo verdadeiramente impetuoso. Quando dei por mim estava com a moça quase nos braços. Quanto ao Quincas Borba, expôs-me enfim o Humanitismo, sistema de filosofia destinado a arruinar todos os demais sistemas.

— Humanitas, dizia ele, o princípio das cousas, não é outro senão o mesmo homem repartido por todos os homens. Conta três fases Humanitas: a *estática*, anterior a toda a criação; a *expansiva*, começo das cousas; a *dispersiva*, aparecimento do homem; e contará

---

ignaro - ignorante.

gostarás - experimentarás, gozarás.

chapéu de três bicos - aquele cujas abas levantadas de três partes formam um triângulo.

botas de sete léguas - calçado do gato da história infantil *O gato de botas*, que poderia levá-lo com rapidez aonde ele desejasse.

barbas assírias - frisadas e aparadas, à moda dos povos assírios, da região atualmente do Iraque.

anacreôntica - relativo a Anacreonte (560-478 a.C.), poeta grego, cuja poesia, cantada ao som de instrumentos musicais, celebra o prazer e o amor.

C (CXVI): A filosofia das folhas velhas é matar o tempo de solidão, ao reviver o passado através dos que nos escreveram.

mais uma, a *contractiva*, absorção do homem e das cousas. A *expansão*, iniciando o universo, sugeriu a Humanitas o desejo de o gozar, e daí a *dispersão*, que não é mais do que a multiplicação personificada da substância original.

Como me não aparecesse assaz clara esta exposição, Quincas Borba desenvolveu-a de um modo profundo, fazendo notar as grandes linhas do sistema. Explicou-me que, por um lado, o Humanitismo ligava-se ao Brahmanismo, a saber, na distribuição dos homens pelas diferentes partes do corpo de Humanitas; mas aquilo que na religião indiana tinha apenas uma estreita significação teológica e política, era no Humanitismo a grande lei do valor pessoal. Assim, descender do peito ou dos rins de Humanitas, isto é, ser *um forte*, não era o mesmo que descender dos cabelos ou da ponta do nariz. Daí a necessidade de cultivar e temperar o músculo. Hércules não foi senão um símbolo antecipado do Humanitismo. Neste ponto Quincas Borba ponderou que o paganismo poderia ter chegado à verdade, se se não houvesse amesquinhado com a parte galante dos seus mitos. Nada disso acontecerá com o Humanitismo. Nesta igreja nova não há aventuras fáceis, nem quedas, nem tristezas, nem alegrias pueris. O amor, por exemplo, é um sacerdócio, a reprodução um ritual. Como a vida é o maior benefício do universo, e não há mendigo que não prefira a miséria à morte (o que é um delicioso influxo de Humanitas), segue-se que a transmissão da vida, longe de ser uma ocasião de galanteio, é a hora suprema da missa espiritual. Porquanto, verdadeiramente há só uma desgraça: é não nascer.

— Imagina, por exemplo, que eu não tinha nascido, continuou o Quincas Borba; é positivo que não teria agora o prazer de conversar contigo, comer esta batata, ir ao teatro, e para tudo dizer numa só palavra: viver. Nota que eu não faço do homem um simples veículo de Humanitas; não, ele é ao mesmo tempo veículo, cocheiro e passageiro; ele é o próprio Humanitas reduzido; daí a necessidade

---

Brahmanismo – organização religiosa, política e social dos brâmanes, sacerdotes que oficiavam os sacrifícios do Veda, ou seja, a sabedoria divina revelada a Brahma, deus superior dos antigos hindus. A sociedade era dividida em castas, e os sacerdotes ocupavam a casta superior.

Hércules – semideus que se distinguiu pela força física extraordinária, desde criança.

galanteio – atenções amorosas.

de adorar-se a si próprio. Queres uma prova da superioridade do meu sistema? Contempla a inveja. Não há moralista grego ou turco, cristão ou muçulmano, que não troveje contra o sentimento da inveja. O acordo é universal, desde os campos da Idumeia até o Alto da Tijuca. Ora bem; abre mão dos velhos preconceitos, esquece as retóricas rafadas, e estuda a inveja, esse sentimento tão subtil e tão nobre. Sendo cada homem uma redução de Humanitas, é claro que nenhum homem é fundamentalmente oposto a outro homem, quaisquer que sejam as aparências contrárias. Assim, por exemplo, o algoz que executa o condenado pode excitar o vão clamor dos poetas; mas substancialmente é Humanitas que corrige em Humanitas uma infração da lei de Humanitas. O mesmo direi do indivíduo que estripa a outro; é uma manifestação da força de Humanitas. Nada obsta (e há exemplos) que ele seja igualmente estripado. Se entendeste bem, facilmente compreenderás que a inveja não é senão uma admiração que luta, e sendo a luta a grande função do gênero humano, todos os sentimentos belicosos, são os mais adequados à sua felicidade. Daí vem que a inveja é uma virtude.

Para que negá-lo? eu estava estupefacto. A clareza da exposição, a lógica dos princípios, o rigor das consequências, tudo isso parecia superiormente grande, e foi-me preciso suspender a conversa por alguns minutos, enquanto digeria a filosofia nova. Quincas Borba mal podia encobrir a satisfação do triunfo. Tinha uma asa de frango no prato, e trincava-a com filosófica serenidade. Eu fiz-lhe ainda algumas objeções, mas tão frouxas, que ele não gastou muito tempo em destruí-las.

— Para entender bem o meu sistema, concluiu ele, importa não esquecer nunca o princípio universal, repartido e resumido em cada homem. Olha: a guerra, que parece uma calamidade, é uma operação conveniente, como se disséssemos o estalar dos dedos de Humanitas; a fome (e ele chupava filosoficamente a asa do frango), a fome é uma prova a que Humanitas submete a própria víscera. Mas eu não quero outro documento da sublimidade do meu sistema, senão este mesmo frango. Nutriu-se de milho, que foi plantado por um africano,

---

Idumeia – antigo país localizado ao Sul da Judeia e uma parte ao Norte da Arábia Pétrea, estando o território atualmente incluído na Jordânia.

retóricas rafadas – formas do discurso gastas pelo uso; expressões-clichês.

suponhamos, importado de Angola. Nasceu esse africano, cresceu, foi vendido; um navio o trouxe, um navio construído de madeira cortada no mato por dez ou doze homens, levado por velas, que oito ou dez homens teceram, sem contar a cordoalha e outras partes do aparelho náutico. Assim, este frango, que eu almocei agora mesmo, é o resultado de uma multidão de esforços e lutas, executados com o único fim de dar mate ao meu apetite.

Entre o queijo e o café, demonstrou-me Quincas Borba que o seu sistema era a destruição da dor. A dor, segundo o Humanitismo, é uma pura ilusão. Quando a criança é ameaçada por um pau, antes mesmo de ter sido espancada, fecha os olhos e treme; essa *predisposição*, é que constitui a base da ilusão humana, herdada e transmitida. Não basta certamente a adoção do sistema para acabar logo com a dor, mas é indispensável; o resto é a natural evolução das cousas. Uma vez que o homem se compenetre bem de que ele é o próprio Humanitas, não tem mais do que remontar o pensamento à substância original para obstar qualquer sensação dolorosa. A evolução, porém, é tão profunda, que mal se lhe podem assinar alguns milhares de anos.

Quincas Borba leu-me daí a dias a sua grande obra. Eram quatro volumes manuscritos, de cem páginas cada um, com letra miúda e citações latinas. O último volume compunha-se de um tratado político, fundado no Humanitismo; era talvez a parte mais enfadonha do sistema, posto que concebida com um formidável rigor de lógica. Reorganizada a sociedade pelo método dele, nem por isso ficavam eliminadas a guerra, a insurreição, o simples murro, a facada anônima, a miséria, a fome, as doenças; mas sendo esses supostos flagelos verdadeiros equívocos do entendimento, porque não passariam de movimentos externos da substância interior, destinados a não influir sobre o homem, senão como simples quebra da monotonia universal, claro estava que a sua existência não impediria a felicidade humana. Mas ainda quando tais flagelos (o que era radicalmente falso) correspondessem no futuro à concepção acanhada de antigos tempos, nem

---

Angola – país da África, um dos fornecedores de negros para a escravidão no Brasil.

cordoalha – reunião dos cabos do aparelho de um navio; cordame.

dar mate – dar xeque-mate: lance do jogo de xadrez, em que o rei fica numa casa atacada pela peça adversária e não pode escapar, pondo fim à partida com a derrota do jogador que recebe o lance.

por isso ficava destruído o sistema, e por dous motivos: 1º porque sendo Humanitas a substância criadora e absoluta, cada indivíduo deveria achar a maior delícia do mundo em sacrificar-se ao princípio de que descende; 2º porque, ainda assim, não diminuiria o poder espiritual do homem sobre a terra, inventada unicamente para seu recreio dele, como as estrelas, as brisas, as tâmaras e o ruibarbo. Pangloss, dizia-me ele ao fechar o livro, não era tão tolo como o pintou Voltaire.

Capítulo CXVIII

A terceira força

A terceira força que me chamava ao bulício era o gosto de luzir e, sobretudo, a incapacidade de viver só. A multidão atraía-me, o aplauso namorava-me. Se a ideia do emplasto me tem aparecido nesse tempo, quem sabe? não teria morrido logo e estaria célebre. Mas o emplasto não veio. Veio o desejo de agitar-me em alguma cousa, com alguma cousa e por alguma cousa.

Capítulo CXIX

Parêntesis

Quero deixar aqui, entre parêntesis, meia dúzia de máximas das muitas que escrevi por esse tempo. São bocejos de enfado; podem servir de epígrafe a discursos sem assunto:

---

para seu recreio dele – para satisfação dele. Observe a repetição do pronome, evitando ambiguidade.

ruibarbo – erva medicinal, cujo rizoma é empregado como purgativo. Na edição do INL está "ruibardo", parecendo tratar-se de erro tipográfico.

C (**CXVII**): Roberto Schwarz (1990:155), discutindo o Humanitismo, a mais célebre das filosofias machadianas, afirma que nela "a guerra generalizada é uma ilusão, porque tem fundamento monista: Humanitas é o princípio único de todas as coisas, residindo igualmente nas partes vencida e vencedora, no condenado e no algoz, de sorte que não há perda alguma onde parecia haver uma desgraça. Daí que a dor não existe nem tem cabimento."

C (**CXVIII**): Para Brás, a terceira força é, em última instância, a vaidade e o narcisismo.

Parêntesis – Digressões. Observe que o autor não usa o sinal de parêntese, mesmo anunciando que as máximas, isto é, pensamentos, sentenças de doutrina moral, vão ser deixadas entre parênteses. Assim, "entre parênteses" significa "dentro da narrativa", porém sem estar relacionada a ela.

—

Suporta-se com paciência a cólica do próximo.

—

Matamos o tempo; o tempo nos enterra.

—

Um cocheiro filósofo costumava dizer que o gosto da carruagem seria diminuto, sc todos andassem de carruagem.

—

Crê em ti; mas nem sempre duvides dos outros.

—

Não se compreende que um botocudo fure o beiço para enfeitá-lo com um pedaço de pau. Esta reflexão é de um joalheiro.

—

Não te irrites se te pagarem mal um benefício: antes cair das nuvens, que de um terceiro andar.

Capítulo CXX
Compelle intrare

— Não, senhor, agora quer você queira, quer não, há de casar, disse-me Sabina. Que belo futuro! Um solteirão sem filhos.

Sem filhos! A ideia de ter filhos deu-me um sobressalto; percorreu-me outra vez o fluido misterioso. Sim, cumpria ser pai. A vida celibata podia ter certas vantagens próprias, mas seriam tênues, e compradas a troco da solidão. Sem filhos! Não; impossível. Dispus-me a aceitar tudo, ainda a aliança do Damasceno. Sem filhos! Como já então depositasse grande confiança em Quincas Borba, fui ter com ele e expus-lhe os movimentos internos da minha paternidade. O filósofo ouviu-me com alvoroço; declarou-me que Humanitas se agitava em meu seio; animou-me ao casamento; ponderou que eram mais alguns convivas que batiam à porta, etc. *Compelle intrare*, como dizia

---

C (CXIX): As máximas, quase todas imbuídas de um elemento doloroso, são uma resposta prática de Brás à filosofia de Quincas, baseada no sistema de destruição da dor.

celibata – de solteiro.

Jesus. E não me deixou sem provar que o apólogo evangélico não era mais do que um prenúncio do Humanitismo, erradamente interpretado pelos padres.

Capítulo CXXI
Morro abaixo

No fim de três meses, ia tudo à maravilha. O fluido, Sabina, os olhos da moça, os desejos do pai, eram outros tantos impulsos que me levavam ao matrimônio. A lembrança de Virgília aparecia de quando em quando, à porta, e com ela um diabo negro, que me metia à cara um espelho, no qual eu via ao longe Virgília desfeita em lágrimas; mas outro diabo vinha, cor de rosa, com outro espelho, em que se refletia a figura de Nhã-loló, terna, luminosa, angélica.

Não falo dos anos. Não os sentia; acrescentarei até que os deitara fora, certo domingo, em que fui à missa na capela do Livramento. Como o Damasceno morava nos Cajueiros, eu acompanhava-os muitas vezes à missa. O morro estava ainda nu de habitações, salvo o velho palacete do alto, onde era a capela. Pois um domingo, ao descer com Nhã-loló pelo braço, não sei que fenômeno se deu que fui deixando aqui dous anos, ali quatro, logo adiante cinco, de maneira que, quando cheguei abaixo, estava com vinte anos apenas, tão lépidos como tinham sido.

Agora, se querem saber em que circunstâncias se deu o fenômeno basta-lhes ler este capítulo até o fim. Vínhamos da missa, ela, o pai e eu. No meio do morro achámos um grupo de homens. Damasceno, que vinha ao pé de nós, percebeu o que era e adiantou-se alvoroçado; nós fomos atrás dele. E vimos isto: homens de todas as idades, tamanhos e cores, uns em mangas de camisa, outros de jaqueta, outros metidos em sobrecasacas esfrangalhadas; atitudes

---

apólogo – história que ilustra uma lição de sabedoria e cuja moralidade é expressa como conclusão.

C (CXX): Ter filhos é, para o filósofo, uma comprovação de Humanitas na vida do narrador.

capela do Livramento – situada na ladeira do morro do Livramento, na chácara em que nasceu o escritor e onde sua mãe era agregada. Hoje, em seu lugar existe uma antena da Embratel.

diversas, uns de cócaras, outros com as mãos apoiadas nos joelhos, estes sentados em pedras, aqueles encostados ao muro, e todos com os olhos fixos no centro, e as almas debruçadas das pupilas.

— Que é? perguntou-me Nhã-loló.

Fiz-lhe sinal que se calasse; abri subtilmente caminho, e todos me foram cedendo espaço, sem que positivamente ninguém me visse. O centro tinha-lhes atado os olhos. Era uma briga de galos. Vi os dous contendores, dous galos de esporão agudo, olho de fogo e bico afiado. Ambos agitavam as cristas em sangue; o peito de um e de outro estava desplumado e rubro; invadia-os o cansaço. Mas lutavam ainda assim, olhos fitos nos olhos, bico abaixo, bico acima, golpe deste, golpe daquele, vibrantes e raivosos. Damasceno não sabia mais nada; o espetáculo eliminou para ele todo o universo. Em vão lhe disse que era tempo de descer: ele não respondia, não ouvia, concentrara-se no duelo. A briga de galos era uma de suas paixões.

Foi nessa ocasião que Nhã-loló me puxou brandamente pelo braço, dizendo que nos fôssemos embora. Aceitei o conselho e vim com ela por ali abaixo. Já disse que o morro era então desabitado; disse-lhes também que vínhamos da missa, e não lhes tendo dito que chovia, era claro que fazia bom tempo, um sol delicioso. E forte. Tão forte que eu abri logo o guarda-sol, segurei-o pelo centro do cabo, e inclinei-o por modo que ajuntei uma página à filosofia do Quincas Borba: Humanitas osculou Humanitas... Foi assim que os anos me vieram caindo pelo morro abaixo.

Ao sopé detivemo-nos alguns minutos, à espera de Damasceno; ele veio daí a pouco rodeado dos apostadores, a comentar com eles a briga. Um destes, tesoureiro das apostas, distribuía um velho maço de notas de dez tostões, que os vencedores recebiam duplamente alegres. Quanto aos galos vinham sobraçados pelo respectivo dono. Um deles trazia a crista tão comida e ensanguentada, que vi logo nele o vencido; mas era engano, — o vencido era o outro, que não trazia crista nenhuma. Ambos tinham o bico aberto, respirando a custo, esfalfados.

---

cócaras – o mesmo que "cócoras".

briga de galos – rinha; no Brasil, essa diversão das camadas populares foi proibida em maio de 1961 e atualmente é considerada crime ambiental.

contendores – lutadores.

sopé – pé (do morro).

sobraçados – postos debaixo do braço.

Os apostadores, ao contrário, vinham alegres, sem embargo das fortes comoções da luta; biografavam os contendores, relembravam as proezas de ambos. Eu fui andando, vexado; Nhã-loló vexadíssima.

Capítulo CXXII

Uma intenção mui fina

O que vexava a Nhã-loló era o pai. A facilidade com que ele se metera com os apostadores punha em relevo antigos costumes e afinidades sociais, e Nhã-loló chegara a temer que tal sogro me parecesse indigno. Era notável a diferença que ela fazia de si mesma; estudava-se e estudava-me. A vida elegante e polida atraía-a, principalmente porque lhe parecia o meio mais seguro de ajustar as nossas pessoas. Nhã-loló observava, imitava, adivinhava; ao mesmo tempo dava-se ao esforço de mascarar a inferioridade da família. Naquele dia, porém, a manifestação do pai foi tamanha que a entristeceu grandemente. Eu busquei então diverti-la do assunto, dizendo-lhe muitas chanças e motes de bom-tom; vãos esforços, que não a alegravam mais. Era tão profundo o abatimento, tão expressivo o desânimo, que cheguei a atribuir a Nhã-loló a intenção positiva de separar, no meu espírito, a sua causa da causa do pai. Este sentimento pareceu-me de grande elevação; era uma afinidade mais entre nós.

— Não há remédio, disse eu comigo, vou arrancar esta flor a este pântano.

Capítulo CXXIII

O verdadeiro Cotrim

Não obstante os meus quarenta e tantos anos, como eu amasse a harmonia da família, entendi não tratar o casamento sem primeiro

---

C (CXXI): Além de uma ilustração do Humanitismo na vida animal, a briga de galos retrata uma cena carioca do século XIX ainda hoje vista, apesar de proibida.

chanças – ditos zombeteiros, troças.

C (CXXII): Nhã-loló envergonha-se do pai diante do burguês rico, pelo fato de aquele divertir-se com uma espécie de esporte dos pobres.

falar ao Cotrim. Ele ouviu-me e respondeu-me seriamente que não tinha opinião em negócio de parentes seus. Podiam supor-lhe algum interesse, se acaso louvasse as raras prendas de Nhã-loló; por isso calava-se. Mais: estava certo de que a sobrinha nutria por mim verdadeira paixão, mas se ela o consultasse, o seu conselho seria negativo. Não era levado por nenhum ódio; apreciava as minhas boas qualidades, — não se fartava de as elogiar, como era de justiça; e pelo que respeita a Nhã-loló, não chegaria jamais a negar que era noiva excelente; mas daí a aconselhar o casamento ia um abismo.

— Lavo inteiramente as mãos, concluiu ele.

— Mas você achava outro dia que eu devia casar quanto antes...

— Isso é outro negócio. Acho que é indispensável casar, principalmente tendo ambições políticas. Saiba que na política o celibato é uma remora. Agora, quanto à noiva, não posso ter voto, não quero, não devo, não é de minha honra. Parece-me que Sabina foi além, fazendo-lhe certas confidências, segundo me disse; mas em todo caso ela não é tia carnal de Nhã-loló, como eu. Olhe... mas não... não digo...

— Diga.

— Não; não digo nada.

Talvez pareça excessivo o escrúpulo do Cotrim, a quem não souber que ele possuía um caráter ferozmente honrado. Eu mesmo fui injusto com ele durante os anos que se seguiram ao inventário de meu pai. Reconheço que era um modelo. Arguíam-no de avareza, e cuido que tinham razão; mas a avareza é apenas a exageração de uma virtude, e as virtudes devem ser como os orçamentos: melhor é o saldo que o *deficit*. Como era muito seco de maneiras tinha inimigos, que chegavam a acusá-lo de bárbaro. O único facto alegado neste particular era o de mandar com frequência escravos ao calabouço, donde eles desciam a escorrer sangue; mas, além de que ele só mandava os perversos e os fujões, ocorre que, tendo longamente contrabandeado em escravos, habituara-se de certo modo ao trato um pouco mais duro que esse gênero de negócio requeria, e não se pode honestamente atribuir à índole original de um homem o que é puro efeito de relações sociais. A prova de que o Cotrim tinha sentimentos pios encontrava-se no seu amor aos

---

remora – barreira.

calabouço – prisão subterrânea.

pios – puros.

filhos, e na dor que padeceu quando lhe morreu Sara, dali a alguns meses; prova irrefutável, acho eu, e não única. Era tesoureiro de uma confraria, e irmão de várias irmandades, e até irmão remido de uma destas, o que não se coaduna muito com a reputação da avareza; verdade é que o benefício não caíra no chão: a irmandade (de que ele fora juiz), mandara-lhe tirar o retrato a óleo. Não era perfeito, decerto; tinha, por exemplo, o sestro de mandar para os jornais a notícia de um ou outro benefício que praticava, — sestro repreensível ou não louvável, concordo; mas ele desculpava-se dizendo que as boas ações eram contagiosas, quando públicas; razão a que se não pode negar algum peso. Creio mesmo (e nisto faço o seu maior elogio) que ele não praticava, de quando em quando, esses benefícios senão com o fim de espertar a filantropia dos outros; e se tal era o intuito, força é confessar que a publicidade tornava-se uma condição *sine qua non*. Em suma, poderia dever algumas atenções, mas não devia um real a ninguém.

Capítulo CXXIV
Vá de intermédio

Que há entre a vida e a morte? Uma curta ponte. Não obstante, se eu não compusesse este capítulo, padeceria o leitor um forte

---

confraria – associação para fins religiosos.

irmandades – confrarias. Machado usa aqui palavras hoje sinônimas. "Irmão" é o membro de uma irmandade.

remido – que paga certa quantia para ter o direito de pertencer a uma sociedade enquanto ela existir e sem ter de efetuar novos pagamentos.

coaduna – combina.

tirar – pintar.

sestro – mania.

espertar a filantropia – incentivar a caridade.

intuito – intenção.

sine qua non – expressão latina: "sem o que não", que exprime obrigatoriedade.

C (CXXIII): Observe a indiferença da sociedade da época em relação ao escravo, através do retrato de um homem virtuoso, bom pai de família, religioso, porém contrabandista e torturador de negros.

abalo, assaz danoso ao efeito do livro. Saltar de um retrato a um epitáfio, pode ser real e comum; o leitor, entretanto, não se refugia no livro, senão para escapar à vida. Não digo que este pensamento seja meu; digo que há nele uma dose de verdade, e que, ao menos, a forma é pinturesca. E repito: não é meu.

Capítulo CXXV
Epitáfio

AQUI JAZ

DONA EULÁLIA DAMASCENA DE BRITO

MORTA
AOS DEZENOVE ANOS DE IDADE

ORAI POR ELA!

Capítulo CXXVI
Desconsolação

O epitáfio diz tudo. Vale mais do que se lhes narrasse a moléstia de Nhã-loló, a morte, o desespero da família, o enterro.

---

pinturesca – variante de "pitoresca" – divertida, original, imaginosa.

C (**CXXIV**): Mais um exemplo de técnica irônica da narrativa: o capítulo serve de transição de fatos completamente díspares entre si.

Epitáfio – inscrição colocada em túmulos.

C (**CXXV**): O recurso do epitáfio para comunicar a morte da namorada é novo índice de economia e expressividade da narrativa machadiana.

Ficam sabendo que morreu; acrescentarei que foi por ocasião da primeira entrada da febre amarela. Não digo mais nada, a não ser que a acompanhei até o último jazigo, e me despedi triste, mas sem lágrimas. Concluí que talvez não a amasse deveras.

Vejam agora a que excessos pode levar uma inadvertência; doeu-me um pouco a cegueira da epidemia que, matando à direita e à esquerda, levou também uma jovem dama, que tinha de ser minha mulher; não cheguei a entender a necessidade da epidemia, menos ainda daquela morte. Creio até que esta me pareceu ainda mais absurda que todas as outras mortes. Quincas Borba, porém, explicou-me que epidemias eram úteis à espécie, embora desastrosas para uma certa porção de indivíduos; fez-me notar que, por mais horrendo que fosse o espetáculo, havia uma vantagem de muito peso: a sobrevivência do maior número. Chegou a perguntar-me se, no meio do luto geral, não sentia eu algum secreto encanto em ter escapado às garras da peste; mas esta pergunta era tão insensata, que ficou sem resposta.

Se não contei a morte, não conto igualmente a missa do sétimo dia. A tristeza do Damasceno era profunda; esse pobre homem parecia uma ruína. Quinze dias depois estive com ele; continuava inconsolável, e dizia que a dor grande com que Deus o castigara fora ainda aumentada com a que lhe infligiram os homens. Não me disse mais nada. Três semanas depois tornou ao assunto, e então confessou-me que, no meio do desastre irreparável, quisera ter a consolação da presença dos amigos. Doze pessoas apenas, e três quartas partes amigos do Cotrim, acompanharam à cova o cadáver de sua querida filha. E ele fizera expedir oitenta convites. Ponderei-lhe que as perdas eram tão gerais que bem se podia desculpar essa desatenção aparente. Damasceno abanava a cabeça de um modo incrédulo e triste.

— Qual! gemia ele, desampararam-me.

Cotrim, que estava presente:

— Vieram os que deveras se interessam por você e por nós. Os oitenta viriam por formalidade, falariam da inércia do governo, das panaceias dos boticários, do preço das casas, ou uns dos outros...

---

jazigo – abrigo, refúgio.

panaceias dos boticários – medicamentos que servem para tudo, comercializados pelos boticários – os farmacêuticos da época.

Damasceno ouviu calado, abanou outra vez a cabeça, e suspirou:

— Mas viessem!

Capítulo CXXVII
Formalidade

Grande cousa é haver recebido do céu uma partícula da sabedoria, o dom de achar as relações das cousas, a faculdade de as comparar e o talento de concluir! Eu tive essa distinção psíquica; eu a agradeço ainda agora do fundo do meu sepulcro.

De facto, o homem vulgar que ouvisse a última palavra do Damasceno, não se lembraria dela, quando, tempos depois, houvesse de olhar para uma gravura representando seis damas turcas. Pois eu lembrei-me. Eram seis damas de Constantinopla, — modernas, — em trajos de rua, cara tapada, não com um espesso pano que as cobrisse deveras, mas com um véu tenuíssimo, que simulava descobrir somente os olhos, e na realidade descobria a cara inteira. E eu achei graça a essa esperteza da faceirice muçulmana, que assim esconde o rosto, — e cumpre o uso, — mas não o esconde, — e divulga a beleza. Aparentemente, nada há entre as damas turcas e o Damasceno; mas se tu és um espírito profundo e penetrante (e duvido muito que me negues isso), compreenderás que, tanto num como noutro caso, surge aí a orelha de uma rígida e meiga companheira do homem social...

Amável Formalidade, tu és, sim, o bordão da vida, o bálsamo dos corações, a medianeira entre os homens, o vínculo da terra e do céu; tu enxugas as lágrimas de um pai, tu captas a indulgência de

---

C (CXXVI): O narrador inicia o capítulo insistindo na força representativa do epitáfio – discurso de alto índice de visualização – substituindo um discurso normal de relato.

Constantinopla – atual Estambul, capital da Turquia.

tenuíssimo – levíssimo.

simulava descobrir – aparentava mostrar.

faceirice – afetação sedutora.

cumpre o uso – segue a tradição.

bordão – cajado, espécie de bengala.

um Profeta. Se a dor adormece, e a consciência se acomoda, a quem, senão a ti, devem esse imenso benefício? A estima que passa de chapéu na cabeça não diz nada à alma; mas a indiferença que corteja deixa-lhe uma deleitosa impressão. A razão é que, ao contrário de uma velha fórmula absurda, não é a letra que mata; a letra dá vida; o espírito é que é objeto de controvérsia, de dúvida, de interpretação, e conseguintemente de luta e de morte. Vive tu, amável Formalidade, para sossego do Damasceno e glória de Muhammed.

Capítulo CXXVIII

Na câmara

E notai bem que eu vi a gravura turca, dous anos depois das palavras de Damasceno, e via-a na câmara dos deputados, em meio de grande borborinho, enquanto um deputado discutia um parecer da comissão do orçamento, sendo eu também deputado. Para quem há lido este livro é escusado encarecer a minha satisfação, e para os outros é igualmente inútil. Era deputado, e vi a gravura turca, recostado na minha cadeira, entre um colega, que contava uma anedota, e outro, que tirava a lápis, nas costas de uma sobrecarta, o perfil do orador. O orador era o Lobo Neves. A onda da vida trouxe-nos à mesma praia, como duas botelhas de náufragos, ele contendo o seu ressentimento, eu devendo conter o meu remorso; e emprego esta forma suspensiva, dubitativa ou condicional, para o fim de dizer que efetivamente não continha nada, a não ser a ambição de ser ministro.

Profeta – referência a Maomé (570-632), criador da religião islâmica e tido como o Profeta.

velha fórmula.....morte – referência e interpretação da fala de Paulo, na segunda carta aos coríntios (*Atos dos apóstolos*, I, 3): "a letra mata, o espírito vivifica."

Muhammed – Maomé.

C (CXXVII): O capítulo filosofa sobre a formalidade – "bálsamo dos corações, companheira social" – tão cara ao Damasceno: não lhe importa a qualidade das pessoas presentes ao enterro, mas a quantidade delas.

sobrecarta – envelope.

botelhas – garrafas.

C (CXXVIII): A política une os rivais: ressentimento *versus* falta de remorso foi o que restou.

Capítulo CXXIX

Sem remorsos

Não tinha remorsos. Se possuísse os aparelhos próprios, incluía neste livro uma página de química, porque havia de decompor o remorso até os mais simples elementos, com o fim de saber de um modo positivo e concludente, por que razão Aquiles passeia à roda de Troia o cadáver do adversário, e lady Macbeth passeia à volta da sala a sua mancha de sangue. Mas eu não tenho aparelhos químicos, como não tinha remorsos; tinha vontade de ser ministro de Estado. Contudo, se hei de acabar este capítulo, direi que não quisera ser Aquiles nem lady Macbeth; e que, a ser alguma cousa, antes Aquiles, antes passear ovante o cadáver do que a mancha; ouvem-se no fim as súplicas de Príamo, e ganha-se uma bonita reputação militar e literária. Eu não ouvia as súplicas de Príamo, mas o discurso do Lobo Neves, e não tinha remorsos.

Capítulo CXXX

Para intercalar no capítulo CXXIX

A primeira vez que pude falar a Virgília, depois da presidência, foi num baile em 1855. Trazia um soberbo vestido de gorgorão azul, e ostentava às luzes o mesmo par de ombros de outro tempo. Não era a frescura da primeira idade; ao contrário;

Aquiles passeia à roda de Troia o cadáver do adversário – referência a um episódio da *Ilíada*: Aquiles mata o inimigo Heitor, amarra-o num carro e sai arrastando-o, vingativamente, pela cidade de Troia. Príamo, pai de Heitor, suplica a Aquiles o cadáver do filho e o obtém.

lady Macbeth passeia à volta da sala a sua mancha de sangue – na peça shakespeariana *Macbeth*, a esposa deste é cúmplice do marido no assassinato do rei da Escócia. Em seguida ela tem uma visão de suas próprias mãos manchadas de sangue e caminha pela sala do palácio, desejando morrer.

ovante – triunfante.

C (CXXIX): Veja a questão moral de Brás (não tem remorsos) *versus* a ambição de glória (vontade ser ministro).

gorgorão – tecido encorpado, de seda ou de lã.

mas ainda estava formosa, de uma formosura outoniça, realçada pela noite. Lembra-me que falámos muito, sem aludir a cousa nenhuma do passado. Subentendia-se tudo. Um dito remoto, vago, ou então um olhar, e mais nada. Pouco depois retirou-se; eu fui vê-la descer as escadas, e não sei por que fenômeno de ventriloquismo cerebral (perdoem-me os filólogos essa frase bárbara) murmurei comigo esta palavra profundamente retrospectiva:

— Magnífica!

Convém intercalar este capítulo entre a primeira oração e a segunda do capítulo CXXIX.

Capítulo CXXXI
De uma calúnia

Como eu acabava de dizer aquilo, pelo processo ventríloco-cerebral, — o que era simples opinião e não remorso, — senti que alguém me punha a mão no ombro. Voltei-me; era um antigo companheiro, oficial de marinha, jovial, um pouco despejado de maneiras. Ele sorriu maliciosamente, e disse-me:

— Seu maganão! Recordações do passado, hem?

— Viva o passado!

— Você naturalmente foi reintegrado no emprego.

— Salta, pelintra! disse eu, ameaçando-o com o dedo.

Confesso que este diálogo era uma indiscrição, — principalmente a última réplica. E com tanto maior prazer o confesso, quanto que as mulheres é que têm fama de indiscretas, e não quero acabar o livro sem retificar essa noção do espírito humano.

---

outoniça – que está no outono da vida, ou seja, antes do inverno, que é a velhice.

ventriloquismo cerebral – ventriloquismo: capacidade de falar sem abrir a boca e mudar a voz, parecendo que esta sai de outra fonte. Machado se desculpa pela aparente contradição da expressão.

filólogos – pessoas dedicadas ao estudo e à pesquisa da língua (portuguesa).

C (CXXX): O estilo sintético machadiano prima aqui pela qualidade: O narrador volta ao passado ao reencontrar Virgília e o expressa apenas por um adjetivo exclamativo: Magnífica!

despejado – sem inibição.

Em pontos de aventura amorosa, achei homens que sorriam, ou negavam a custo, de um modo frio, monossilábico, etc., ao passo que as parceiras não davam por si, e jurariam aos Santos Evangelhos que era tudo uma calúnia. A razão desta diferença é que a mulher (salva a hipótese do capítulo CI e outras) entrega-se por amor, ou seja o amor-paixão de Stendhal, ou o puramente físico de algumas damas romanas, por exemplo, ou polinésias, lapônias, cafres, e pode ser que outras raças civilizadas; mas o homem, — falo do homem de uma sociedade culta e elegante, — o homem conjuga a sua vaidade ao outro sentimento. Além disso (e refiro-me sempre aos casos defesos), a mulher, quando ama outro homem, parece-lhe que mente a um dever, e portanto tem de dissimular com arte maior, tem de refinar a aleivosia; ao passo que o homem, sentindo-se causa da infração e vencedor de outro homem, fica legitimamente orgulhoso, e logo passa a outro sentimento menos ríspido e menos secreto, — essa boa fatuidade, que é a transpiração luminosa do mérito.

Mas seja ou não verdadeira a minha explicação, basta-me deixar escrito nesta página, para uso dos óculos, que a indiscrição das mulheres é uma burla inventada pelos homens; em amor, pelo menos, elas são um verdadeiro sepulcro. Perdem-se muita vez por desastradas, por inquietas, por não saberem resistir aos gestos, aos olhares; e é por isso que uma grande dama e fino espírito, a rainha de Navarra, empregou algures esta metáfora para dizer que toda a aventura amorosa vinha a descobrir-se por força, mais tarde ou

---

o amor-paixão de Stendhal - referência a um dos diversos tipos de amor, que esse escritor faz em seu livro *Do amor*. Segundo ele, o amor-paixão é o mais importante, porque verdadeiro.

polinésias - da Polinésia, conjunto de ilhas do Pacífico. São territórios divididos entre os Estados Unidos, Nova Zelândia, França e Chile.

lapônias - da Lapônia, região ao Norte da Escandinávia.

cafres - da Cafrária, antigo nome dado à África não habitada por muçulmanos, hoje correspondente a regiões da África do Sul.

defesos - proibidos.

aleivosia - deslealdade.

rainha de Navarra - referência a Margarida d'Angoulême (1492-1549), esposa de Henrique II de Navarra, atualmente província espanhola. Escritora, distinguiu-se pela paixão das Letras e das Artes.

algures - em algum lugar.

mais cedo: "Não há cachorrinho tão adestrado, que alfim lhe não ouçamos o latir."

Capítulo CXXXII

Que não é sério

Citando o dito da rainha de Navarra, ocorre-me que entre o nosso povo, quando uma pessoa vê outra pessoa arrufada, costuma perguntar-lhe: "Gentes, quem matou seus cachorrinhos?" como se dissesse: — "quem lhe levou os amores, as aventuras secretas, etc." Mas este capítulo não é sério.

Capítulo CXXXIII

O princípio de Helvetius

Estávamos no ponto em que o oficial de marinha me arrancou a confissão dos amores de Virgília, e aqui emendo eu o princípio de Helvetius, — ou, por outra, explico-o. O meu interesse era calar; confirmar a suspeita de uma cousa antiga fora provocar algum ódio sopitado, dar origem a um escândalo, quando menos adquirir a reputação de indiscreto. Era esse o interesse; e entendendo-se o princípio de Helvetius de um modo superficial, isso é o que devia ter feito. Mas eu já dei o motivo da indiscrição masculina: antes daquele interesse de *segurança*, havia outro, o do *desvanecimento*, que é mais íntimo, mais imediato: o primeiro era reflexivo, supunha um silogismo anterior; o

---

alfim - afinal.

C (CXXXI): Discute-se a discrição feminina *versus* a indiscrição masculina.

C (CXXXII): Veja um exemplo originalíssimo de metalinguagem: o dito da rainha é aproximado da pergunta popular, para o narrador tirar um terceiro dito e adaptá-lo à situação em causa.

Helvetius - (1715-1771), filósofo francês, autor do livro *Do espírito*, apologia do sensualismo absoluto e despreconceituoso.

sopitado - abrandado, adormecido.

desvanecimento - vaidade.

silogismo - dedução formal em que, postas duas proposições chamadas premissas, delas se tira uma terceira, nelas logicamente implicadas, chamada conclusão.

segundo era espontâneo, instintivo, vinha das entranhas do sujeito; finalmente, o primeiro tinha o efeito remoto, o segundo próximo. Conclusão: o princípio de Helvetius é verdadeiro no meu caso; — a diferença é que não era o interesse aparente, mas o recôndito.

Capítulo CXXXIV
Cinquenta anos

Não lhes disse ainda, — mas digo-o agora, — que quando Virgília descia a escada, e o oficial de marinha me tocava no ombro, tinha eu cinquenta anos. Era portanto a minha vida que descia pela escada abaixo, — ou a melhor parte, ao menos, uma parte cheia de prazeres, de agitações, de sustos, — capeada de dissimulação e duplicidade, — mas enfim a melhor, se devemos falar a linguagem usual. Se, porém, empregamos outra mais sublime, a melhor parte foi a restante, como eu terei a honra de lhes dizer nas poucas páginas deste livro.

Cinquenta anos! Não era preciso confessá-lo. Já se vai sentindo que o meu estilo não é tão lesto como nos primeiros dias. Naquela ocasião, cessado o diálogo com o oficial de marinha, que enfiou a capa e saiu, confesso que fiquei um pouco triste. Voltei à sala, lembrou-me dançar uma polca, embriagar-me das luzes, das flores, dos cristais, dos olhos bonitos, e do borborinho surdo e ligeiro das conversas particulares. E não me arrependo; remocei. Mas, meia hora depois, quando me retirei do baile, às quatro da manhã, o que é que fui achar no fundo do carro? Os meus cinquenta anos. Lá estavam eles os teimosos, não tolhidos de frio, nem reumáticos, — mas cochilando a sua fadiga, um pouco cobiçosos de cama e de repouso. Então, — e vejam até que ponto pode ir a imaginação de um homem, com sono, — então pareceu-me ouvir de um morcego encarapitado no tejadilho: Senhor Brás Cubas, a rejuvenescência estava na sala, nos cristais, nas luzes, nas sedas, — enfim, nos outros.

C (CXXXIII): O narrador deixa que a vaidade vença a discrição e confessa seus amores proibidos.

capeada - ocultada, disfarçada.

lesto - ágil.

tejadilho - teto de veículo.

C (CXXXIV): A reflexão sobre as marcas do tempo opõe a juventude das exterioridades à velhice real da interioridade.

Capítulo CXXXV
Oblivion

E agora sinto que, se alguma dama tem seguido estas páginas, fecha o livro e não lê as restantes. Para ela extinguiu-se o interesse da minha vida, que era o amor. Cinquenta anos! Não é ainda a invalidez, mas já não é a frescura. Venham mais dez, e eu entenderei o que um inglês dizia, entenderei que "cousa é não achar já quem se lembre de meus pais, e de que modo me há de encarar o próprio ESQUECIMENTO".

Vai em versaletes esse nome. *OBLIVION*! Justo é que se deem todas as honras a um personagem tão desprezado e tão digno, conviva da última hora, mas certo. Sabe-o a dama que luziu na aurora do atual reinado, e mais dolorosamente a que ostentou suas graças em flor sob o ministério Paraná, porque esta acha-se mais perto do triunfo, e sente já que outras lhe tomaram o carro. Então, se é digna de si mesma, não teima em espertar a lembrança morta ou expirante; não busca no olhar de hoje a mesma saudação do olhar de ontem, quando eram outros os que encetavam a marcha da vida, de alma alegre e pé veloz. *Tempora mutantur*. Compreende que este turbilhão é assim mesmo, leva as folhas do mato e os farrapos do caminho, sem exceção nem piedade; e se tiver um pouco de filosofia, não inveja, mas lastima as que lhe tomaram o carro, porque também elas hão de ser apeadas pelo estribeiro *OBLIVION*. Espetáculo, cujo fim é divertir o planeta Saturno, que anda muito aborrecido.

Oblivion – vocábulo inglês: olvido, esquecimento.

versaletes – letras de caixa-alta (maiúsculas), com a altura de caixa-baixa (minúsculas) da mesma fonte.

atual reinado – Segundo Reinado (1831-1889).

ministério Paraná – ministério presidido pelo Marquês de Paraná, de 1853 a 1856, fase considerada pelo historiador Capistrano de Abreu como "o apogeu do fulgor do Império".

encetavam – começavam.

Tempora mutantur – frase latina: Os tempos mudam.

estribeiro – o encarregado das cavalariças, coches, arreios, etc.

C (CXXXV): O lema do capítulo – Os tempos mudam – condiz com a velhice e o esquecimento.

Capítulo CXXXVI

Inutilidade

Mas, ou muito me engano, ou acabo de escrever um capítulo inútil.

Capítulo CXXXVII

A barretina

E daí, não; ele resume as reflexões que fiz no dia seguinte ao Quincas Borba, acrescentando que me sentia acabrunhado, e mil outras cousas tristes. Mas esse filósofo, com o elevado tino de que dispunha, bradou-me que eu ia escorregando na ladeira fatal da melancolia.

— Meu caro Brás Cubas, não te deixes vencer desses vapores. Que diacho! é preciso ser homem! ser forte! lutar! vencer! brilhar! influir! dominar! Cinquenta anos é a idade da ciência e do governo. Ânimo, Brás Cubas; não me sejas palerma. Que tens tu com essa sucessão de ruína a ruína ou de flor a flor? Trata de saborear a vida; e fica sabendo que a pior filosofia é a do choramingas que se deita à margem do rio para o fim de lastimar o curso incessante das águas. O ofício delas é não parar nunca; acomoda-te com a lei, e trata de aproveitá-la.

Vê-se nas menores cousas o que vale a autoridade de um grande filósofo. As palavras do Quincas Borba tiveram o condão de sacudir o torpor moral e mental em que andava. Vamos lá; façamo-nos governo, é tempo. Eu não havia intervindo até então nos grandes debates. Cortejava a pasta por meio de rapapés, chás, comissões e votos; e a pasta não vinha. Urgia apoderar-me da tribuna.

C (CXXXVI): Eis mais uma brincadeira metalinguística do narrador.

barretina – antigo barrete (chapéu) militar, alto, de formato cilíndrico, de feltro ou de pele.

vapores – (usado no plural) – entorpecimento cerebral que era atribuído a vapores mórbidos que subiam ao cérebro.

pasta – cargo de ministro.

rapapés – adulações, puxa-saquismo.

Comecei devagar. Três dias depois, discutindo-se o orçamento da justiça, aproveitei o ensejo para perguntar modestamente ao ministro se não julgava útil diminuir a barretina da guarda nacional. Não tinha vasto alcance o objeto da pergunta; mas ainda assim demonstrei que não era indigno das cogitações de um homem de Estado; e citei Filopêmen, que ordenou a substituição dos broquéis de suas tropas, que eram pequenos, por outros maiores, e bem assim as lanças, que eram demasiado leves; facto que a história não achou que desmentisse a gravidade de suas páginas. O tamanho das nossas barretinas estava pedindo um corte profundo, não só por serem deselegantes, mas também por serem anti-higiênicas. Nas paradas, ao sol, o excesso do calor produzido por elas podia ser fatal. Sendo certo que um dos preceitos de Hipócrates era trazer a cabeça fresca, parecia cruel obrigar um cidadão, por simples consideração de uniforme, a arriscar a saúde e a vida, e consequentemente o futuro da família. A câmara e o governo deviam lembrar-se que a guarda nacional era o anteparo da liberdade e da independência, e que o cidadão, chamado a um serviço gratuito, frequente e penoso, tinha direito a que se lhe diminuísse o ônus, decretando um uniforme leve e maneiro. Acrescia que a barretina, por seu peso, abatia a cabeça dos cidadãos, e a pátria precisava de cidadãos cuja fronte pudesse levantar-se altiva e serena diante do poder; e concluí com esta ideia: o chorão, que inclina os seus galhos para a terra, é árvore de cemitério; a palmeira, erecta e firme, é árvore do deserto, das praças e dos jardins.

Vária foi a impressão deste discurso. Quanto à forma, ao rapto eloquente, à parte literária e filosófica, a opinião foi só uma; disseram-me todos que era completo, e que de uma barretina ninguém ainda conseguira tirar tantas ideias. Mas a parte política foi

---

Filopêmen – (253-183 a.C.), general grego, que tentou manter a unidade da Grécia diante dos progressos ameaçadores de Roma.

broquéis – escudos antigos, redondos e pequenos.

paradas – desfiles militares.

Hipócrates – (460?-375? a.C.), o maior médico da Antiguidade. Seu sistema fundamentava-se na alteração dos humores.

anteparo – proteção, defesa.

maneiro – de fácil uso.

rapto – arrebatamento, êxtase.

considerada por muitos deplorável; alguns achavam o meu discurso um desastre parlamentar; enfim, vieram dizer-me que outros me davam já em oposição, entrando nesse número os oposicionistas da câmara, que chegaram a insinuar a conveniência de uma moção de desconfiança. Repeli energicamente tal interpretação, que não era só errônea, mas caluniosa, à vista da notoriedade com que eu sustentava o gabinete; acrescentei que a necessidade de diminuir a barretina não era tamanha que não pudesse esperar alguns anos; e que, em todo caso, eu transigiria na extensão do corte, contentando-me com três quartos de polegada ou menos; enfim, dado mesmo que a minha ideia não fosse adoptada, bastava-me tê-la iniciado no parlamento.

Quincas Borba, porém, não fez restrição alguma. Não sou homem político, disse-me ele ao jantar; não sei se andaste bem ou mal; sei que fizeste um excelente discurso. E então notou as partes mais salientes, as belas imagens, os argumentos fortes, com esse comedimento de louvor que tão bem fica a um grande filósofo; depois, tomou o assunto à sua conta, e impugnou a barretina com tal força, com tamanha lucidez, que acabou convencendo-me efetivamente do seu perigo.

Capítulo CXXXVIII
A um crítico

Meu caro crítico,

Algumas páginas atrás, dizendo eu que tinha cinquenta anos, acrescentei: "Já se vai sentindo que o meu estilo não é tão lesto como nos primeiros dias." Talvez aches esta frase incompreensível, sabendo-se o meu atual estado; mas eu chamo a tua atenção para a subtileza daquele pensamento. O que eu quero dizer não é que

---

moção – proposta acerca de qualquer matéria que surja numa assembleia.

gabinete – ministério.

três quartos de polegada – cerca de dois centímetros; 01 polegada = 2,54 cm.

comedimento – moderação.

C (CXXXVII): A mediocridade política do deputado é ironizada por ele mesmo, ao fazer um discurso desastroso na essência, porque de conteúdo insignificante, porém belo na aparência, pelas qualidades retóricas.

esteja agora mais velho do que quando comecei o livro. A morte não envelhece. Quero dizer, sim, que em cada fase da narração da minha vida experimento a sensação correspondente. Valha-me Deus! é preciso explicar tudo.

Capítulo CXXXIX

De como não fui ministro d'Estado

. . . .
. . . .
. . . .
. . . .
. . . .

Capítulo CXL

Que explica o anterior

Há cousas que melhor se dizem calando; tal é a matéria do capítulo anterior. Podem entendê-lo os ambiciosos malogrados. Se a paixão do poder é a mais forte de todas, como alguns inculcam, imaginem o desespero, a dor, o abatimento do dia em que perdi a cadeira da câmara dos deputados. Iam-se-me as esperanças todas; terminava a carreira política. E notem que o Quincas Borba, por induções filosóficas que fez, achou que a minha ambição não era a paixão verdadeira do poder, mas um capricho, um desejo de folgar. Na opinião dele, este sentimento, não sendo mais profundo

---

C (CXXXVIII): Ironicamente, o narrador faz pouco caso da competência do crítico (literário), ao explicar-lhe o consensual em matéria de crítica: se o autor não envelhece, seu estilo também não.

C (CXXXIX): Novo capítulo "silencioso": indica o fracasso de um ambicioso projeto de vida.

malogrados – frustrados.

inculcam – demonstram.

folgar – divertir-se.

que o outro, amofina muito mais, porque orça pelo amor que as mulheres têm às rendas e toucados. Um Cromwell ou um Bonaparte, acrescentava ele, por isso mesmo que os queima a paixão do poder, lá chegam à fina força ou pela escada da direita, ou pela da esquerda. Não era assim o meu sentimento; este, não tendo em si a mesma força, não tem a mesma certeza do resultado; e daí a maior aflição, o maior desencanto, a maior tristeza. O meu sentimento, segundo o Humanitismo...

— Vai para o diabo com o teu Humanitismo, interrompi-o; estou farto de filosofias que me não levam a cousa nenhuma.

A dureza da interrupção, tratando-se de tamanho filósofo, equivalia a um desacato; mas ele próprio desculpou a irritação com que lhe falei. Trouxeram-nos café; era uma hora da tarde, estávamos na minha sala de estudo, uma bela sala, que dava para o fundo da chácara, bons livros, objetos d'arte, um Voltaire entre eles, um Voltaire de bronze, que nessa ocasião parecia acentuar o risinho de sarcasmo, com que me olhava, o ladrão; cadeiras excelentes; fora, o sol, um grande sol, que o Quincas Borba, não sei se por chalaça ou poesia, chamou um dos ministros da natureza; corria um vento fresco, o céu estava azul. De cada janela, — eram três — pendia uma gaiola com pássaros, que chilreavam as suas óperas rústicas. Tudo tinha a aparência de uma conspiração das cousas contra o homem; e, conquanto eu estivesse na *minha* sala, olhando para a *minha* chácara, sentado na *minha* cadeira, ouvindo os *meus* pássaros, ao pé dos *meus* livros, alumiado pelo *meu* sol, não chegava a curar-me das saudades daquela outra cadeira, que não era minha.

Capítulo CXLI
Os cães

— Mas, enfim, que pretendes fazer agora? perguntou-me Quincas Borba, indo pôr a xícara vazia no parapeito de uma das janelas.

---

amofina - aborrece.

sarcasmo - zombaria.

chalaça - zombaria.

C (CXL): O filósofo procura consolar o amigo pelo fracasso: sua ambição não era paixão, mas capricho.

— Não sei; vou meter-me na Tijuca; fugir aos homens. Estou envergonhado, aborrecido. Tantos sonhos, meu caro Borba, tantos sonhos, e não sou nada.

— Nada! interrompeu-me Quincas Borba com um gesto de indignação.

Para distrair-me, convidou-me a sair; saímos para os lados do Engenho Velho. Íamos a pé, filosofando as cousas. Nunca me há de esquecer o benefício desse passeio. A palavra daquele grande homem era o cordial da sabedoria. Disse-me ele que eu não podia fugir ao combate; se me fechavam a tribuna, cumpria-me abrir um jornal. Chegou a usar uma expressão menos elevada, mostrando assim que a língua filosófica podia, uma ou outra vez, retemperar-se no calão do povo. Funda um jornal, disse-me ele, e "desmancha toda esta igrejinha".

— Magnífica ideia! Vou fundar um jornal, vou escachá-los, vou...

— Lutar. Podes escachá-los ou não; o essencial é que lutes. Vida é luta. Vida sem luta é um mar morto no centro do organismo universal.

Daí a pouco demos com uma briga de cães; facto que aos olhos de um homem vulgar não teria valor. Quincas Borba fez-me parar e observar os cães. Eram dous. Notou que ao pé deles estava um osso, motivo da guerra, e não deixou de chamar a minha atenção para a circunstância de que o osso não tinha carne. Um simples osso nu. Os cães mordiam-se, rosnavam, com furor nos olhos... Quincas Borba meteu a bengala debaixo do braço, e parecia em êxtase.

— Que belo que isto é! dizia ele de quando em quando.

Quis arrancar-me dali, mas não pude; ele estava arraigado ao chão, e só continuou a andar, quando a briga cessou inteiramente, e um dos cães, mordido e vencido, foi levar a sua fome a outra parte. Notei que ficara sinceramente alegre, posto contivesse a alegria, segundo

---

Engenho Velho – local onde havia um vasto e antigo engenho de açúcar dos jesuítas. Atualmente corresponde a uma parte do bairro da Tijuca.

cordial – medicamento ou bebida que fortalece ou conforta.

calão – gíria.

igrejinha – panelinha.

escachá-los – rachá-los, confundi-los.

convinha a um grande filósofo. Fez-me observar a beleza do espetáculo, relembrou o objeto da luta, concluiu que os cães tinham fome; mas a privação do alimento era nada para os efeitos gerais da filosofia. Nem deixou de recordar que em algumas partes do globo o espetáculo é mais grandioso: as criaturas humanas é que disputam aos cães os ossos e outros manjares menos apetecíveis; luta que se complica muito, porque entra em ação a inteligência do homem, com todo o acúmulo de sagacidade que lhe deram os séculos, etc.

Capítulo CXLII
O pedido secreto

Quanta cousa num minuete! como dizia o outro. Quanta cousa numa briga de cães! Mas eu não era um discípulo servil ou medroso, que deixasse de fazer uma ou outra objeção adequada. Andando, disse-lhe que tinha uma dúvida; não estava bem certo da vantagem de disputar a comida aos cães. Ele respondeu-me com excepcional brandura:

— Disputá-la aos outros homens é mais lógico, porque a condição dos contendores é a mesma, e leva o osso o que for mais forte. Mas porque não será um espetáculo grandioso disputá-lo aos cães? Voluntariamente, comem-se gafanhotos, como o Precursor, ou cousa pior, como Ezequiel; logo, o ruim é comível; resta saber se é mais digno do homem disputá-lo, por virtude de uma necessidade natural, ou preferi-lo, para obedecer a uma exaltação religiosa, isto é, modificável, ao passo que a fome é eterna, como a vida e como a morte.

Estávamos à porta de casa; deram-me uma carta, dizendo que vinha de uma senhora. Entrámos, e o Quincas Borba, com a discrição própria de um filósofo, foi ler a lombada dos livros de uma estante, enquanto eu lia a carta, que era de Virgília:

C (CXLI): O capítulo exemplifica um dos elementos da teoria do Humanitismo – a luta pela vida.

o Precursor – designação dada a João Batista, porque preparou a vinda de Cristo. Vivia no deserto e alimentava-se de gafanhotos.

Ezequiel – profeta bíblico, a quem Deus submeteu a pesadas provas: primeiro, ordenou que se alimentasse de bolos cozidos sobre fezes humanas, à sua própria vista. O profeta lamentou, e Deus substituiu os excrementos humanos pelos de boi. (*Ezequiel*, I, 4).

"Meu bom amigo,

"Dona Plácida está muito mal. Peço-lhe o favor de fazer alguma cousa por ela; mora no beco das Escadinhas; veja se alcança metê-la na Misericórdia.

Sua amiga sincera,

 "

Não era a letra fina e correta de Virgília, mas grossa e desigual; o V da assinatura não passava de um rabisco sem intenção alfabética; de maneira que, se a carta aparecesse, era mui difícil atribuir-lhe a autoria. Virei e revirei o papel. Pobre Dona Plácida! Mas eu tinha-lhe deixado os cinco contos da praia da Gamboa, e não podia compreender que...

— Vais compreender, disse Quincas Borba, tirando um livro da estante.

— O que? perguntei espantado.

Vais compreender que eu só te disse a verdade. Pascal é um dos meus avôs espirituais; e, conquanto a minha filosofia valha mais que a dele, não posso negar que era um grande homem. Ora, que diz ele nesta página? — E, chapéu na cabeça, bengala sobraçada, apontava o lugar com o dedo. — Que diz ele? Diz que o homem tem "uma grande vantagem sobre o resto do universo: sabe que morre, ao passo que o universo ignora-o absolutamente". Vês? Logo, o homem que disputa o osso a um cão tem sobre este a grande vantagem de saber que tem fome; e é isto que torna grandiosa a luta, como eu dizia. "Sabe que morre é uma expressão profunda; creio todavia que é mais profunda a minha expressão: sabe que tem fome. Porquanto, o fato da morte limita, por assim dizer, o entendimento humano; a consciência da extinção dura um breve instante e acaba para nunca mais, ao passo que a fome tem a vantagem de voltar, de prolongar o estado consciente. Parece-me

---

beco das Escadinhas – parece tratar-se do beco das Escadinhas do Livramento, na Gamboa, mesmo bairro em que se situa a casa de encontros de Brás com Virgília. No Rio de então havia, ainda, o beco das Escadinhas da Conceição e o beco das Escadinhas do Oliveira.

Misericórdia – Santa Casa de Misericórdia, hospital onde eram internadas as pessoas carentes.

(se não vai nisso alguma imodéstia), que a fórmula de Pascal é inferior à minha, sem todavia deixar de ser um grande pensamento, e Pascal um grande homem.

Capítulo CXLIII
Não vou

Enquanto ele restituía o livro à estante, relia eu o bilhete. Ao jantar, vendo que eu falava pouco, mastigava sem acabar de engolir, fitava o canto da sala, a ponta da mesa, um prato, uma cadeira, uma mosca invisível, disse-me ele: — Tens alguma cousa; aposto que foi aquela carta? — Foi. Realmente, sentia-me aborrecido, incomodado, com o pedido de Virgília. Tinha dado a Dona Plácida cinco contos de réis; duvido muito que ninguém fosse mais generoso do que eu, nem tanto. Cinco contos! E que fizera deles? Naturalmente botou-os fora, comeu-os em grandes festas, e agora toca para a Misericórdia, e eu que a leve! Morre-se em qualquer parte. Acresce que eu não sabia ou não me lembrava do tal beco das Escadinhas; mas, pelo nome, parecia-me algum recanto estreito e escuro da cidade. Tinha de lá ir, chamar a atenção dos vizinhos, bater à porta, etc. Que maçada! Não vou.

Capítulo CXLIV
Utilidade relativa

Mas a noite, que é boa conselheira, ponderou que a cortesia mandava obedecer aos desejos da minha antiga dama.

— Letras vencidas, urge pagá-las, disse eu ao levantar-me.

C (CXLII): Brás se aborrece com o bilhete porque, prevendo o que ele diz, julgava ter cumprido sua obrigação ao dar um legado a Dona Plácida.

Que maçada! – Que chateação!.

C (CXLIII): A decisão de não atender ao pedido de Virgília é nova prova de egoísmo da personagem.

Letras vencidas – Títulos de crédito com prazo de pagamento terminado.

Depois do almoço fui à casa de Dona Plácida; achei um molho de ossos, envolto em molambos, estendido sobre um catre velho e nauseabundo; dei-lhe algum dinheiro. No dia seguinte fi-la transportar para a Misericórdia, onde ela morreu uma semana depois. Minto: amanheceu morta; saiu da vida às escondidas, tal qual entrara. Outra vez perguntei, a mim mesmo, como no capítulo LXXV, se era para isto que o sacristão da Sé e a doceira trouxeram Dona Plácida à luz, num momento de simpatia específica. Mas adverti logo que, se não fosse Dona Plácida, talvez os meus amores com Virgília tivessem sido interrompidos, ou imediatamente quebrados, em plena efervescência; tal foi, portanto, a utilidade da vida de Dona Plácida. Utilidade relativa, convenho; mas que diacho há absoluto nesse mundo?

Capítulo CXLV

Simples repetição

Quanto aos cinco contos, não vale a pena dizer que um canteiro da vizinhança fingiu-se enamorado de Dona Plácida, logrou espertar-lhe os sentidos, ou a vaidade, e casou com ela; no fim de alguns meses inventou um negócio, vendeu as apólices e fugiu com o dinheiro. Não vale a pena. É o caso dos cães do Quincas Borba. Simples repetição de um capítulo.

Capítulo CXLVI

O programa

Urgia fundar o jornal. Redigi o programa, que era uma aplicação política do Humanitismo; somente, como o Quincas Borba

---

molho – (ó) - pequeno feixe.

C (CXLIV): O narrador volta atrás e pacifica a consciência: assiste Dona Plácida, que morre como nascera.

canteiro – operário que trabalha com pedra de cantaria, ou seja, para construção.

C (CXLV): A fuga do marido de Dona Plácida com o dinheiro dela é novo exemplo de Humanitas.

não houvesse ainda publicado o livro, (que aperfeiçoava de ano em ano) assentámos de lhe não fazer nenhuma referência. Quincas Borba exigiu apenas uma declaração, autógrafa e reservada, de que alguns princípios novos aplicados à política eram tirados do livro dele, ainda inédito.

Era a fina flor dos programas; prometia curar a sociedade, destruir os abusos, defender os sãos princípios de liberdade e conservação; fazia um apelo ao comércio e à lavoura; citava Guizot e Ledru-Rollin, e acabava com esta ameaça, que o Quincas Borba achou mesquinha e local: "A nova doutrina que professamos há de inevitavelmente derribar o atual ministério." Confesso que, nas circunstâncias políticas da ocasião, o programa pareceu-me uma obra-prima. A ameaça do fim, que o Quincas Borba achou mesquinha, demonstrei-lhe que era saturada do mais puro Humanitismo, e ele mesmo o confessou depois. Porquanto, o Humanitismo não excluía nada; as guerras de Napoleão e uma contenda de cabras eram, segundo a nossa doutrina, a mesma sublimidade, com a diferença que os soldados de Napoleão sabiam que morriam, cousa que aparentemente não acontece às cabras. Ora, eu não fazia mais do que aplicar às circunstâncias a nossa fórmula filosófica: Humanitas queria substituir Humanitas para consolação de Humanitas.

— Tu és o meu discípulo amado, o meu califa, bradou Quincas Borba, com uma nota de ternura, que até então lhe não ouvira. Posso dizer como o grande Muhammed: nem que venham agora contra mim o sol e a lua, não recuarei das minhas ideias. Crê, meu caro Brás Cubas, que esta é a verdade eterna, anterior aos mundos, posterior aos séculos.

Guizot - (1787-1874), historiador francês e ministro de Luís Filipe I; defendeu ideias conservadoras.

Ledru-Rollin - (1807-1874), político francês, membro do governo provisório de 1848; promoveu o direito de voto de todos os cidadãos.

derribar - variante de "derrubar".

Tu és o meu discípulo amado - referência à fala de Jesus a Pedro, para justificar a escolha dele para fundar a igreja cristã.

califa - título de soberano muçulmano.

C (CXLVI): À medida que a vida de Brás se aproxima do fim, ele vai tornando-se um bom discípulo do Humanitismo. O programa de seu jornal oposicionista é o melhor exemplo.

Capítulo CXLVII
O desatino

Mandei logo para a imprensa uma notícia discreta, dizendo que provavelmente começaria a publicação de um jornal oposicionista, daí a algumas semanas, redigido pelo Doutor Brás Cubas. Quincas Borba, a quem li a notícia, pegou da pena, e acrescentou ao meu nome, com uma fraternidade verdadeiramente humanística, esta frase: "um dos mais gloriosos membros da passada câmara".

No dia seguinte entra-me em casa o Cotrim. Vinha um pouco transtornado, mas dissimulava, afetando sossego e até alegria. Vira a notícia do jornal, e achou que devia, como amigo e parente, dissuadir-me de semelhante ideia. Era um erro, um erro fatal. Mostrou que eu ia colocar-me numa situação difícil, e de certa maneira trancar as portas do parlamento. O ministério, não só lhe parecia excelente, o que aliás podia não ser a minha opinião, mas com certeza viveria muito; e que podia eu ganhar com indispô-lo contra mim? Sabia que alguns dos ministros me eram afeiçoados; não era impossível uma vaga, e.... Interrompi-o nesse ponto, para lhe dizer que meditara muito o passo que ia dar, e não podia recuar uma linha. Cheguei a propor-lhe a leitura do programa, mas ele recusou energicamente, dizendo que não queria ter a mínima parte no meu desatino.

— É um verdadeiro desatino, repetiu ele; pense ainda alguns dias, e verá que é um desatino.

A mesma cousa disse Sabina, à noite, no teatro. Deixou a filha no camarote, com o Cotrim, e trouxe-me ao corredor.

— Mano Brás, que é que você vai fazer? perguntou-me aflita. Que ideia é essa de provocar o governo, sem necessidade, quando podia...

Expliquei-lhe que não me convinha mendigar uma cadeira no parlamento; que a minha ideia era derribar o ministério, por não me parecer adequado à situação — e a certa fórmula filosófica; afiancei que empregaria sempre uma linguagem cortês, embora enérgica. A violência não era especiaria do meu paladar. Sabina bateu com o leque na ponta dos dedos, abanou a cabeça, e tornou ao assunto com um ar de súplica e ameaça, alternadamente; eu disse-lhe que não, que não, e que não. Desenganada, lançou-me em rosto preferir os conselhos de pessoas estranhas e invejosas aos dela e do marido. — Pois siga o que lhe parecer, concluiu; nós cumprimos a nossa obrigação. Deu-me as costas e voltou ao camarote.

Capítulo CXLVIII
O problema insolúvel

Publiquei o jornal. Vinte e quatro horas depois, aparecia em outros uma declaração do Cotrim, dizendo, em substância, que "posto não militasse em nenhum dos partidos em que se dividia a pátria, achava conveniente deixar bem claro que não tinha influência nem parte direta ou indireta na folha de seu cunhado, o Doutor Brás Cubas, cujas ideias e procedimento político inteiramente reprovava. O atual ministério (como aliás qualquer outro composto de iguais capacidades) parecia-lhe destinado a promover a felicidade pública".

Não podia acabar de crer nos meus olhos. Esfreguei-os uma e duas vezes, e reli a declaração inoportuna, insólita e enigmática. Se ele nada tinha com os partidos, que lhe importava um incidente tão vulgar como a publicação de uma folha? Nem todos os cidadãos que acham bom ou mau um ministério fazem declarações tais pela imprensa, nem são obrigados a fazê-las. Realmente, era um mistério a intrusão do Cotrim neste negócio, não menos que a sua agressão pessoal. Nossas relações até então tinham sido lhanas e benévolas; não me lembrava nenhum dissentimento, nenhuma sombra, nada, depois da reconciliação. Ao contrário, as recordações eram de verdadeiros obséquios; assim, por exemplo, sendo eu deputado, pude obter-lhe uns fornecimentos para o arsenal de marinha, fornecimentos que ele continuava a fazer com a maior pontualidade, e dos quais me dizia algumas semanas antes, que no fim de mais três anos, podiam dar-lhe uns duzentos contos. Pois a lembrança de tamanho obséquio não teve força para obstar que ele viesse a público enxovalhar o cunhado? Devia ser mui poderoso o

---

C (CXLVII): Os compromissos com a sociedade e a opinião fazem com que a família de Brás tente dissuadi-lo de colocar-se contra o governo.

insólita - incomum.

lhanas e benévolas - sinceras e benéficas.

motivo da declaração, que o fazia cometer ao mesmo tempo um destempero e uma ingratidão; confesso que era um problema insolúvel...

Capítulo CXLIX

Teoria do benefício

...Tão insolúvel que o Quincas Borba não pôde dar com ele, apesar de estudá-lo longamente e com boa vontade. — Ora adeus! concluiu; nem todos os problemas valem cinco minutos de atenção.

Quanto à censura de ingratidão, Quincas Borba rejeitou-a inteiramente, não como improvável, mas como absurda, por não obedecer às conclusões de uma boa filosofia humanística.

— Não me podes negar um facto, disse ele; é que o prazer do beneficiador é sempre maior que o do beneficiado. Que é o benefício? é um ato que faz cessar certa privação do beneficiado. Uma vez produzido o efeito essencial, isto é, uma vez cessada a privação, torna o organismo ao estado anterior, ao estado indiferente. Supõe que tens apertado em demasia o cós das calças; para fazer cessar o incômodo, desabotoas o cós, respiras, saboreias um instante de gozo, o organismo torna à indiferença, e não te lembras dos teus dedos que praticaram o ato. Não havendo nada que perdure, é natural que a memória se esvaeça, porque ela não é uma planta aérea, precisa de chão. A esperança de outros favores, é certo, conserva sempre no beneficiado a lembrança do primeiro; mas este facto, aliás um dos mais sublimes que a filosofia pode achar em seu caminho, explica-se pela memória da privação, ou, usando de outra fórmula, pela privação continuada na memória, que repercute a dor passada e aconselha a precaução do remédio oportuno. Não digo que, ainda sem esta circunstância, não aconteça, algumas vezes, persistir a memória do obséquio, acompanhada de certa afeição mais ou menos intensa; mas são verdadeiras aberrações, sem nenhum valor aos olhos de um filósofo.

— Mas, repliquei eu, se nenhuma razão há para que perdure a memória do obséquio no obsequiado, menos há de haver em relação ao obsequiador. Quisera que me explicasses este ponto.

C (CXLVIII): Cotrim posiciona-se publica e inexplicavelmente contra o cunhado, o qual lhe arranjara antes um bom negócio no Ministério da Marinha.

esvaeça – apague, desapareça.

— Não se explica o que é de sua natureza evidente, retorquiu o Quincas Borba; mas eu direi alguma cousa mais. A persistência do benefício na memória de quem o exerce explica-se pela natureza mesma do benefício e seus efeitos. Primeiramente, há o sentimento de uma boa ação, e dedutivamente a consciência de que somos capazes de boas ações; em segundo lugar, recebe-se uma convicção de superioridade sobre outra criatura, superioridade no estado e nos meios; e esta é uma das cousas mais legitimamente agradáveis, segundo as melhores opiniões, ao organismo humano. Erasmo, que no seu *Elogio da Sandice* escreveu algumas cousas boas, chamou a atenção para a complacência com que dois burros se coçam um ao outro. Estou longe de rejeitar essa observação de Erasmo; mas direi o que ele não disse, a saber, que se um dos burros coçar melhor o outro, esse há de ter nos olhos algum indício especial de satisfação. Porque é que uma mulher bonita olha muitas vezes para o espelho, senão porque se acha bonita, e porque isso lhe dá certa superioridade sobre uma multidão de outras mulheres menos bonitas ou absolutamente feias? A consciência é a mesma cousa; remira-se a miúdo, quando se acha bela. Nem o remorso é outra cousa mais do que o trejeito de uma consciência que se vê hedionda. Não esqueças que, sendo tudo uma simples irradiação de Humanitas, o benefício e seus efeitos, são fenômenos perfeitamente admiráveis.

Capítulo CL

Rotação e translação

Há em cada empresa, afeição ou idade um ciclo inteiro da vida humana. O primeiro número do meu jornal encheu-me a alma de uma vasta aurora, coroou-me de verduras, restituiu-me a lepidez da mocidade. Seis meses depois batia a hora da velhice, e daí a duas semanas a da morte, que foi clandestina, como a de Dona Plácida. No dia em que o jornal amanheceu morto, respirei como

---

Erasmo – (1467-1536), sábio e filósofo holandês, nascido em Roterdam e um dos maiores humanistas do Renascimento.

C (**CXLIX**): Magoado com o Cotrim, Brás é, mais uma vez, consolado pela filosofia de Quincas.

verduras – sentimentos ou atos característicos da mocidade.

lepidez – alegria.

um homem que vem de longo caminho. De modo que, se eu disser que a vida humana nutre de si mesma outras vidas, mais ou menos efêmeras, como o corpo alimenta os seus parasitas, creio não dizer uma cousa inteiramente absurda. Mas, para não arriscar essa figura menos nítida e adequada, prefiro uma imagem astronômica: o homem executa à roda do grande mistério um movimento duplo de rotação e translação; tem os seus dias, desiguais como os de Júpiter, e deles compõe o seu ano mais ou menos longo.

No momento em que eu terminava o meu movimento de rotação, concluía Lobo Neves o seu movimento de translação. Morria com o pé na escada ministerial. Correu ao menos durante algumas semanas, que ele ia ser ministro; e pois que o boato me encheu de muita irritação e inveja, não é impossível que a notícia da morte me deixasse alguma tranquilidade, alívio, e um ou dous minutos de prazer. Prazer é muito, mas é verdade; juro aos séculos que é a pura verdade.

Fui ao enterro. Na sala mortuária achei Virgília, ao pé do féretro, a soluçar. Quando levantou a cabeça, vi que chorava deveras. Ao sair o enterro, abraçou-se ao caixão, aflita; vieram tirá-la e levá-la para dentro. Digo-vos que as lágrimas eram verdadeiras. Eu fui ao cemitério; e, para dizer tudo, não tinha muita vontade de falar; levava uma pedra na garganta ou na consciência. No cemitério, principalmente quando deixei cair a pá de cal sobre o caixão, no fundo da cova, o baque surdo da cal deu-me um estremecimento passageiro, é certo, mas desagradável; e depois a tarde tinha o peso e a cor do chumbo; o cemitério, as roupas pretas...

Capítulo CLI
Filosofia dos epitáfios

Saí, afastando-me dos grupos, e fingindo ler os epitáfios. E, aliás, gosto dos epitáfios; eles são, entre a gente civilizada, uma expressão

---

desiguais como os de Júpiter – na época de Machado não se sabia que a rotação de Júpiter acontece em nove horas e cinquenta minutos, incluindo-se, portanto, dia e noite, sendo o planeta sempre escuro.

féretro – caixão.

C (CL): A morte de Lobo Neves desperta em Brás um alívio: não pela possibilidade de ter Virgília, assunto já encerrado, mas pela inveja de que ele fosse ministro.

daquele pio e secreto egoísmo que induz o homem a arrancar à morte um farrapo ao menos da sombra que passou. Daí vem, talvez, a tristeza inconsolável dos que sabem os seus mortos na vala comum; parece-lhes que a podridão anônima os alcança a eles mesmos.

Capítulo CLII

A moeda de Vespasiano

Tinham ido todos; só o meu carro esperava pelo dono. Acendi um charuto; afastei-me do cemitério. Não podia sacudir dos olhos a cerimônia do enterro, nem dos ouvidos os soluços de Virgília. Os soluços, principalmente, tinham o som vago e misterioso de um problema. Virgília traíra o marido, com sinceridade, e agora chorava-o com sinceridade. Eis uma combinação difícil que não pude fazer em todo o trajeto; em casa, porém, apeando-me do carro, suspeitei que a combinação era possível, e até fácil. Meiga Natura! A taxa da dor é como a moeda de Vespasiano; não cheira à origem, e tanto se colhe do mal como do bem. A moral repreenderá, porventura, a minha cúmplice; é o que te não importa, implacável amiga, uma vez que lhe recebeste pontualmente as lágrimas. Meiga, três vezes meiga Natura!

Capítulo CLIII

O alienista

Começo a ficar patético e prefiro dormir. Dormi, sonhei que era nababo, e acordei com a ideia de ser nababo. Eu gostava, às

---

C (**CLI**): Como eterno egoísta, Brás gosta dos epitáfios – expressão do egoísmo, pensa ele.

A moeda de Vespasiano – Vespasiano (7-79), imperador romano. A seu filho, espantado com um imposto estabelecido sobre as latrinas, o imperador deu uma moeda para ele cheirar e disse: – Meu filho, o dinheiro não tem cheiro.

Natura – Natureza.

C (**CLII**): A alegoria da moeda do imperador concentra-se nisto: "Virgília traíra o marido com sinceridade e agora chorava-o com sinceridade."

alienista – psiquiatra.

patético – comovente, cruel, trágico.

nababo – título do lugar-tenente ou do vice-rei nomeado pelo soberano da Índia Setentrional. O europeu que ocupava alto posto nas Índias e lá se enriquecia.

vezes, de imaginar esses contrastes de região, estado e credo. Alguns dias antes tinha pensado na hipótese de uma revolução social, religiosa e política, que transferisse o arcebispo de Cantuária a simples coletor de Petrópolis, e fiz longos cálculos para saber se o coletor eliminaria o arcebispo, ou se o arcebispo rejeitaria o coletor, ou que porção de arcebispo pode jazer num coletor, ou que soma de coletor pode combinar com um arcebispo, etc. Questões insolúveis, aparentemente, mas na realidade perfeitamente solúveis, desde que se atenda que pode haver num arcebispo dous arcebispos,— o da bula e o outro. Está dito, vou ser nababo.

Era um simples gracejo; disse-o, todavia, ao Quincas Borba, que olhou para mim com certa cautela e pena, levando a sua bondade a comunicar-me que eu estava doudo. Ri-me a princípio; mas a nobre convicção do filósofo incutiu-me certo medo. A única objeção contra a palavra do Quincas Borba é que não me sentia doudo, mas não tendo geralmente os doudos outro conceito de si mesmos, tal objeção ficava sem valor. E vede se há algum fundamento na crença popular de que os filósofos são homens alheios às cousas mínimas. No dia seguinte, mandou-me o Quincas Borba um alienista. Conhecia-o, fiquei aterrado. Ele, porém, houve-se com a maior delicadeza e habilidade, despedindo-se tão alegremente que me animou a perguntar-lhe se deveras me não achava doudo.

— Não, disse ele sorrindo; raros homens terão tanto juízo como o senhor.

— Então o Quincas Borba enganou-se?

— Redondamente. E depois: — Ao contrário, se é amigo dele... peço-lhe que o distraia... que...

— Justos céus! Parece-lhe?... Um homem de tamanho espírito, um filósofo!

— Não importa; a loucura entra em todas as casas.

Cantuária – cidade-sede do arcebispado anglicano mais importante do Reino Unido.

coletor – aquele que lança ou recebe coletas, geralmente impostos.

Petrópolis – cidade do Rio de Janeiro.

o da bula e o outro – bula: carta pontifícia de caráter especialmente solene. Por ela são nomeadas as altas autoridades da igreja católica; o outro: o arcebispo anglicano, nomeado pelo monarca e não pelo Papa.

houve-se – comportou-se.

Imaginem a minha aflição. O alienista, vendo o efeito de suas palavras, reconheceu que eu era amigo do Quincas Borba, e tratou de diminuir a gravidade da advertência. Observou que podia não ser nada, e acrescentou até que um grãozinho da sandice, longe de fazer mal, dava certo pico à vida. Como eu rejeitasse com horror esta opinião, o alienista sorriu e disse-me uma cousa tão extraordinária, tão extraordinária, que não merece menos de um capítulo.

Capitulo CLIV

Os navios do Pireu

— Há de lembrar-se, disse-me o alienista, daquele famoso maníaco ateniense, que supunha que todos os navios entrados no Pireu eram de sua propriedade. Não passava de um pobretão, que talvez não tivesse, para dormir, a cuba de Diógenes; mas a posse imaginária dos navios valia por todas as dracmas da Hélade. Ora bem, há em todos nós um maníaco de Atenas; e quem jurar que não possuiu alguma vez, mentalmente, dous ou três patachos, pelo menos, pode crer que jura falso.

— Também o senhor! perguntei-lhe.

— Também eu.

— Também eu?

— Também o senhor; e o seu criado, não menos, se é seu criado esse homem que ali está sacudindo os tapetes à janela.

De facto, era um dos meus criados que batia os tapetes, enquanto nós falávamos no jardim, ao lado. O alienista notou

---

pico - graça.

C (CLIII): A questão da loucura depende da perspectiva de quem a vê: Quincas julga que Brás está louco, por querer ser nababo; o alienista afirma que o filósofo é que é o louco. Essa tese é defendida no excelente conto machadiano *O alienista*.

Pireu - porto de Atenas, Grécia.

cuba de Diógenes - referência ao tonel em que morava esse filósofo grego (413-323 a.C.). Ele desprezava as riquezas e as convenções sociais: andava descalço e dormia sob os pórticos dos templos, enrolado em seu único manto.

dracmas da Hélade - moedas e pesos da Grécia Antiga.

patachos - antigos navios a vela, de dois mastros.

então que ele escancarara as janelas todas desde longo tempo, que alçara as cortinas, que devassara o mais possível a sala, ricamente alfaiada, para que a vissem de fora, e concluiu: — Este seu criado tem a mania do ateniense: crê que os navios são dele; uma hora de ilusão que lhe dá a maior felicidade da terra.

Capítulo CLV
Reflexão cordial

— Se o alienista tem razão, disse eu comigo, não haverá muito que lastimar o Quincas Borba; é uma questão de mais ou de menos. Contudo, é justo cuidar dele, e evitar que lhe entrem no cérebro maníacos de outras paragens.

Capítulo CLVI
Orgulho da servilidade

Quincas Borba divergiu do alienista em relação ao meu criado. — Pode-se, por imagem, disse ele, atribuir ao teu criado a mania do ateniense; mas imagens não são ideias nem observações tomadas à natureza. O que o teu criado tem é um sentimento nobre e perfeitamente regido pelas leis do Humanitismo: é o orgulho da servilidade. A intenção dele é mostrar que não é criado de *qualquer*. — Depois chamou a minha atenção para os cocheiros de casa grande, mais empertigados que o amo, para os criados de hotel, cuja solicitude obedece às variações sociais da freguesia, etc. E concluiu que era tudo a expressão daquele sentimento delicado e nobre, — prova cabal de que muitas vezes o homem, ainda a engraxar botas, é sublime.

---

alfaiada - decorada.

C (CLIV): A loucura manifesta-se sob diversas faces e depende de diferentes óticas.

C (CLV): A questão da loucura tem gradações; é preciso evitar que cheguem a um nível elevado.

empertigados - aprumados.

C (CLVI): Segundo Quincas, a loucura do criado não o é e se explica pela filosofia: trata-se de um sentimento nobre, ou seja, "o orgulho da servilidade".

Capítulo CLVII

Fase brilhante

— Sublime és tu, bradei eu, lançando-lhe os braços ao pescoço.

Com efeito, era impossível crer que um homem tão profundo chegasse à demência; foi o que lhe disse após o meu abraço, denunciando-lhe a suspeita do alienista. Não posso descrever a impressão que lhe fez a denúncia; lembra-me que ele estremeceu e ficou muito pálido.

Foi por esse tempo que eu me reconciliei outra vez com o Cotrim, sem chegar a saber a causa do dissentimento. Reconciliação oportuna, porque a solidão pesava-me, e a vida era para mim a pior das fadigas, que é a fadiga sem trabalho. Pouco depois fui convidado por ele a filiar-me numa Ordem Terceira; o que eu não fiz sem consultar o Quincas Borba:

— Vai, se queres, disse-me este, mas temporariamente. Eu trato de anexar à minha filosofia uma parte dogmática e litúrgica. O Humanitismo há de ser também uma religião, a do futuro, a única verdadeira. O cristianismo é bom para as mulheres e os mendigos, e as outras religiões não valem mais do que essa: orçam todas pela mesma vulgaridade ou fraqueza. O paraíso cristão é um digno êmulo do paraíso muçulmano; e quanto ao nirvana de Buda não passa de uma concepção de paralíticos. Verás o que é a religião humanística. A absorção final, a fase *contrativa* é a reconstituição da substância, não o seu aniquilamento, etc. Vai aonde te chamam; não esqueças, porém, que és o meu califa.

E vede agora a minha modéstia; filiei-me na Ordem Terceira de ***, exerci ali alguns cargos, foi essa a fase mais brilhante da minha vida. Não obstante, calo-me, não digo nada, não conto os

---

Ordem Terceira - ordem religiosa destinada a leigos, agregada a uma grande ordem monástica (franciscanos, carmelitas, etc.).

dogmática - doutrinária, teórica.

êmulo - rival, adversário.

nirvana - no budismo, é o estado de ausência total de sofrimento; estado de paz e plenitude a que se chega por uma evasão de si, que é a realização da sabedoria.

meus serviços, o que fiz aos pobres e aos enfermos, nem as recompensas que recebi, nada, não digo absolutamente nada.

Talvez a economia social pudesse ganhar alguma cousa, se eu mostrasse como todo e qualquer prêmio estranho vale pouco ao lado do prêmio subjetivo e imediato; mas seria romper o silêncio que jurei guardar neste ponto. Demais, os fenômenos da consciência são de difícil análise; por outro lado, se contasse um, teria de contar todos os que a ele se prendessem, e acabava fazendo um capítulo de psicologia. Afirmo somente que foi a fase mais brilhante da minha vida. Os quadros eram tristes; tinham a monotonia da desgraça, que é tão aborrecida como a do gozo, e talvez pior. Mas a alegria que se dá à alma dos doentes e dos pobres, é recompensa de algum valor; e não me digam que é negativa, por só recebê-la o obsequiado. Não; eu recebia-a de um modo reflexo, e ainda assim grande, tão grande que me dava excelente ideia de mim mesmo.

Capítulo CLVIII
Dous encontros

No fim de alguns anos, três ou quatro, estava enfarado do ofício, e deixei-o, não sem um donativo importante, que me deu direito ao retrato na sacristia. Não acabarei, porém, o capítulo sem dizer que vi morrer no hospital da Ordem, adivinhem quem?... a linda Marcela; e via-a morrer no mesmo dia em que, visitando um cortiço, para distribuir esmolas, achei... Agora é que não são capazes de adivinhar... achei a flor da moita, Eugênia, a filha de Dona Eusébia e do Vilaça, tão coxa como a deixara, e ainda mais triste.

Esta, ao reconhecer-me, ficou pálida, e baixou os olhos; mas foi obra de um instante. Ergueu logo a cabeça, e fitou-me com muita dignidade. Compreendi que não receberia esmolas da minha algibeira, e estendi-lhe a mão, como faria à esposa de um

---

C (CLVII): Brás entra para uma Ordem Terceira e declara ter sido esse tempo de prática de boas ações o mais brilhante de sua vida.

capitalista. Cortejou-me e fechou-se no cubículo. Nunca mais a vi; não soube nada da vida dela, nem se a mãe era morta, nem que desastre a trouxera a tamanha miséria. Sei que continuava coxa e triste. Foi com esta impressão profunda que cheguei ao hospital, onde Marcela entrara na véspera, e onde a vi expirar meia hora depois, feia, magra, decrépita...

Capítulo CLIX
A semidemência

Compreendi que estava velho, e precisava de uma força; mas o Quincas Borba partira seis meses antes para Minas Gerais, e levou consigo a melhor das filosofias. Voltou quatro meses depois, e entrou-me em casa, certa manhã, quase no estado em que eu o vira no Passeio Público. A diferença é que o olhar era outro. Vinha demente. Contou-me que, para o fim de aperfeiçoar o Humanitismo, queimara o manuscrito todo e ia recomeçá-lo. A parte dogmática ficava completa, embora não escrita; era a verdadeira religião do futuro.

— Juras por Humanitas? perguntou-me.

— Sabes que sim.

A voz mal podia sair-me do peito; e aliás não tinha descoberto toda a cruel verdade. Quincas Borba não só estava louco, mas sabia que estava louco, e esse resto de consciência, como uma frouxa lamparina no meio das trevas, complicava muito o horror da situação. Sabia-o, e não se irritava contra o mal; ao contrário, dizia-me que era ainda uma prova de Humanitas, que assim brincava consigo mesmo. Recitava-me longos capítulos do livro, e antífonas, e litanias espirituais; chegou até a reproduzir uma dança sacra que inventara para as cerimônias do Humanitismo. A graça lúgubre com que ele

---

C (CLVIII): Brás assiste ao triste fim de duas amadas: a morte de Marcela e a miséria de Eugênia.

antífonas – versículos curtos, recitados ou cantados pelo sacerdote antes e depois de um salmo, com respostas do coro.

litanias – ladainhas.

levantava e sacudia as pernas era singularmente fantástica. Outras vezes amuava-se a um canto, com os olhos fitos no ar, uns olhos em que, de longe em longe, fulgurava um raio persistente da razão, triste como uma lágrima...

Morreu pouco tempo depois, em minha casa, jurando e repetindo sempre que a dor era uma ilusão, e que Pangloss, o caluniado Pangloss, não era tão tolo como o supôs Voltaire.

Capítulo CLX
Das negativas

Entre a morte do Quincas Borba e a minha, mediaram os sucessos narrados na primeira parte do livro. O principal deles foi a invenção do *emplasto Brás Cubas*, que morreu comigo, por causa da moléstia que apanhei. Divino emplasto, tu me darias o primeiro lugar entre os homens, acima da ciência e da riqueza, porque eras a genuína e direta inspiração do céu. O acaso determinou o contrário; e aí vos ficais eternamente hipocondríacos.

Este último capítulo é todo de negativas. Não alcancei a celebridade do emplasto, não fui ministro, não fui califa, não conheci o casamento. Verdade é que, ao lado dessas faltas, coube-me a boa fortuna de não comprar o pão com o suor do meu rosto. Mais; não padeci a morte de Dona Plácida, nem a semidemência do Quincas Borba. Somadas umas cousas e outras, qualquer pessoa imaginará que não houve míngua nem sobra, e conseguintemente que saí quite com a vida. E imaginará mal; porque ao chegar a este outro lado do mistério, achei-me com um pequeno saldo, que é a derradeira negativa deste capítulo de negativas: — Não tive filhos, não transmiti a nenhuma criatura o legado da nossa miséria.

C (CLIX): Quincas, sumido, reaparece demente: praticando e escrevendo suas ideias, acaba morrendo na casa de Brás e reafirmando que a dor é uma ilusão.

C (CLX): As negativas atestam o fracasso do protagonista. Em oposição às suas derrotas, dois saldos: um cruelmente positivo - ser vadio por ser rico; outro, profundamente pessimista: não ter tido descendência, considerando esta a miséria humana.

A vida do defunto autor

1. O enredo

O morto Brás Cubas escreve suas memórias, localizando-se na eternidade, isto é, fora do tempo. A técnica da narrativa é inusual na tradição dos escritores do romance brasileiro. A narração é constantemente interrompida para digressões, comentários eruditos, literários, históricos, filosóficos, etc., e para diálogos com o leitor.

Brás Cubas nasce em 1805, no Rio de Janeiro, de família rica, tendo sido uma criança mimada e endiabrada. Aos dezessete anos o pai manda-o estudar Direito em Portugal, para separá-lo da prostituta Marcela, por quem o menino estava apaixonado. Ele volta para ver a mãe, à morte. Consegue o diploma estudando pouco. O pai arranja o casamento de Brás com Virgília, mas esta prefere Damião Lobo Neves. Brás namora por pouco tempo Eugênia — bonita e manca. O pai dele morre. Brás e Virgília apaixonam-se, ela já casada com Lobo Neves, e mantêm um caso às escondidas, que é o núcleo do romance. Em companhia da esposa, o marido traído vai ocupar um cargo político no Norte, pondo fim ao caso amoroso. Brás fica noivo de Eulália, que morre de febre amarela antes do casamento. Entra para a política e acaba sendo um deputado medíocre. Funda um jornal de oposição ao governo e não obtém sucesso. Pensa em inventar um remédio que curasse a tristeza profunda, mas morre de pneumonia, solteiro, sem filhos e sem experimentar a glória pretendida de cientista. Tinha sessenta e quatro anos. Apesar do dinheiro que sempre possuiu, foi um fracassado, pois tudo deu errado com ele.

2. Fatos históricos internacionais

Memórias póstumas de Brás Cubas se passa entre 1805 e 1869, ano do nascimento e ano da morte de Brás, como vimos.

Entre os fatos históricos internacionais que acontecem nesse período e que são citados no romance, destacamos:

2.1. a avaliação das personagens sobre Napoleão I. No cap. X, o tio João enxerga no recém-nascido Brás *um certo olhar de Bonaparte*, coisa que o pai da criança *não pôde ouvir sem náuseas*. Napoleão fizera-se imperador um ano antes. O cap. XII é todo ele a comemoração da primeira queda de Bonaparte (1814). No cap. CXL, Quincas o cita como quem é queimado pela paixão do poder, e no CXLVI serve de exemplo do Humanitismo: compara a guerra de seus soldados a uma luta de cabras, com a diferença de que os primeiros sabiam que iam morrer, ao passo que as cabras não sabiam.

Sobre o papel da História nesse romance, afirma Muricy (1988, p. 104-105):

Feita por homens submetidos à opinião da maioria ou embevecidos na contemplação de seus narizes, a História será sempre jogo de interesses. É só por retórica que os homens adotam, de forma abstrata, as ideias políticas: suas ações são ditadas pelos seus interesses. Assim, o pai de Brás Cubas tem um "ódio puramente mental" ao imperador Napoleão, pois, à força de convencer os outros de sua nobreza, acabou acreditando nela. A gênese de sua postura política é a opinião pública conjugada a seu interesse: ser nobre garante prestígio social. A invenção dessa nobreza se dá pela repetição da mentira através de duas gerações e, ao fim, nobre, só lhe resta odiar abstratamente as ideias liberais francesas. Uma mentira repetida por algumas décadas torna-se um ideal, um princípio — gênese irônica dos valores de nossa cultura.

2.2. a satirização da obra *A origem das espécies*, de Darwin, publicada em 1859. A sátira se dá através do filósofo Quincas Borba (personagem que aparece também no romance do mesmo nome), inventor de uma filosofia a que denomina Humanitismo. Esta, exposta no capítulo do mesmo nome, pode ser resumida da seguinte forma:

Humanitas é o princípio das coisas, o mesmo homem repartido por todos os homens. Tem três fases: estática (anterior à criação do mundo); expansiva (correspondente ao começo das coisas) e dispersiva (surgida com o aparecimento do homem). Acrescente-se a essas uma quarta fase: a contrativa, ou seja, a absorção de tudo.

Os homens são distribuídos pelas diferentes partes do corpo de Humanitas, nos termos da grande lei do valor pessoal: descender do peito e dos rins é ser um forte, ao passo que descender dos cabelos ou da ponta do nariz é ser um fraco. A vida é o maior benefício do universo e só existe uma desgraça: não nascer. O amor é um sacerdócio e a reprodução é um ritual. Se o homem é o próprio Humanitas reduzido, daí tem a necessidade de se adorar. O frango almoçado é o resultado de uma multidão de esforços e lutas, executados com o único fim de matar a fome. A dor é pura ilusão.

No capítulo "Teoria do benefício", lê-se o seguinte: Quem pratica um benefício o faz por vaidade, sente-se gratificado. Quem o recebe, sente-se satisfeito de uma privação e guarda na memória a esperança de outros benefícios para satisfazer outras privações.

No capítulo "Uma carta extraordinária", ao devolver o relógio roubado Quincas diz que o seu sistema filosófico *retifica o espírito humano, suprime a dor, assegura a felicidade e enche de glória o nosso País.* Assim, Humanitas é o princípio das coisas.

Segundo Schwarz (1990: 155), os princípios do Humanitismo *afirmam a luta de todos contra todos à maneira do darwinismo social.* Para compreender a afirmativa de Schwarz, temos de remontar a 1837, quando Darwin estabeleceu três princípios para a evolução. O terceiro, que relacionamos ao Humanitismo, foi a luta pela vida, princípio aliás conhecido muito antes do naturalista inglês: a pressão populacional contra as fontes alimentares que, na realidade, resulta na luta pela existência, ou seja, uma ativa ou passiva competição entre os organismos vivos por comida e espaço disponíveis. Os indivíduos melhor equipados para a luta tendem a sobreviver e reproduzir-se, ao passo que os pior equipados estão destinados a perecer. A novidade que Darwin aí introduziu parece estar no fato de que essa luta é o que determina quais variações presentes em todas as formas de vida sobreviverão em um dado ambiente, alterando assim a vida através de uma seletiva escala de morte.

O Humanitismo de Quincas Borba será melhor explicitado no romance que leva seu nome, com um exemplo: duas tribos lutam, tendo ao meio um campo de batatas. A vitoriosa apossa-se das batatas, enquanto que a derrotada morre de fome. Daí, a famosa exclamação: - *Ao vencedor, as batatas*. Nas memórias de Cubas, o cap. CXVI — a luta dos cães por um osso — é um exemplo homólogo.

3. Fatos históricos nacionais

Sem entrar em detalhes, como nos fatos anteriores, Machado trabalha personagens e episódios da História do Brasil no romance: D. João VI e a família real no Brasil, a partir de 1808; a Independência Política e o Primeiro Reinado, de 1822 a 1831; a abdicação de Pedro I em 1831, o período regencial — que se estendeu até 1841, com a sagração de Pedro II — e o início do Segundo Reinado. Este período se encerrou com a proclamação da República, em 1889, período que o romance abrange em parte, pois Brás morreu em 1859.

Nas notas de rodapé desta edição o leitor encontrará menções a esses episódios, podendo estudar suas relações com os respectivos capítulos onde se localizam.

4. Aspectos significativos na construção da narrativa

4.1. A questão da metalinguagem.

Em termos linguísticos, a metalíngua é um discurso da língua sobre a língua. Isso se relaciona à propriedade das línguas chamada reflexividade, a qual lhes permite falar delas mesmas. Somente este sistema de signos pode falar de si mesmo. Assim, a metalinguagem é a linguagem que fala de si mesma. Exemplo: Cavalos é um substantivo plural.

No caso da literatura, o fenômeno se refere aos comentários que o narrador ou o autor fazem sobre sua própria narrativa, saindo da história para interferir diretamente no processo de construção.

Em *Memórias póstumas de Brás Cubas*, o autor / personagem questiona a feitura do romance: começa avaliando sua recepção (o número de leitores que teria) e acaba classificando o último capítulo como sendo o das negativas. De permeio, comenta a inutilidade de algum capítulo ou seu deslocamento; escreve um bilhete a um crítico literário; abre parênteses para registrar pensamentos que tinha enquanto escrevia o romance; fala do desânimo de escrever certo capítulo; apresenta as anotações que fez para um capítulo, declarando que não vai escrevê-lo; adjetiva capítulos de "triste" e de "alegre"; retifica o que foi dito em capítulo anterior e declara fazer transportes temporais violentos na narrativa.

Há outras formas de interferência que devem ser analisadas, em especial as chamadas ao leitor para exercitar, junto com o narrador, a função metalinguística do texto.

4.2. A questão da intertextualidade

Entende-se por intertextualidade a relação que os diferentes enunciados literários mantêm entre si. Com efeito, não existe enunciado sem relação a outros enunciados. Todo enunciado se relaciona a enunciados anteriores, o que dá lugar a relações intertextuais também chamadas dialógicas. Entre elas está a citação.

Machado é um mestre nessa área. Em *Memórias póstumas de Brás Cubas*, assim como em outras narrativas suas, pululam citações, referências, apropriações, etc. subtraídas de um imenso universo de textos. O desconhecimento delas costuma levar o leitor a perder muito do sentido do texto. Em nossas notas de rodapé procuramos fazer as necessárias identificações, porém — como já falamos — de modo bastante sucinto, dados os limites de tamanho deste livro. Caberá ao leitor ampliá-las e/ou aprofundá-las de acordo com seus interesses.

5. Configuração da mulher

As mulheres amadas e sua condição

Todas as mulheres são belas, porém cruelmente castigadas em sua beleza com o passar do tempo, agenciando uma das máximas no capítulo CXIX: *Matamos o tempo; o tempo nos enterra*. Marcela, onde se articulam o amor e a prostituição, será encontrada mais tarde com o rosto coberto de bexigas e ainda vivenciando *a paixão do lucro*. Eugênia, em quem se unem a beleza e a deficiência física, transforma-se em mendiga. Eulália, envergonhada do pai diante do noivo, morre antes do casamento. Virgília, equilibrista entre o amor e o adultério, é a primeira a aparecer no romance, mas já velha, como uma *imponente ruína*.

6. Temas culturais focalizados no romance

O autor defunto trabalha com vários temas que, além de relacionados ao contexto histórico-socioeconômico da época, não raro o ultrapassam para alcançar uma dimensão universal da condição humana. Eis alguns deles, para que o leitor reflita:

6.1. O bovarismo (de *Madame Bovary*, romance do francês Gustave Flaubert): a esposa burguesa ociosa e insatisfeita no casamento entrega-se totalmente à infidelidade conjugal.

6.2. O valor, a função e o preço do dinheiro. Eis alguns exemplos: Brás se adjetiva de *rico e vadio*; Dona Plácida vende sua consciência; Viegas morre fechando um negócio, sem conseguir completar a expressão "quarenta contos"; Virgília sonha com títulos de nobreza e posições sociais; Marcela, que amara a Brás *durante onze meses e quinze contos de réis*, quando decrépita ainda guardava *a paixão do lucro*; Quincas oscila entre a mendicância e a abastança.

6.3. A força da opinião pública. Várias personagens se comportam pensando nela, ou melhor: usam-na como justificativas para adequar a realidade às conveniências delas.

6.4. A loucura — tanto literal como metafórica — articulada ou não com a sanidade: no amor de Virgília e Brás, em Quincas e sua filosofia, no alienista, no Romualdo, no maníaco ateniense.

6.5. A ambição *versus* o fracasso: a quase totalidade das personagens não consegue realizar aquilo que planeja, ou chega ao fim da vida em situação deplorável.

6.6. O trabalho do tempo: como a história abrange uma temporalidade de sessenta e nove anos, o narrador acompanha as marcas da passagem do tempo deixadas quer na vida quer na pessoa das figuras romanescas.

6.7. A ironia e a seriedade: esse dualismo me parece ser a tônica do romance que, segundo declara o narrador na abertura, *foi escrito com a pena da galhofa e a tinta da melancolia*. Talvez se encontre aí um dos mais belos paradoxos de nossa literatura: a seriedade irônica.

6.8. A morte comandando o espetáculo da vida: deixamos por último o tema que julgamos mais significativo neste romance dedicado a um verme roedor de cadáver. O leitor verá que, direta ou indiretamente, os demais temas estão subordinados a este.

Memórias abjetas de Brás Cubas[1]

O inscrito talhado e retalhado em marca de fogo no corpo da narrativa machadiana — *Memórias póstumas de Brás Cubas* — é a abjeção.[2]

O texto se instaura pelo choque da presença / ausência do cadáver, com dedicatória ao primeiro verme que iniciou seu processo de decomposição. E o cadáver é o do próprio narrador, emissor de além-túmulo.

Ora, a abjeção corresponde a uma revolta veemente do ser contra tudo aquilo que o ameaça de dentro e de fora, que atrai, fascina e inquieta o desejo do interdito. Se, por um lado, a náusea de alimento talvez seja a forma mais elementar e arcaica da abjeção (ao nausear-me diante da nata do leite, separo-me da mãe que a apresenta a mim, expulso-me da mãe ao mesmo tempo que me expulso de mim, abjetando-me) por outro lado o cadáver é o elemento perturbador mais violento da identidade do ser que se confronta com ele. A identidade só se estabelece à medida que tenho de me afastar do cadáver para viver, em que o ego o expulsa de mim para assegurar a vida, conspurcada pela morte. *O cadáver, visto sem Deus e fora da ciência , é o cúmulo da abjeção*, diz Kristeva.

Essa asserção é fundamental para se compreender a escritura das *Memórias*...O morto Brás Cubas se apresenta como um cadáver sem Deus e fora da ciência. Nenhuma informação é passada ao leitor sobre sua incompreensível situação de morto narratário. O texto cala o sobrenatural, mergulhando no materialismo amorfo do vazio tumular. Seu narrador omite o *processo extraordinário* da composição romanesca no além, *curioso mas desnecessário ao*

---

1 Texto publicado pela primeira vez no *Minas Gerais: Suplemento Literário* - número comemorativo do centenário de publicação de *Memórias póstumas de Brás Cubas* em livro - em 3 de outubro de 1981.

2 O suporte teórico da abjeção em geral encontra-se em Kristeva, Julia. Approche de l'abjection. In: *Pouvoirs d'horreur*: essai sur l'abjection. Paris: Seuil, 1980.

entendimento da obra, deixando-o, portanto, à margem da ciência. Conta o seu delírio, é verdade, no intento de desmarginalizá-la, mas na travessia corpo vivo / cadáver.

Instaurada a abjeção a partir do foco narrativo, ela perpassará o texto também sob a forma da denegação freudiana.[3] No prólogo, "Ao leitor", fala Brás Cubas que o livro não terá leitores (talvez cinco), que a escritura tramitará entre a galhofa e a melancolia e não captará nem admiração nem amor. Narrativa denegada abjetamente, no jogo primeiro do enunciado e da enunciação. Escritura cadavérica remetida de um eu situado no espaço da utopia, do não-lugar materialista do morto, para um outro situado no mundo dos vivos, que a rejeitará por não encontrar nela a marca escritural expectada — romance.

O caráter de abjeção do cadáver narrador / narrativa não reside no impróprio, na ausência de saúde, mas na perturbação de uma identidade (autor defunto / defunto autor), de um sistema (puro romance / romance inusual) e de uma ordem, desrespeito de lugares e regras (um morto narrar sem se saber como / denegar a forma *romance* e a consequente existência de leitores). Brás Cubas é duplamente abjeto, porque cadáver no vazio de Deus e da ciência e porque exilado: ao invés de interrogar-se sobre o seu ser, interroga-se sobre o seu lugar. Toma a sepultura como novo berço. A franqueza do ato de narrar deve-se exclusivamente ao fato de estar do outro lado da vida, onde não há público nem julgamentos. E mais: é um situacionista que ri, pois, *rir é uma forma de colocar ou deslocar a abjeção*, afirma Kristeva. Percebendo que o impossível é o seu próprio ser (defunto autor), descobre que ele é o abjeto. Abjetar-se é demonstrar que toda abjeção é reconhecimento da falta fundadora de todo ser, sentido, linguagem, desejo.

O delírio — sonho limite do trabalho inconsciente às portas da morte — equaciona de forma contundente o desrecalque do desejo da mãe simbolizada em Pandora, Natureza ao mesmo tempo mãe e inimiga, inimizade que não mata, que se afirma exatamente pela vida. Mãe abjeta, castradora, que rejeita o filho ao puni-lo com a vida, que o chama de verme, mãe para quem viver é perpetuar, pela denegação, o rito da introjeção / expulsão no e do corpo do Outro, sob as espécies de pão e vinho. Mãe anticristo, que impõe a

---

[3] Cf. FREUD, S. La negación. In: *Obras completas*, t. 3. Madrid: Biblioteca Nueva, 1973.

provação do *pão da dor e do vinho da miséria*. Mãe egoísta, surda, impassível, que inscreve no corpo do filho sua própria abjeção, que o leva à autopunição, num relacionamento materno-filial marcado pelo abjeto: [...] *me sentia eu o mais débil e decrépito dos seres.*

Entretanto, paralelo ao discurso do desrecalque, surge o do recalque. O delirante não aceita a mãe-inimiga e por isso desloca-a para o mítico, na tentativa de resolver a contradição do real inconsciente aflorado: [...] *nem quero entender-te; tu és absurda, tu és uma fábula.* [...] *a Natureza que conheço é só mãe e não inimiga.* Mas o mito não resolve a contradição, ao contrário: ele funciona como aprofundador do recalque, e a reprodução da espécie é dolorosamente abjetada por Brás Cubas em vários momentos do texto.

Em "O velho colóquio de Adão e Caim", onde a personagem dialoga com o embrião do filho, este já é tomado metonimicamente pelo iniciador da morte. Caim — o primeiro ser nascido de homem e mulher, primeiro presenciador da cena primitiva, primeiro assassino, primeiro que propiciou a imagem do homem morto. Patenteia-se aí a ambiguidade do sentimento paterno. O pai se revela feliz na perspectiva da paternidade, mas já assinala o filho com a predestinação bíblica. E Machado elabora algumas inversões do mito, não o primeiro — Nhonhô, filho legítimo de Virgília e Lobo Neves — mas o segundo, filho espúrio do adultério, não filho de dois mas de três, sob o peso da maldição social. Caim, irmão-duplo de Abel, irmão só de mãe. Caim, filho mau, irmão pela metade como se fosse inteiro, duplamente abjeto, não pode vir à luz: morre antes mesmo de se lhe dar vida, *naquele ponto em que não se distingue Laplace de uma tartaruga.* Filho defunto antes de nascer, reproduz também invertidamente a situação do pai: não autor defunto mas defunto autor.

O filho Caim também é rejeitado pela mãe, Virgília não gosta de ser assim chamada, por temer o parto e envergonhar-se da gravidez, na visão do narrador. Sofrera quando Nhonhô nasceu e já antevia o mesmo sofrimento, sentindo *calafrios de patíbulo.*

No capítulo final — "Das negativas" — o único saldo da vida é a abjeção da própria vida, o afastamento do cálice de vinho da miséria, da comunhão do pão da dor que a mãe inimiga lhe impingira no delírio, não ter filhos, não transmitir o legado da miséria, é abjetar a vida, expulsar a mãe de si e ao mesmo tempo regressar ao seu útero, recalcando mais uma vez o desejo que explodira anteriormente no discurso onírico do delírio: *Vamos lá, Pandora, abre o ventre e digere-me.*

A vida é metaforizada duas vezes no romance como *enxurro*. Significativamente, por ocasião da morte da mãe e da morte do Viegas. Ora, se a negação é um meio de tomar consciência do recalcado, metaforizar a vida como fluir de dejetos no momento em que se põe frente a frente com a morte é defender-se desta, pois o cadáver indicia o afastamento do eu em permanência para viver.

Às portas de saída da infância Brás Cubas encara o código sexual num contexto abjeto: um tio contava às lavadeiras, em sua presença, anedotas *eivadas todas de obscenidades ou imundície*, levando as pretas a cognominar o parente de *diabo*. Assim, o primeiro contato da criança com o sexo é dialeticamente ambíguo: no espaço da limpeza (lavadouro) contaminado pela sujeira, distante da cena familiar (o lavadouro era muito longe da casa) e num ritual iniciatório deflagrado por relações de parentesco (tio, no lugar do pai) colocadas do lado do mal (tio = demônio).

A encenação mais transparente do abjeto se apresenta com Quincas Borba. O antigo colega de escola, rico e inteligente, que figurava de rei nas festas estudantis, surge de repente como mendigo faminto, recebendo de Brás Cubas uma nota de cinco mil réis (*a menos limpa*), beijando-a em atitude nojenta, e recusando-se ao trabalho oferecido: *Eu estava enjoado dessa abjeção tão cômica e tão triste* [...]. E mais adiante: [...] *o encontro do Quincas Borba tornara-me aos olhos o passado, não qual fora deveras, mas um passado roto, abjeto, mendigo e gatuno*. Mais tarde o filósofo, na posse de uma herança, vai expor-lhe o Humanitismo — sistema filosófico oposto à abjeção da vida, para o qual é ela *o maior benefício do universo*, e a maior desgraça é não nascer. A transmissão da vida, diz Borba, é a hora suprema da missa espiritual. Quincas Borba faz o papel de duplo de Brás Cubas, duplo abjeto na medida em que, se este sempre manteve o mesmo *status* em relação aos meios de subsistência, aquele transita da abastança à miséria física e moral, no descontínuo de seu situar-se no mundo: rico — rei representado — mendigo — arredio ao trabalho — herdeiro — louco — mendigo representado.

A morte do duplo leva o personagem narrador a assumir metonimicamente a prática de seu sistema filosófico, a destruição da dor, através da invenção do emplasto que curasse a hipocondria (dor moral). Proposta de certa forma abjeta, porque eliminar a hipocondria pode corresponder a reaprisionar o sofrimento do Outro para seu próprio bem, atitude que se coloca no limite do cinismo perverso. A ideia do emplasto, confessa Brás Cubas, é uma medalha biface: filantropia e lucro / sede de nomeada. Ação científica corrupta. A corrupção, figura socializada da abjeção, é punida com a morte do inventor em pleno ato da invenção (*creio haver provado que foi minha invenção que me matou*) e, consequentemente, sai vitoriosa a liberdade de sofrer (*e aí vós ficais eternamente hipocondríacos*).

As mulheres amadas também se colocam no espaço do abjeto. No capítulo "O recluso", o narrador convida a pena a entrar em sua casa, alertando-a para o fato de aí talvez encontrar perfumes delas, personificadas em iniciais aleatórias: [...] *é um vestígio da N. ou da Z. ou da U. — que todas essas letras maiúsculas embalaram aí a sua elegante abjeção*. Abjetas no viver cotidiano, alcançam o grau máximo da torpeza quando representam pela última vez no palco da narrativa. A linda Marcela, que amava o dinheiro e os homens, o seu dinheiro / dele Brás Cubas, acaba coberta de bexigas, vendendo joias pela paixão do lucro, e morre no hospital da Ordem. Eugênia, a flor da moita, filha do adultério e por isso coxa, é encontrada num cortiço onde ele fora distribuir esmolas. Eulália, a flor do pântano, que se envergonhava do pai, morre noiva, aos dezenove anos, de peste. Dona Plácida, "mãe" protetora dos amores ilegítimos, filha natural de sacristão com doceira, morre na Misericórdia, monte de ossos envolvido em trapos nauseabundos. Cortiço, febre amarela, hospitais de indigentes — situações e cenários onde se inscrevem as letras da degradação, da qual Virgília escapa apenas na aparência.

Sua marca diferenciadora das demais mulheres é a simulação/ abjeção do passado, recalcado na velhice. Antes adúltera, agora deseja impedir que se suspeite de qualquer relação afetiva entre ela e o agonizante, propondo-se a visitá-lo em companhia do filho, para salvar as aparências, filho esse outrora cúmplice inocente de seu adultério. Fica indignada quando falam de amores ilegítimos, depois de observar que está velha e não é mais reparada. Sobre ela, observa o narrador: [...] *era uma ruína, uma imponente ruína*.

Para concluir, pode-se dizer que Machado de Assis, ao tematizar a abjeção, que no nível consciente de seu discurso de autor é metonimizado em *rabugens de pessimismo*, coloca-se como homem de seu tempo, que enxergava, com o olhar agudo da opinião, o mundo da burguesia brasileira dos fins do século XIX, rindo dela e por isso mesmo criticando-a, num discurso literário que ultrapassa sua época, em termos de originalidade e qualidade nunca superadas na nossa Literatura.

Exercícios

1. Segundo John Gledson (1991:145), *O humanitismo não é apenas um pretexto conveniente para ações egoístas; também proporciona ao adepto uma visão confortadora da sociedade e da história.*

O trecho de ***Memórias póstumas de Brás Cubas*** que exemplifica o dito é:

a) [Brás diz, a propósito de Quincas:] *Tirei a carteira, escolhi uma nota de cinco mil réis, — a menos limpa, — e dei-lha.*

b) [Quincas diz:] *Quando a criança é ameaçada por um pau, antes mesmo de ter sido espancada, fecha os olhos e treme.*

c) [Quincas diz: o frango] *nutriu-se de milho, que foi plantado por um africano, suponhamos, importado de Angola.*

d) [O alienista diz, a propósito do maníaco:] *supunha que todos os navios entrados no Pireu eram de sua propriedade.*

2. Segundo Luiz Roncari (1990:79), *O delírio* [do moribundo] *é um momento de revelação para o herói, que sintetiza através de representações alegóricas a natureza e seu sentido e duração no tempo* [...].

O trecho de ***Memórias póstumas de Brás Cubas*** que exemplifica o dito é:

a) *Seria Virgília aquela moça? Fitei-a muito, e a sensação foi tão penosa, que recuei um passo e desviei a vista. Tornei a olhá-la. As bexigas tinham-lhe comido o rosto;*

b) *Ao mesmo tempo, nesse rosto de expressão glacial, havia um ar de juventude, mescla de força e viço, diante do qual me sentia eu o mais débil e decrépito dos seres.*

c) [A borboleta] *veio por ali fora, modesta e negra, espairecendo as suas borboletices, sob a vasta cúpula de um céu azul, que é sempre azul, para todas as asas.*

d) *Imaginava então um velho diabo, sentado entre dous sacos, o da vida e da morte, a tirar as moedas da vida para dá-las à morte, e contá-las assim:* [...].

3. Dirce Cortes Riedel (1991:196) chama a atenção para o fato de que, *No eixo próprio da verossimilhança de* **Memórias póstumas de Brás Cubas**, *o casamento se representa como obrigação social. "Todo homem público deve ser casado", sentencia o pai de Brás Cubas, para quem, na burocracia do matrimônio, "a noiva e o parlamento são a mesma coisa".*

Em relação ao texto de Riedel, todas as afirmativas abaixo estão **incorretas**, exceto:

a) A fidelidade de Brás e Virgília mantém-se de tal modo que um casamento não passa pela cabeça dele.

b) O pai de Brás manda-o para Portugal com o objetivo de que o rapaz esqueça a prostituta e arranje noiva de sua classe.

c) O casamento de Virgília com Lobo Neves acontece e é mantido graças a essa *burocracia do matrimônio*.

d) O conselho de Quincas Borba ao amigo Brás para casar-se visa a despistar seus amores adúlteros.

4. Diz Nicolau Sevcenko (1999: 5, 9) que, em suas obras, Machado trabalha com três formas clássicas: O apólogo (conversa entre seres inanimados), a fábula (conversa entre animais) e a parábola (narração alegórica em que se evocam, por comparação, seres de natureza superior).

A alternativa em que há relação **incorreta** entre a forma clássica e o episódio em ***Memórias póstumas de Brás Cubas*** é:

a) A Razão contra a Sandice — apólogo.

b) A briga dos cães por um osso — fábula.

c) A moeda de Vespasiano — parábola.

d) O almocreve — parábola.

5. A alternativa em que há relação **incorreta** entre a personagem e sua caracterização é:

a) Eugênia — certeza de que não teria direito ao amor de Brás, por ser coxa.

b) Marcela — consciência de que teria o amor dos homens que quisesse, por ser bela.

c) Eulália — esforço em mascarar a inferioridade da família, para não perder Brás.

d) Virgília — neutralidade diante da ascensão social, por estar apaixonada.

6. Em ***Memórias póstumas de Brás Cubas*** há muitas referências a textos e autores clássicos, relacionados ao contexto da narrativa. Leve em conta essa afirmativa e:

a) Identifique as relações entre a abertura do poema épico *Eneida* e seu autor — rabiscados por Brás no capítulo XXVI — e a futura amante deste.

b) Justifique o título do capítulo VI — título retirado de uma tragédia do escritor francês Corneille (*Ximena, quem o diria? Rodrigo, quem o acreditaria?*) — em que Virgília visita Brás doente.

7. Caracterizando Nhã-loló, o narrador declara que ela *exprimia inteiramente a dualidade de Pascal*: o anjo e o animal. Assim sendo, responda:

a) Qual é o papel de Nhã-loló no romance?

b) O que significa essa dualidade?

8. A loucura — com ou sem a interferência de um psiquiatra — é um dos temas da obra machadiana, e também aparece em ***Memórias póstumas de Brás Cubas***. Então, responda:

a) Porque Quincas Borba acha que Brás está louco e qual é a opinião do psiquiatra sobre isso?

b) Como Romualdo explica sua própria loucura?

9. A paixão do lucro é outro tema de ***Memórias póstumas de Brás Cubas***, a qual é característica do Viegas e de Marcela, por exemplo. Considerando a afirmativa, responda:

a) Como a paixão do lucro se manifesta no Viegas moribundo?

b) Como essa paixão se revela na Marcela negociante?

10. Escolha um caso de interrupção da narrativa em ***Memórias póstumas de Brás Cubas*** onde o narrador se dirige ao leitor do romance. Comente o caso escolhido, dentro do contexto em que aparece.

Respostas das questões de múltipla escolha:

1 - c); 2 - b); 3 - c); 4 - b); 5 - d).

Obras e textos consultados

Além de acesso a inúmeros *sites* da internet tidos como confiáveis, foram utilizadas as seguintes obras em papel:

1. Edições de *Memórias póstumas de Brás Cubas*

Rio de Janeiro: Tipografia Nacional, 1881.

Rio de Janeiro - Paris: L. Garnier, 1924.

Rio de Janeiro - São Paulo - Porto Alegre: W. M. Jackson, 1950.

Rio de Janeiro: José Aguilar, 1959.

Rio de Janeiro: Ministério da Educação e Cultura, Instituto Nacional do Livro, 1960.

Rio de Janeiro - Belo Horizonte: Garnier, 1988.

São Paulo: FTD, 1991.

Rio de Janeiro: Nova Aguilar, 1994.

São Paulo: Ateliê, 1998.

2. Indicações de leitura sobre *Memórias póstumas de Brás Cubas*

Dentre a **bibliografia específica**, acrescento, à que já foi referida nos textos deste volume, outros textos publicados nas décadas de 1990-2000:

2o. CONGRESSO ABRALIC: Literatura e memória cultural. Belo Horizonte, 8 a 10 de agosto de 1990. ANAIS... 3 v. ABRALIC — Associação Brasileira de Literatura Comparada, Belo Horizonte, 1991.

> v. 1. RIEDEL, Dirce Cortes. Virgília... vigília — a apropriação artística na ficção machadiana. p. 192-198.
>
> v. 3. NASCIMENTO, Evando. Hamlet e as Memórias póstumas de Brás Cubas: uma comparação. p. 315-321.
>
> PASSOS, Gilberto Pinheiro. Diálogo machadiano com Stendhal em *Memórias póstumas de Brás Cubas*. p. 475-479.
>
> XAVIER, Elódia. *Memórias póstumas de Brás Cubas / Memórias sentimentais de João Miramar*: o narrador em questão. p. 328-333.

BOSI, Alfredo. Brás Cubas em três versões. *In*: *Brás Cubas em três versões*: estudos machadianos. São Paulo: Companhia das Letras, 2006. p. 7-52.

FLECK, Débora. *Brás Cubas e o auto-retrato d'além-túmulo*. Rio de Janeiro: Universidade Estadual do Rio de Janeiro / Instituto de Letras, 2008 (dissertação de mestrado).

KOCH, Ana Maria. *Intertextualidade em Memórias póstumas de Brás Cubas*. Porto Alegre: Universidade Federal do Rio Grande do Sul / Instituto de Letras, 2004 (tese de doutorado).

MOTTA, Carol R. The ironic view in Henry James' The portrait of a lady and in Machado de Assis' Epitaph of a small winner. *Brasil / Brazil*, n. 16., a. 9, 1996. p. 31-56.

OLIVEIRA, Maria Rosa Duarte de. Memórias e desmemórias em *Memórias póstumas de Brás Cubas*. *Miscelânea*: Revista de Pós-Graduação em Letras: Teoria Literária, Literatura Comparada e Literaturas de Língua Portuguesa, Assis, n. 2, 1995. p. 127-139.

RIEDEL, Dirce Cortes. Machado de Assis: a consciência do tempo. *Revista de Literatura Comparada*, n. 1, mar. 1991. p. 110-116.

RONCARI, Luís. "Brás Cubas": sob o signo do sol e do vento. *Revista USP*, mar./abr./ mai. 1990. p. 75-82.

SCHWARZ, Roberto. *Um mestre na periferia do capitalismo*: Machado de Assis. São Paulo: Duas Cidades, 1990. 227 p.

3. Obras gerais

ACADEMIA BRASILEIRA DE LETRAS. *Vocabulário ortográfico da língua portuguesa*. 5 ed. Rio de Janeiro: Global Ed., 2009.

ASSIS, Machado de. *Esaú e Jacó*. Por Letícia Malard. Belo Horizonte: Ed. Autêntica, 1998.

AUGÉ, Claude et Paul. *Nouveau Petit Larousse*: Illustré. Paris-VIe.: L. Larousse, 1955.

AULETE, Caldas. *Dicionário contemporâneo da língua portuguesa*. Rio de Janeiro: Delta, 1958. 5 v.

ENCYCLOPAEDIA BRITANNICA, v. 2, 3, 4, 7, 9, 13, 16, 21 e 22. Chicago - London - Toronto - Geneva - Sydney: 1964.

FIGUEIREDO, Cândido de. *Novo dicionário da língua portuguesa*, 2 v. Lisboa - Rio de Janeiro: Bertrand -W.M. Jackson, [1924].

GARDES-TAMINE, Joelle, HUBERT, Marie-Claude. *Dictionnaire de critique littéraire*. Paris: Armand Colin, 1993.

HOLANDA, Aurélio Buarque de. *Novo dicionário da língua portuguesa*. Rio de Janeiro: Nova Fronteira, 1986.

LA BIBLE DE JÉRUSALEM. Paris: Desclée de Brouwer, 1955.

LUFT, Celso Pedro. *Literatura portuguesa e brasileira*. Porto Alegre: Globo, 1979.

MENEZES, Raimundo de. *Dicionário de literatura brasileira*: ilustrado, v. 2 e 4. São Paulo: Saraiva, 1969.

MURICY, Katia. *A razão cética*: Machado de Assis e as questões de seu tempo. São Paulo: Companhia das Letras, 1988.

PATI, Francisco. *Dicionário de Machado de Assis*. São Paulo: Rede Latina, 1958.

SHAKESPEARE, William. Hamlet / Macbeth. In: *Four great tragedies*. New York: The Pocket Library, 1955. p. 199-471.

VIANNA, Hélio. *História do Brasil*. São Paulo: Melhoramentos, 1963.

VOLTAIRE. Candide ou l'optimisme. *In*: *Romans et contes*. Paris: Gallimard, 1950. p. 149-237.

Este livro foi composto com tipografia Minion Pro e impresso
em papel Off Set 75 g na Formato Artes Gráficas.